내면의
창조적인 힘

일러두기 / 이 책은 자아-통달 책 시리즈의 3번째 책으로, 제1광선의 초한인 마스터 모어께서 킴 마이클즈를 통해 전달해 주신 책입니다. 자아-통달 시리즈는 1권부터 순차적으로 읽어 나가면서 각 광선에 대한 통달을 달성하는 것을 목표로 합니다. 각 광선의 통달은 자신의 아이앰 현존(I AM Presence) 및 상승 마스터들과 내면에서 연결되고 자신의 창조력을 물질 세상에 자유롭게 표현하는 과정입니다. 창조력은 세상이나 다른 사람을 바꾸기 위해서는 작동하지 않습니다.

내면의 창조적인 힘
ⓒ2017~, Kim Michaels

킴 마이클즈가 저술한 책을 비영리 단체인 '그리스도 의식을 추구하며' 카페에서 공부하는 상승 마스터 학생들이 번역하고 디자인 및 편집을 해서 직접 책을 펴냈습니다. 이 책의 한국어판 저작권은 저작권자인 킴 마이클즈와 계약을 한 '그리스도 의식을 추구하며' 카페에 있습니다. (인터넷 카페 http://cafe.naver.com/christhood)

아이앰 출판사(http://cafe.naver.com/iampublish)는 '그리스도 의식을 추구하며' 카페가 상승 마스터의 가르침을 널리 알리기 위한 목적으로 설립했으며, 2015년 9월 4일 (제 2015-000075호)에 등록되었습니다. 주소는 서울시 송파구 장지동 송파파인타운 11단지 내에 있습니다.

번역 및 출판에 도움을 주신 분: 아이앰 편집팀 (오픈도어, 토파즈, 밍스, 빈배, 비랑, 재희 외 회원 다수). 이 책은 회원들의 후원금으로 출판되었습니다.

2019년 9월 13일 다시 펴냄
ISBN 979-11-962233-2-8
CIP 2017028702

이 도서의 국립중앙도서관 출판예정도서목록(CIP)은 서지정보유통지원시스템 홈페이지 (http://seoji.nl.go.kr)와 국가자료공동목록시스템 (http://seoji.nl.go.kr/kolisnet)에서 이용하실 수 있습니다.

내면의 창조적인 힘

The Creative Power Within
Master MORE

킴 마이클즈

I AM

킴 마이클즈(Kim Michaels)

1957년 덴마크 출생. 킴 마이클즈는 50여권의 책을 펴낸 저자이자 이 시대의 가장 탁월한 메신저 중의 한 사람입니다. 14개국에서 영적인 컨퍼런스와 워크숍을 이끌면서 많은 영적인 탐구자들의 상담자 역할을 해왔으며, 영적인 주제를 다루는 다수의 라디오 프로그램에 출연하기도 했습니다. 그는 다양한 영적 가르침을 광범위하게 연구해 왔으며, 의식을 고양시키는 다양한 실천 기법들을 수행했습니다. 2002년 이래로 그는 예수를 비롯한 여러 상승 마스터들의 메신저로 봉사하고 있습니다. 그는 신비주의 여정에 관한 광범위한 가르침을 전해 주었으며, 그 가르침은 그의 웹사이트에서 무료로 제공되고 있습니다.

공식 한국어 번역 사이트(http://cafe.naver.com/christhood)

비영리 단체인 '그리스도 의식을 추구하며' 네이버 카페에서는 킴 마이클즈가 지난 10년 이상 웹사이트에 공개한 상승 마스터들의 메시지 및 기원문을 번역해서 제공합니다. 누구나 가입해서 자유롭게 내용을 볼 수 있으며, 상승 마스터들의 가르침을 따라 스스로 내면의 여정을 걸어갈 수 있는 환경을 만들려고 노력하고 있습니다. 카페에서는 정기적인 온라인/오프라인 모임과 상승 마스터 컨퍼런스, 자아-통달의 수행 과정을 진행하고 있습니다. (상세 내용은 책 끝부분 참조)

여러분이 대양에서 배에 계속 타고 있다면, 여러분은 멀리 항해할 때 방향키를 단지 1~2도 변화시키는 것만으로도 여러분이 도달하게 될 해안에서 아주 멀리 떨어진 곳에 도착한다는 사실을 알고 있습니다. 더 멀리 나아갈수록, 단지 방향키를 1도 수정하는 것만으로도 도달하는 목적지가 더 크게 차이 나게 됩니다.

심지어 지금도 여러분은 전에 선택했던 것 이상의 뭔가를 선택할 선택권을 가지고 있습니다. 그리고 매우 작은 변화라도 여러분의 경로를 바꾸게 되며, 장기적으로 볼 때 여러분은 매우 다른 장소에 도달하게 됩니다. 이것은 비록 가장 작은 선택이라도 여러분의 미래에 드라마틱한 긍정적인 결과를 가져올 수 있는 이유입니다.

마스터 모어

차례

1. 첫 번째 광선 소개 · 1

2. 힘과 의지 · 17

3. 힘과 지혜 · 37

4. 힘과 사랑 · 55

5. 힘과 가속 · 81

6. 힘과 치유 · 103

7. 힘과 평화 · 133

8. 힘과 자유 · 157

9. 신의 들숨과 날숨 · 183

10. 헤라클레스의 창조적인 흐름(기원문) · 209

11. 대천사 미카엘의 변형하는 권능(기원문) · 237

12. 마스터 모어의 형언할 수 없는 기쁨(기원문) · 265

13. 엘로힘 헤라클레스와 아마조니아 디크리 · 297

14. 대천사 미카엘 디크리 · 301

15. 마스터 모어 디크리 · 305

1
첫 번째 광선 소개

"내가 상승 마스터가 된 이유는 육화 중에 절대 실수하지 않았던 위대한 삶을 살았기 때문이 아닙니다. 나는 인간으로서 할 수 있는 모든 가능한 실수를 하였기에, 실로 상승 마스터가 되었습니다."

마스터 모어

나는 마스터 모어입니다. 하지만, 나는 그 이름보다 더 큽니다. 나는 어떤 이름보다도 더 큽니다. 상승하여 신과 같이 자유로운 존재의 그 충만함을, 지구에서 이해할 수 있는 어떤 이름 안에 담을 수 있을까요?

내가 상승한 존재라고 할 때, 그 의미는 무엇일까요? 그것은 내가 여러분과 너무 달라서 여러분이 나와 관계를 맺을 수 없다는 의미일까요? 아니요. 그렇지 않습니다. 진실로, 나는 오늘날의 여러분처럼 지구상에 육화하였던 존재이기 때문입니다. 나는 여러분이 지금 완성 중인 그 과정을 모두 마쳤기에 상승하였습니다. 진실로 내가 이 담화들을 발표하면서 유일한 바람은, 이미 많은 생애 동안 여러분이 따르고 있는 그 여정에 대해 더욱 의식적으로 되도록 도움을 주는 것입니다.

다시 말해, 나는 여러분과 별로 다르지 않습니다. 나는 단지 모든 자기-인식하는 존재들이 따르는 여정을 좀 더 앞서가고 있을 뿐입니다.

상승은 진화가 아닙니다

여러분이 자신을 나와 근본적으로 다른 존재로 보지 않기를 바라지만, 상승한 상태의 의식과 비상승 상태의 의식 사이에는 근본적인 차이가 있음을 진실로 인식할 필요가 있습니다. 상승한 의식 상태란, 단순히 비상승 의식 상태나 인간의 의식 상태에서 더 진화한다는 의미가 아닙니다. 인간의 의식 상태에서 점차 진화하여 상승한 상태로 부드럽게 넘어가기란 사실상 불가능합니다.

현대 물리학의 최근 발견에 대해 아는 사람이라면, 아마 과학자들이 양자역학이라 부르는 분야를 개척해 왔음을 알 것입니다. 양자역학의 기반은 비록 빛이 공간을 통해 전파되어 특정 위치에 고정되어 있지 않은 파동이긴 하지만, 연속적인 현상도 아니라는 것입니다. 빛은 양자라고 불리는 개별 단위로 방출되기에, "양자역학"이라고 불리게 되었습니다.

이 내용이 중요한 이유는, 이 자아-통달 시리즈와 관련 있는 이전의 두 권의 책에서 우리가 설명했듯이, 인간에게는 서로 다른 수준의 144단계 의식의 잠재력이 있기 때문입니다. 여러분은 144단계에 이를 때까지 각 단계를 올라감으로써 상승 자격을 갖추게 됩니다.

하지만, 여기서 중요한 점은, 이 과정이 연속적이고 순조로운 과정만은 아니라는 것입니다. 매번 여러분의 의식을 한 단계 높일 때마다, 단순히 진화의 과정을 겪는 것이 아닙니다. 사실, 이 과정은 여러분에게 의식의 한 단계에서 다음 단계로 양자 도약을 할 것을 요구합니다. 그리고 당연히 가장 큰 양자 도약은 144단계에 도달하여 상승 상태로 최종 도약을 하는 것입니다.

그럼에도 불구하고, 여러 단계를 오르면서 이 과정을 더 의식적으로 인식해감에 따라, 여러분은 현재의 자아감을 빠르게 포기하고 새롭고 더욱 성숙한 자아감으로 다시 태어나는 법을 배우게 됩니다. 그리고 여러분이 이 과정에 익숙해질수록, 상승 상태로의 도약은 자연스러운 것이 되어 크게 뛰어넘는 것처럼 되지는 않을 것입니다. 그런데도 여전히 도약해야만 한다는 것을 인식해야 합니다. 언제나 도약이 있습니다. 그렇다면 한 단계에서 다음 단계로 양자 도약을 하려면 무엇이 필요할까요? 그것은 바로, 여러분의 의식적인 결정입니다.

나 마스터 모어가 모든 사람을 가르칠 수는 없습니다

나는 앞에서 나 자신을 영적인 스승이라고 소개하며 이 담화 시리즈를 시작하였습니다. 그렇다 하여도 내가 지구상의 모든 사람을 가르칠 수는 없습니다. 모든 사람이 내가 제공하는 이 가르침을 배울 준비가 된 것은 아니기 때문입니다. 당연히 상승한 존재로서의 내 목표는 여러분에게 상승으로 인도하는 가르침을 제공하는 것입니다.

그러나 만약 여러분에게 다른 목표가 있다면, 그것은 자유의지의 법칙에 따라 완전히 정당합니다. 단지 여러분은 아직 나와 함께 할 준비가 되어 있지 않을 수 있습니다. 즉, 내가 제공하는 과정을 활용하기 위해 여러분이 해야 할 결정을 내릴 준비가 되어 있지 않을 수도 있다는 뜻입니다.

따라서 여러분은 한동안 다른 스승을 찾아야 할 수도 있습니다. 또한, 마음의 틀을 통해 투사하면서 그 결과를 물리적인 경험으로 배우기 위해, 우리가 고난의 학교(School of Hard Knocks)라고 부르는 곳에서 일정한 기간을 보내야 할 수도 있습니다. 그리하여 마침내 "삶에는 반드시 더 나은 무언가가 있어야 한다."라고 외칠 때까지 그러한 결과를 충분히 경험해야 합니다. 이렇게 여러분이 '삶에는 반드시 더 나은 무엇인가가 있어야 한다'고 외칠 때, 비로소 나 마스터 모어는 여러분을 도우러 올 수 있습니다. 하지만, 여러분을 돕는 내 능력은 의식적으로 결정하겠다는 여러분의 의지에 달려 있습니다. 자신을 의식적으로 살펴보지 않고서는 어떤 의식적인 결정도 내릴 수 없습니다.

그러므로, 나는 여러분에게 말합니다. 내가 비록, 여러분이 일곱 베일의 여정, 일곱 광선의 여정을 시작하면서 처음 마주하는 마스터이기는 하지만, 나는 모든 사람을 가르칠 수는 없습니다. 하지만, 나는 가능한 한 정말로 많은 사람을 가르치고자 합니다. 그러나 자신을 의식적으로 살펴보려는 의지의 수준은 사람마다 다릅니다. 따라서 나는 사람들이 각자의 의식 상태를 정직하게 고려하여, 거울을 바라보며 자신을 살펴보려는 각자의 의식 수준에 따라서 다른 방식으로 가르칩니다.

이 논의를 위해, 내가 인도 다르즐링(Darjeeling)에 있는 에테르 은거처에서 두 가지 주요한 수준에서 가르친다는 사실을 여러분에게 알려주고자 합니다. 내 은거처의 일부분은, 여러분이 지구상의 일부 도시에서 보는 노숙자나 빈곤층이 음식을 받으러 오는 큰 무료급식소와 유사합니다. 내 은거처에 있는 시설은 사람들이 "삶에는 반드시 더 나은 무언가가 있어야 한다."라고 외치는 지점에 오도록 돕기 위해서 설치되었습니다. 그렇지만 그들 중에는 진정으로 자신을 살펴보거나 의식적으로 의문을 가질 의지가 없는 이들도 있습니다.

따라서 나는 그들이 밤에 정묘체(finer bodies)로 내 은거처의 무료급식소에 와서 줄을 서게 합니다. 그러면 봉사자가 개인의 의식 상태에 따라 필요한 수프 한 그릇을 나눠줍니다. 그들은 수프를 먹고 내 은거처를 떠나거나, 때로는 다른 장소들을 둘러보거나 자신의 몸으로 돌아갑니다. 대개는 그들이 의식적으로 내 은거처에 있었던 것을 기억하지 못합니다. 단지 그들이 먹었던 수프 속에 내재된 어떤 교훈의 단편만이 남아 있을 뿐입니다. 물론, 이것은 비유이며 여러분은 이 말의 의미를 이해하리라 믿습니다.

얼마 동안 내 은거처를 방문한 후, 사람들이 단지 수프만을 먹고 떠나는 것이 아니라, 주위를 둘러보며 이렇게 자문하는 시기가 오게 됩니다. "내가 어디에 있는 거지? 이곳은 어디지? 단지 여기서 수프 한 그릇을 먹고 떠나는 것보다 어쩌면 더 큰 것이 있지 않을까?"

여정에 준비가 된 사람들

이렇게 사람들이 여정에 준비가 되면, 나는 그들을 이전과 다른 방식으로 도와줍니다. 왜냐하면, 그때가 바로 내가 그들이 일곱 베일의 여정을 의식적으로 인식하게 할 수 있는 시기이기 때문입니다. 사람들이 여정을 시작하는 지점은 이상적으로는 48단계입니다. 하지만, 지구와 같은 행성에서는 그들의 현재 의식 수준과 무관하게 첫 번째 입문을 시작할 수 있습니다. 우리는 더 이상 새로운 생명흐름(lifestream)을 48단계부터 가르친다는 이상적인 시나리오를 가지고 있지 않습니다. 대신에 여러분은 지구상의 사람들을 일곱 베일의 여정을 통해 이끌어 줄 수정된 가르침을 만나게 됩니다.

당연히, 이 책은 단지 아직도 수프 한 그릇만을 받아먹고 떠나기를 바라는 수준의 사람들을 대상으로 하지 않습니다. 이 책은 더 높은 수준으로 나아갈 준비가 된 사람들을 대상으로 합니다. 따라서 이 수준에서 요구되는 것에 관해 몇 가지 입문적인 생각들을 주겠습니다.

이 책의 목적은, 여러분이 정묘체로 내 은거처에 와서 배우는 가르침을 어떤 식으로든 대체하려는 것이 아닙니다. 왜냐하면, 여러분이 내 은거처에 참여하고 자신이 거치는 입문에 대해 의식적으로 더 많이 인식할수록, 자신의 일상생활에서 배우는 교훈을 깨어있는 상태로, 의식하는 마음의 상태로 더 잘 통합할 수 있기 때문입니다.

물론, 모든 것에는 진실로 알파와 오메가의 측면이 있음을 아는 것이 중요합니다. 하나의 교훈을 배우는 것과 삶의 모든 측면에서 그것을 실제로 표출하는 것은 별개의 측면입니다. 왜냐하면, 배운 교훈을 삶에서 표출하는 것은 개인적인 성장과 집단의식을 높이는 도구가 되는 길이기 때문입니다. 여러분이 터득한 통찰력을 과감하게 표현할 때, 실제로 이런 일이 일어납니다. 그 표현을 바라보는 다른 누군가는 놀라서 이렇게 말할 것입니다. "나는 어느 정도 이 사람을 알고 있었는데, 어디서 갑자기 이런 통찰력이 그에게 생긴 거지? 그는 어디서 이러한 지혜를 얻었을까? 그녀는 어떻게 내가 기억하는 것보다 훨씬 더 성숙해졌을까?"

여러분은 언제나 무한 8자 형상의 중앙에 있습니다. 위쪽의 둥근 모양은 우리 상승 마스터들을 상징하고, 아래쪽의 둥근 모양은 여러분과 연관된 사람들을 상징합니다. 그들은 여러분의 현재 의식 수준보다 아래에 있는 사람들입니다. 여러분은 상승한 형제자매인 우리에게 도달함으로써 자신을 높이게 됩니다. 여러분이 중간 연결점을 높이면, 무한 8자 형상의 아래쪽 사람들도 함께 끌어올려지게 됩니다. 따라서 전체 의식의 수준이 높아지는 것입니다.

이것은 여러분 모두가 성취해야만 하는 우주의 법칙입니다. 우리 상승 마스터들은 이것을 성취하였습니다. 물론 우리에게도 더 높은 의식 수준에 있는 우리의 스승, 우리의 안내자가 있습니다. 하지만, 우리가 스승들에게 받는 것은 우리가 아래에 있는 사람들을 돕기 위해 우리의 재능을 어떻게 증식했는가에 비례합니다. 그것은 여러분도 마찬가지입니다.

원인과 결과

내 은거처에서 제공하는 과정을 의식적으로 배우려면 무엇이 필요할까요? 자신을 의식적으로 살펴볼 의지가 있어야 합니다. 자신의 삶 속에서 현재 상황을 살펴보고 다른 사람과의 상호 작용을 살펴보면서, 자신의 신념과 삶에서 타인이나 어떤 상황에 반응하는 자신을 살펴보아야 합니다. 그리고는 단순히 자신에게 이렇게 질문할 수 있어야 합니다. "삶에 대한 나의 반응이 과연 내가 가려는 곳으로 데려다주고 있는가?"

작용과 반작용의 법칙을 고려해 볼 때, 여러분이 하는 모든 일은 삶에서 경험하는 어떤 결과, 어떤 영향, 어떤 귀결을 가져옵니다. 그렇다면 질문은 단순합니다. 우주 거울을 통해 반사되어 자신에게 돌아오는 것이 마음에 들지 않는다면, 여러분은 기꺼이 자신이 내보내는 것을 살펴봐야 하지 않을까요? 여러분은 이렇게 말할 의지가 있어야 합니다. "거울에 반사된 모습이 마음에 들지 않는다면, 반드시 나는 거울에 투사되는 내용물을 바꾸어야 한다. 왜냐하면, 내 삶을 변화시킬 책임이 있는 사람은 나뿐이기 때문이다. 항상 같은 것을 계속해서 투사하면서 거울이 마법처럼 뭔가 다른 것을 되돌려줄 것이라고 기대할 수는 없다."

의식적인 수준에서 내 은거처의 가르침을 활용하려면, 반드시 이 깨달음에 도달해야 합니다. 즉, 여러분은 반드시 자신을 변화시키는 것에서 시작해야 합니다. 먼저 여러분 자신을 바꾸지 않으면서 세상이 바뀌리라고 기대할 수 없는 것입니다.

이것이 실로 원인과 결과에 대한 올바른 이해입니다. 학생들이 이것을 진정으로 이해하려면 무엇이 필요할까요? 다양한 반응이 있습니다. 일부는 고난의 학교에서 일어난 일을 경험하고 관찰한 후에 이러한 결론에 이릅니다. 결국, 그들은 특정한 패턴을 보기 시작합니다. 그들이 특정한 방식으로 행동하면, 우주로부터 항상 특정한 반응을 보게 됩니다. 예를 들어, 어쩌면 자신이 부정적인 사람들을 끌어당기는 데에는 더 깊은 이유가 있을지도 모른다고 생각하며 궁금해하기 시작할 것입니다. 어쩌면 자신에게 끌어당긴 사람들과 자신이 같은 태도를 보이며, 뭔가 부정적인 것을 내보내고 있지는 않았을까요?

하지만, 다른 어떤 사람들은 고난의 학교에서의 경험이 아니라, 단순히 '그것을 보는' 내면적이고 직관적인 돌파 경험 또는 '아하' 경험을 통해서 이것을 얻기도 합니다. 여러분도 그것을 내면에서 볼 수 있습니다. 물론 자신의 환경을 바꾸려면, 반드시 자신부터 바꾸어야 한다는 것이 논리적입니다.

여러분은 아주 많은 사람이 잘못 알고 있다는 것을 알 수 있습니다. 그들은 이것을 반대로 이해합니다. 그들은 세상이 자신을 더 잘 대우해주면 행복하게 될 것으로 생각합니다. 하지만, 진실은, 물질화보다 의식이 먼저 온다는 것입니다. 왜냐하면, 물질로 현실화되는 물질화는 의식으로부터 투사된 내용물의 산물이기 때문입니다.

행위와 반응, 어느 것이 먼저일까?

처음 육화하기 위해 48단계로 내려올 때, 여러분은 직관적으로 이것을 알고 있습니다. 그러나 48단계 아래로 내려가면서, 여러분은 이것을 능동적으로 잊어버립니다. 여러분의 에고가 이 사실을 보기 어렵게 하려고 온갖 종류의 연막을 치기 때문에, 내가 '능동적으로' 잊어버린다고 말하는 것입니다. 물론 이것은 이 행성의 거짓된 교사들의 목적이며, 에고는 여러분에게 돌아오는 모든 것에 대해 여러분에게는 책임이 없다고 생각하게 만듭니다.

어떤 의미에서는 이것도 일리가 있는 말입니다. 지구상의 타락한 존재들과 거짓 교사들은 사람들의 자유의지를 침해하여, 붓다께서 윤회의 바다로 비유하셨던 이 끊임없는 투쟁 속에 가두는 부정적인 에너지로 사람들을 끌어당기는 데에는 전문가들입니다.

그렇다고 하더라도, 악마에게는 여러분을 이 투쟁 속으로 끌어당길 힘이 없습니다. 여러분을 투쟁 속으로 끌어당기는 것은 악마의 행위가 아니라, 악마나 다른 사람들의 행위에 대한 '여러분의 반응'입니다. 그러므로 사랑하는 이들이여, 여러분이 이 투쟁에서 탈출하는 유일한 방법은, 자신의 반응을 의식적으로 살펴보는 것입니다. 그리고 여러분의 반응이 이제 거울 속으로 투사하는 자신의 행위가 되고, 그리하여 그것이 우주 거울이 내보내는 반응을 만들어내고 있지는 않은지 의심해 보는 것입니다.

여기에 오래된 질문이 하나 있습니다. "닭이 먼저일까? 달걀이 먼저일까?" 자, 행동과 반응, 어느 것이 먼저일까요? 비록 악마가 어떤 행위로 여러분을 침해할 수도 있겠지만, 여러분이 그 행위에 반응하지 않는다면 '행위-반응'의 연쇄 작용은 시작될 수 없고, 따라서 아무런 일도 일어나지 않는다는 것을 이해한다면, 이것이 별 의미가 없는 질문임을 알 수 있습니다. 그러나 여러분이 반응하는 순간, 그 반응은 새로운 행위가 되고, 그러면 우주 거울의 반응이 창조되게 됩니다. 그 순간부터 여러분은 행위와 반응이라는 영원한 게임 속에 갇히게 되는 것입니다.

따라서 정말 어느 것이 먼저인가가 중요할까요? 아닙니다! 중요한 것은 바로 여러분이 이 영원하고도 지속적이며 절대 끝나지 않는 인간의 투쟁을 초월하기를 바라는가 하는 것입니다. 만일 그렇다면, 여러분은 내가 다르즐링에서 제공하는 가르침에 온 마음과 가슴을 열고 비약적인 양자 도약을 할 수 있습니다. 그 비약적인 도약이란, 기꺼이 자신의 반응을 살펴보고, 적어도 그 반응을 바꾸려면 무엇이 필요한지를 깊이 생각해보겠다고 의식적으로 결정을 내리는 것입니다. 여러분은 자신과 우주 거울 사이의 절대 끝나지 않는 주고받는 게임에 빠져드는 연쇄반응을 넘어서도록 반드시 자신의 반응을 바꾸어야 합니다. 이 지점에서 악마는 더 이상 여러분을 침해하지 못합니다. 악마는 단지 여러분의 반응에서 시작된, 즉, 여러분 행위의 결과인 우주 거울의 반응에 어떻게 여러분이 갇혀서 반응하는지를 그냥 옆에서 지켜보며 웃을 수 있으니까요.

여러분은 자신의 반응을 지배하지 못할 것이기 때문에, 우주 거울에서 반사되어 돌아오는 것을 바꾸지 못합니다. 하지만, 여러분은 계속해서 반응합니다. 그것은 어떤 의미에서 자신이 이전에 했던 반응에 대해 반응하고 있는 것입니다. 그리고 이런 일은 아주 오랫동안 계속될 수 있습니다.

알다시피, 내가 여러분에게 요청하는 비약적인 도약이란, 이번 첫 번째 공부 과정에서 이것을 진정으로 숙고하는 일입니다. 여러분 자신을 살펴보고 이렇게 말할 의지가 있어야 합니다. "마스터 모어여, 내 반응이 어떻게 나 자신을 이 끝없는 게임에 갇히게 했는지 보여주세요. 진실로, 나는 이제 그 게임을 충분히 했습니다. 나는 진정으로 삶에는 그 이상이 있음을 아는 지점에 오르고 싶습니다. 따라서 마스터 모어여, 그것이 무엇이든, 당신께서 내게 내가 한 반응을 보여주시도록 기꺼이 허용하겠습니다."

사랑하는 이들이여, 이때 내가 여러분을 도울 수 있습니다. 내가 여러분을 가혹하게 비난하거나 비판한다고 오해하지 않도록, 나에 대해 약간 이야기를 하겠습니다. 앞서 언급했듯이, 나는 분명히 지구상에 인간으로 육화했었습니다.

마스터 모어의 육화

내가 지구 역사에서 특정 인물로 육화했었다는 사실을 여러분이 알지도 모르겠습니다. 지난 수십 년 동안, 실로 거의 100년간, 나는 나 자신을 지구에서 상승 마스터로 표현해 왔고, 많은 영적인 학생은 내 과거의 육화 시절에 초점을 맞추어 나를 우상화했습니다. 그들은 내가 인류에게 어떤 메시지와 에너지, 힘을 줄 수 있는 상승 마스터라는 사실을 알고는 그들보다 내가 의식 수준에서 훨씬 위에 있어야 한다고 생각합니다. 그리고는 내 육화를 살펴보고 내가 이런저런 유명한 사람이었다고 말합니다. 그들은 내가 인간으로서 얼마나 특별했는지를 보고 나를 우상화하기 시작합니다. 또한, 내가 이런 특별한 육화를 모두 거쳤기 때문에 당연히 상승하게 된 것으로 생각합니다.

그러나 이것은 내 육화를 공개하는 목적이 아닙니다. 사실 그것은 내 목적과는 정반대입니다. 내 육화를 공개하는 목적은, 나도 여러분처럼 육화했었고, 행성 지구에서 일어나는 어려운 상황에서 나 역시 여러분처럼 씨름하였으며, 육화 중에 언제나 최상의 결정을 내린 것은 아니라는 사실을 보여주기 위한 것입니다.

예를 들어, 여러분은 영국의 대법관 토마스 모어(Thomas More)

로 육화했던 당시의 나를 우상시하는 관점으로 볼 수도 있을 것입니다. 여러분은 교회의 지도 원리와 타협하기를 바랐던 왕에게 내가 맞서며 타협하지 않았다는 사실을 볼 수 있습니다. 그 때문에 왕은 나를 처형했습니다. 이로써 나는 더 높은 원리를 고수하는 태도를 시범 보였으며, 권력자에게 심판을 가져오기 위해 기꺼이 자신을 죽이도록 했던 예수께서 취한 입장과 유사했다고 볼 수도 있습니다.

그러나 여러분이 그 육화를 조금 더 자세히 살펴본다면, 그 육화는 실제로 권력을 가진 어려움과 씨름했던 한 사람을 보여주고 있음을 알게 됩니다. 실제로는 내가 한 개인적인 심문의 결과로 여러 사람을 이단으로 간주하여 처형함으로써 권력을 오용하는 일을 저질렀다는 사실을 알 수 있습니다.

사랑하는 이들이여, 내가 육화를 떠나 에테르층으로 돌아와 그 삶을 되돌아볼 때, 나는 단지 머리로만이 아니라 나의 온 존재를 통해 그들이 겪은 고통을 나 역시 경험했다고 확실히 말할 수 있습니다. 심지어 나는 내 삶에서 더 높은 원리를 옹호하기 위해 타인을 죽이는 것이 정당화될 수 있다는 생각의 절대적인 무의미함마저 보았습니다. 게다가 내가 죽인 그 사람 중 일부는 실로 더 높은 견해를 밝힌 사람이었음을 보았습니다. 나는 외부 기관의 교리와 신조를 지키는 것에 너무나 몰두해 있었습니다.

나아가 나는 육화 중에 내가 예수님과 같은 태도를 보이지 않았다는 것을 수정처럼 명확하게 보았습니다. 왜냐하면, 나는 그리스도 마음이라는 더 높은 진리에 기반을 둔 태도를 보이지 않았기 때문입니다. 나는 혼탁해진 비전에 기반을 둔 견해를 밝혔습니다. 그것은 그리스도 가르침의 순수함에 비교해 몹시도 혼탁한, 그 시대의 가톨릭에서 구체화된 교리에 기초한 입장이었습니다.

여러분도 이처럼 육화 후에 에테르층으로 오게 되면, 자신이 실제로 행사했던 모든 힘을 경험하게 됩니다. 숨길 수 있는 것은 하나도 없습니다. 그러나 알다시피, 여러분이 육화 중일 때 어떤 행위를 저지르게 한 것은 진정한 여러분, 즉, 의식하는 자아(Conscious You)라는 '순수의식'이 아니었다는 사실 또한, 숨길 수가 없습니다. 여러분에게 그런 행위를 저지르게 한 것은 외면의 자아, 인간의 자아, 분리된 자아였습니다.

여러분이 에테르층에서 삶을 돌아볼 때, 물론 상승한 스승들도 함께합니다. 스승들은 여러분에게, 여러분은 그 실수를 저지른 분리된 자아 그 이상의 존재라는 것을 스승들은 분명히 본다는 사실을 알려줍니다. 그들은 여러분이 이것을 보고 받아들일 수 있는 지점에 오도록 돕습니다. 그들은 여러분이 자신을 완전히 정직하게 보는 이 어려운 과정을 잘 통과하도록 도와줍니다.

바른 결정을 하기

내가 나의 육화에 대하여 말하는 이유는, 내가 절대 실수하지 않은 완벽한 육화를 하였기 때문에 상승 마스터가 된 것이 아님을 여러분에게 보여주기 위함입니다. 나는 인간으로서 할 수 있는 모든 가능한 실수를 하였기에, 실로 상승 마스터가 되었습니다. 여러분이 알 수도 있고 모를 수도 있겠지만, 내 사랑하는 형제인 성 저메인(Saint Germain)은 자신이 백만 번의 바른 결정을 함으로써 상승의 자격을 얻었다고 말했습니다.

그렇다면 바른 결정이란 무엇을 의미할까요? 사랑하는 이들이여, 바른 결정이란, 여러분이 무슨 일을 했던지 상관없이, 그것을 기꺼이 정직하게 살펴보는 것입니다. 여러분은 기꺼이 그것에서 교훈을 배워야 합니다. 그러면 여러분은 그 결정을 해왔던 자아를 기꺼이 죽게 하겠다고 결심할 수 있으며, 이로써 여러분은 더 높은 자아감으로 비약적인 도약을 하게 됩니다. 사랑하는 이들이여, 이해하겠습니까?

바른 결정을 내린다는 것은 바른 결정이라고 여겨지는 어떤 일을 지구에서 한다는 뜻이 아닙니다. 바른 결정이란, 그것이 여러분에게 선행처럼 보이든 실수처럼 보이든 상관없이, 선행이라 생각되는 행위조차도 분리된 자아에 기반을 두고 있음을 기꺼이 보겠다는 것입니다. 이 제한된 자아를, 마하 초한의 훌륭한 책에서는 '분리된 영체'라고 부릅니다. 그러면 여러분은 그 영체, 즉 분리된 자아를 기꺼이 죽도록 놓아버릴 수 있으며, 여러분은 그 영체를 상위자아로 진화하게 하려는 헛된 노력을 하지 않게 됩니다. 그러면 진정한 자신인 순수한 여러분은 더 높은 수준으로 비약적인 도약을 하게 됩니다.

사랑하는 이들이여, 이 자아를 기꺼이 죽게 하고, 비약적으로 도약하겠다는 것이 바른 결정입니다. 왜 성 저메인은 상승을 위해 바른 결정을 백만 번이나 내려야 했을까요? 그 이유는 그가 자유로워지기 전에 초월해야 하는 백만 개의 영체를 육화 중에 창조했기 때문입니다.

사랑하는 이들이여, 나는 그런 영체를 백만 개 이상 창조했었습니다. 그것이 성 저메인의 상승보다 내 상승이 더 오래 걸린 이유입니다. 하지만, 알다시피, 그것은 정말 숫자 놀이의 문제가 아닙니다. 여러분의 상승 자격은, 자신의 현재 영체가 여러분의 삶에서 반응을 결정해왔기 때문에, 그 영체를 기꺼이 살펴보겠다고 자각하는 문제와 결부되어 있습니다. 여러분이 그 영체에 대해 인식하게 된다면, 그것이 여러분을 어떻게 제한하고 있는지도 인식할 수 있습니다. 그러면 여러분은 그 영체가 죽게 하고 더 높이 오르겠다는 의식적인 결정을 할 수 있습니다.

그때 우리 상승 마스터들은 여러분이 이 일을 하도록 도울 수 있습니다. 우리는 여러분이 이 과정을 시작하도록 도와줄 수 있습니다. 우리는 여러분이 마지막 영체를 죽게 하고, 물질이라는 십자가에서 여러분을 자유롭게 하기 위해 마지막 유령을 포기할 때까지 모든 여정에서 여러분을 도와줄 수 있습니다.

이것이 우리가 이 책과 이어지는 책들에서 목표로 삼는 것입니다. 물론, 우리는 이전의 두 권의 책(생명의 강과 함께 흐르기, 자아의 힘)에서 기초를 다졌으며, 나는 여러분이 그 책들을 공부하리라 믿습니다. 왜냐하면, 그 책들의 내용은 실제로 여러분이 이 책과 이어지는 책들에서 더 큰 혜택을 얻을 수 있도록 도와줄 것이기 때문입니다. 어떠한 가르침도 헛되지 않습니다. 불필요한 것은 아무것도 없습니다. 모든 것이 있어야 할 자리에 있습니다. 모든 것이 의식의 상승에서 나선 계단을 오르는 데 사용할 수 있는 디딤돌입니다.

하지만, 기억하세요. 나선 계단을 오르는 일은 진화적이고 부드러운 과정이 아닙니다. 여러분은 나선 계단을 매끄럽게 올라갈 수 없습니다. 여러분은 일련의 계단을 조심스럽게 올라갑니다. 다음 단계로 올라가기 위해서는, 이전 단계에서 반드시 발을 떼어야 합니다. 일정한 시간 동안 한쪽 발이 공중에 떠 있는 상태에서, 몸의 균형은 다른 발로 잡아야 합니다. 여러분이 이 불안정한 상태를 감당해 낼 의지가 없다면, 다음 단계로 한 단계 올라설 수 없습니다.

나는 여러분에게 첫 번째 장에서 다룰 수 있는 것보다 더 많이 주었습니다. 내가 첫 번째 광선 시리즈 중 다음 단계와 여러분이 다르즐링에서 받는 첫 번째 광선의 입문들을 가지고 다시 돌아오기 전에, 여러분은 이것을 숙고해 보아야 합니다.

2
힘과 의지

"자신이 하는 말을 살펴보고,
자신의 목소리를 어떻게 사용하는지 살펴보며,
그것이 자신의 에너지를 높이는지 낮추는지 알아차리세요."

마스터 모어

나는 모어입니다. 그리고 나는 마스터입니다. 따라서, 나는 그 이상의 마스터입니다. 나는 첫 번째 광선에서 어떻게 그 이상이 되는지를 여러분에게 보여주고자 합니다. 먼저 개요를 설명하겠습니다. 여러분은 의식에 144개의 단계가 있다는 가르침을 잘 알 것입니다. 알다시피, 이 일련의 담화들과 우리가 내놓은 책들의 목적은, 일곱 광선의 입문에 통달함으로써 의식 수준을 48단계에서 96단계로 올리는 방법을 알려주려는 것입니다.

하지만, 지금은 여러분이 지구에 처음 내려왔을 때 어떤 일이 일어났는지를 생각해보겠습니다. 우리가 말했듯이, 여러분이 새로운 생명흐름으로서 이 행성에 처음 내려왔을 때의 의식 수준은 48단계였습니다. 이상적인 시나리오라면, 이러한 생명흐름에게 어떠한 일이 일어날까요? 자, 그 생명흐름은 점과 같은 자아감을 가지고 내려옵니다. 비록 아이엠 현존(I AM Presence)에 대한 명확한 비전은 없다 하더라도, 자신이 뭔가 더 큰 존재에 연결되어 있다는 느낌이 있습니다. 그리고 그 생명흐름은 자신의 창조적인 능력으로 실험해 보려는 바람을 가지고 내려옵니다.

이상적인 시나리오에서, 실험하려는 의지는 48단계에서 자연스럽게 지니고 있는 가장 중요한 능력입니다. 이것은 뭔가 새로운 것을 시도하고, 거대한 피드백 기계인 물질우주에서 어떤 반응을 되돌려 받는지 확인해 보려는 의지입니다. 여러분이 무엇을 내보내든 우주 거울이 반사해서 그것을 여러분에게 돌려줍니다.

이제 약간 다른 관점에서 이 실험하려는 의지를 바라본다면, 이 의식 상태를 무엇이라고 할 수 있을까요? 자, 그것은 부분적으로 붓다께서 '초심자의 마음(beginner's mind)'에 대하여 설명했을 때 말한 것입니다. 또한, 그것은 예수께서 어린아이처럼 되지 않으면 천국에 들어갈 수 없다고 한 말과도 같습니다. 이 48단계의 마음 상태는 천진함, 바로 천진난만함(holy innocence)의 상태입니다.

천진함의 중요성

이상적인 시나리오에서는, 여러분이 이 천진함을 잃지 않고 일곱 광선의 입문을 통과해 올라갈 수 있습니다. 그런 과정을 통해서 여러분이 다양한 경험을 얻고 더 성숙해지며 어떤 면에서는 더 세련되겠지만, 그 과정이 천진함을 빼앗아가지는 않습니다. 여러분은 다른 생명을 끌어내리려는 이기적인 의도, 즉, 불순함이 없다는 점에서 여전히 천진할 것입니다. 그리고 여러분은 자신과 자신의 창조적인 노력을 끌어내리려는 의도를 가진 다른 생명흐름들에게 노출되지도 않을 것입니다.

이상적인 시나리오에서는 반드시 옳거나 옳지 않은 이원적인 기준이나 어떤 상대적인 기준에 따라 판단하고 끌어내리려는 의식과 직면하지 않고서도 창조적인 능력을 확장하고, 창조적인 능력에 대한 인식에서 성장할 수 있다는 것을 알 수 있습니까? 여러분이 뭔가 잘못을 한다면, 자신에게 어떤 문제가 있는 것입니다.

자 물론, 여러분 모두는 이번 생은 물론이고 이 행성에서 살았던 많은 과거 생애 동안 정확하게 여러분을 끌어내리려는 이 이원적인 의식에 노출됐습니다. 지구 행성의 역사를 돌아보면 이렇게 여러분을 판단하고 평가하며 끌어내리려는 의식이 이 행성의 삶에 어떻게 스며들어 왔는지를 알 수 있습니다. 나는 이러한 의식이 기록된 역사보다 훨씬 더 오래되었다고 장담할 수 있습니다.

우리가 이미 말했듯이, 여러분은 이상적인 시나리오를 가지고 있지 않습니다. 내가 여러분 마음에 씨앗으로 심어주고자 하는 교훈이 있습니다. 여러분이 일곱 베일의 여정을 걷는 목표는, 물질을 넘어선 마음에 대한 정교한 통달을 성취하여 구체적인 결과를 만들어내고, 이로써 다른 사람들에게 감명을 주려는 것이 아닙니다. 또한, 이런저런 것들을 하기 위해 어떤 특정한 지혜나 특정한 정교함을 획득하는 것도 아닙니다. 현재 지구의 환경에서 일곱 광선의 여정을 걷는 첫 번째 목표는, 바로 여러분의 천진함을 되찾아, 그 온전한 천진함으로 일곱 광선의 창조적인 에너지가 표현될 수 있게 하는 것입니다.

이것은 물론 대부분의 영적인 학생이 알지 못했던 예상 밖의 반전일 것입니다. 우리는 지금까지 지구상에서 한 세기가 넘도록, 다양한 메신저와 가르침을 통해서 상승 마스터들의 가르침을 공개적으로 가르쳐 왔습니다. 하지만, 여정을 걷는 진짜 목적이, 사람들이 잃어버린 것, 즉, 지구상의 진정한 낙원인 천진함을 되찾는 것임을 거의 인식하지 못하고 있습니다.

잃어버린 낙원

여러분은 지구에서 어떻게 낙원을 구현할까요? 신의 왕국은 여러분의 내면에 있다고 예수께서 말하지 않으셨나요? 그렇다면, 지구에서 낙원이 실현되는 길은 어떤 의식 상태를 달성하는 것이라고 하는 것이 논리적이지 않습니까? 그리고 여러분이 에덴에서 가지고 있던 의식 상태는 어떤 것일까요? 자, 에덴에서 금지된 과일을 먹고 마이트레야의 신비 학교였던 낙원에서 추방되기 전까지, 여러분은 바로 그 천진함의 상태에 있었습니다. 그것은 분리된 이원성에 근거해 만들어진 기준에 따라 평가하지 않으며, 창조적인 능력으로 자유롭게 실험했던 천진난만함의 상태 그 자체였습니다.

그러나 이후 이 지구상에서 여러분이 마주했던 것은 타락한 존재들이 만든 기준이었습니다. 그 기준은 바로 천진난만함을 파괴할 목적으로 만들어진 것이었습니다. 그 기준은 사람들이 천진함을 한번 잃어버리고 나면 다시 회복하기가 대단히 어렵게 만들어졌습니다.

여러분이 다른 사람들이나 어둠의 세력들로부터 끊임없이 공격을 받을 때, 지구의 현재 상황에서 자신의 천진함을 되찾는 일이 얼마나 어렵겠습니까? 마하 초한께서 말했듯이, 집단의식 주변을 떠돌며 여러 가지 투쟁이나 어떤 것이 옳은지 그른지를 증명하는 유형의 게임에 빠지도록 늘 여러분을 조종하려는 수많은 영체에 의해 공격받고 있는 상황에서 말입니다.

사랑하는 이들이여, 삶을 한번 살펴보세요. 이러한 의식이 사회와 인간관계의 모든 측면에 어떻게 스며들어 있는지, 자신이 그것에 어떻게 노출되었는지를 알 수 있지 않습니까? 그렇다면, 이제 원래의 이상적인 시나리오와 반대되는 상황이 생겼다는 것을 알려드립니다. 이상적인 시나리오에서는 여러분이 천진한 상태로 시작해서, 더 정교해지고 더 성숙해지는 동안에도 천진함을 유지하면서 성장합니다. 하지만, 이제, 여러분이 내게 와서 첫 번째 광선의 입문을 통과하려 할 때, 우리는 거의 그 반대 상황에 있다고 할 수 있습니다. 여러분이 그동안 많은 것을 배워왔고 지구상의 삶에서 많은 경험을 거쳤다는 측면에서는, 더 정교해지고 성숙해진 면도 있지만, 여러분은 천진함을 잃어버린 상태입니다.

따라서, 내가 첫 번째 입문인 이 48단계 의식 수준에서, 여러분의 천진함을 즉시 되찾게 도와줄 수 있다는 것은 현실적이지 않습니다. 사실상, 첫 번째 과정의 초한으로서 나는 그렇게 할 수가 없습니다. 그 천진함은 여러분이 일곱 광선의 모든 과정을 통과해야만 비로소 천진함을 되찾을 기회가 옵니다. 그렇게 여러분이 96단계에 도달한다면, 처음 내려왔을 때의 그 천진함을 완전히 되찾을 수 있습니다.

그래서 여러분은 자기중심적인 방법이나, 심지어 다른 사람들을 통제하거나, 서사적인 투쟁을 위한 공격적인 방식으로 자신의 능력을 펼치지 않고도, 96번째 단계의 입문을 통과할 수 있습니다. 이것은 여러분이 가질 수 있는 장기적인 비전입니다. 그리고 여러분이 일곱 베일의 여정을 걷는 동안, 단계마다 천진함에 점점 더 가까이 다가간다는 사실을 명심하는 것이 중요합니다. 그러므로 여러분은 지금 이것을 숙고해 봐야 합니다. "내 현재 의식 수준에서, 나의 천진함을 빼앗아가는 것은 과연 무엇일까?"

물리적인 행위를 넘어서는 학습

이것은 진실로 마음에 새겨야 할 중요한 고려사항입니다. 지금 당장은 천진함의 상태에 있다는 의미에 대해 명확하고 의식적인 감각이 없을 수도 있습니다. 내가 천진난만함에 대해서 말할 때, 여러분은 내가 무엇을 의미하는지, 심지어 그것을 잠깐이라도 보는 경험조차 할 수 없을 것입니다. 그 이유는 하이에나와 같이 끊임없이 울부짖으며 여러분을 천진함에서 끌어내리려고 애쓰는 영체가 여러분의 마음에 가득 채워져 있기 때문입니다. 교묘한 뱀의 혀로 말하는 영체는, 여러분을 꾀어서 이러한 오래된 패턴에 반복적으로 빠지게 하고, 여러분의 타고난 권리인 천진난만함에 다가가지 못하게 합니다.

하지만, 나는 이번 담화에서 여러분에게 첫 번째 단계의 가르침을 주겠습니다. 앞에서 우리는 고난의 학교에 대해 말했습니다. 우리 상승 마스터들은 의식의 48단계 아래에 있는 사람들에게도 어느 정도의 가르침을 줄 수 있지만, 그들이 48단계에 도달하기 전까지는 여전히 고난의 학교에 있을 것입니다. 그들이 47단계에서 48단계로 올라설 때만, 비로소 고난의 학교를 완전히 마치고 일곱 베일의 여정으로 들어설 수 있습니다. 이로써 그들은 우리의 에테르 은거처에 참여할 수 있습니다. 거기서 그들에게 주어지는 특정한 가르침을 의식적으로 기억하지 못한다고 하더라도, 교훈을 실제로 기억하는 데서 오는 내면의 앎을 얻을 수 있습니다.

비록 여러분은 스승들이 어떻게 이 앎을 주고 말하였는지 기억하지 못할지라도, 내면의 앎을 통해서 깨어날 수 있습니다. 여러분은 내면 깊은 곳에서 무엇이 실재이고, 무엇이 진실인지를 잘 알고 있으며, 자신의 삶에서 기꺼이 그것을 구현하려고 합니다. 그렇게 되면, 의식하는 수준에서도 여러분의 의식을 전환하게 됩니다.

여기에서 요점은 단순합니다. 고난의 학교에서 여러분은 주로 행위를 통해서 배웁니다. 여러분은 행동하고 그 결과를 보거나 적어도 물리적인 결과를 마주합니다. 그리고 그 결과를 평가함으로써 배우거나 배우지 않을 기회를 얻게 됩니다. 하지만, 여러분이 48단계 이상으로 올라서면, 주로 물리적이고 외적인 행위를 통해서는 더 이상 배우지 않습니다. 여러분은 수많은 물리적인 행위를 통해 배우는 것이 아니라, 여전히 세상에서 행위를 하면서도 내면, 즉 마음과 감정에서 일어나는 일을 먼저 평가하며 이제 내면에서 일어나는 과정을 통해 더 많이 배웁니다. 하지만, 여기서 중요한 것은 물리적 행위가 아닌 다른 방식을 통해서 배운다는 것입니다.

확실히, 여러분은 물리적인 행위를 통해서 배우기가 훨씬 더 어렵다는 것을 알 수 있습니다. 여러분은 우주 거울을 향해 매 순간 자극을 보내고 있기에, 일정 시간이 지나면 그 자극은 물리적인 환경의 형태로 여러분에게 되돌아옵니다. 그때 여러분이 내보낸 자극이 무엇인지를 기억하지 못한다면, 돌아오는 물리적인 카르마가 돌아오는 이유를 알지 못합니다. 따라서 우주 거울에서 돌아오는 특정한 카르마를 피하려면 자신의 의식을 어떻게 바꿔야 할지 알기 어려울 수도 있습니다.

그렇다면 이런 고난의 학교를 졸업하고 내면에서 인도하는 학교로 들어간다면 어떤 일이 일어날까요? 그러면 여러분은 이 내면의 앎을 가지기 시작하므로, 수많은 물리적인 행위를 할 필요가 없습니다. 여러분은 이제 분별의 눈이 생겼으므로, '아하' 경험을 통해서 배우고 깨닫게 됩니다. "그래, 이런 것은 내게 효과적이지 않구나. 이것은 삶에서 내가 원하는 곳으로 데려가 주지 않는구나." 나는 여러분이 48단계 의식에서 마주치는 첫 번째 입문을 이렇게 인식할 수 있기를 바랍니다.

48단계에서의 첫 번째 입문

여러분은 첫 번째 광선이 종종, 힘의 광선 또는 의지의 광선으로 알려졌다는 것을 들었을 것입니다. 따라서 새로운 생명흐름으로서 48단계로 하강할 때, 여러분은 실험해야 한다는 사실을 알 수 있습니다. 여러분은 비전을 형성해야 하고, 마터 빛으로부터 무언가를 창조해내기 위해서, 마터 빛 위에 그 이미지를 투사할 의지를 모아야 합니다.

여러분이 새로운 학생이라면 힘을 표현하는 것이 중요합니다. 하지만, 이상적인 시나리오가 아닌 상황에서는, 사실 힘의 표현을 자제하고 자신을 표현하기 전에 먼저 자신을 평가하는 일이 실제로 중요합니다. 여러분은 첫 번째 광선이 다른 모든 광선처럼 특정한 차크라에 대응된다는 사실을 알고 있습니다. 첫 번째 광선에 상응하는 차크라는 목 차크라이고, 이것은 목의 중앙에 있습니다.

따라서 실제로 힘을 표현하는 주된 방법의 하나는, 목소리를 통해서 말로 표현하는 방식입니다. 48단계 아래에서는 주로 물리적인 행위를 함으로써 배웁니다. 하지만, 48단계와 그 이후의 일곱 단계에서는, 목 차크라와 말을 통하여 힘을 표현하는 방법에 먼저 신경을 써야 합니다.

예수께서 이렇게 말씀하셨습니다. "너의 말로 의롭다 함을 받고, 너의 말로 정죄함을 받으리라." 이것은 마음에 깊이 품어야 할 중요한 원리입니다. 그러나 이것이 누군가가 저기 앉아서 여러분을 판단하고 있다는 의미는 아닙니다. 나, 마스터 모어는 여러분을 판단하지 않습니다. 나는 다만 여러분이 지닌 원래의 능력에 대해 의식적으로 인식할 수 있기를 바랄 뿐입니다. 그리고 여러분은 내 가르침에 열려 있는 이 단계까지 오면서 사실상 그 능력을 사용해 왔습니다. 그 능력은 바로 에너지의 변화를 가슴 차크라로 느끼는 능력입니다.

여러분이 주의력을 가슴 차크라에 집중하면, 에너지가 올라가는지 아니면 내려가는지를 의식적으로 느낄 수 있습니다. 그리고 여러분은 이 구술문을 듣기만 해도, 보통 이상으로 에너지가 올라간다는 사실을 느낄 수 있어야 합니다. 이때 상향의 흐름, 상향의 운동이 일어납니다. 그러므로 여러분은 이 구술문을 읽거나 듣기 시작함으로써 구축되고 있는 상향나선을 느낄 수도 있습니다. 또한, 여러분은 가르침을 듣는 것이 가장 큰 효과를 낸다고 느끼겠지만, 그것을 읽거나 주의를 기울이기만 해도 에너지가 올라가거나 내려가는 것을 느낄 수 있습니다.

이것은 이미 여러분이 삶의 많은 상황에서 사용해 왔던 능력이지만, 의식적으로 깨닫지 못했을 수도 있습니다. 그런데도, 이것은 여러분을 48단계에서 96단계로 나아가게 하는 필수적인 지침입니다. 무엇이 여러분의 가슴에서 에너지를 높이고 낮추는지 단순히 느껴 보세요.

발성되는 말을 어떻게 사용하는가?

앞으로 여러분은 자신이 말과 발성되는 소리, 그리고 무엇을 말하고 어떻게 말하는지에 따라 가슴에서 느껴지는 에너지 변화를 감지하는 능력에 좀 더 의식적으로 되어야 합니다. 여러분은 다른 사람들이 특정한 목소리로 자신에게 말할 때, 그것이 즉시 자신의 에너지를 낮추고 아마도 분노나 짜증을 일으킨다는 것을 알아챌 수도 있습니다. 때로는 다른 사람들이 여러분에게 하는 말로 인해 기분이 상하거나, 우울해지거나, 자신을 가치 없는 존재라고 느낄 수도 있습니다.

여기서 일어나는 일은 단순하다는 것을 알아야 합니다. 이 사람들은 특정한 에너지 파동을 여러분에게 보내고 있고, 그것이 여러분의 에너지장으로 들어올 때, 즉시 여러분의 에너지를 높이거나 낮추도록 영향을 미칩니다. 그래서 이것을 뒤집어 보면, 여러분이 다른 사람들에게 말하는 방식 또한, 그들의 에너지장에 들어가서 어떤 영향을 미칠 수 있습니다.

물론 일어날 수 있는 많은 미묘한 효과가 있지만, 지금은 여러분이 단순히 이러한 평가에 집중했으면 합니다. "그것은 내 에너지를 높이는가? 아니면 낮추는가?" 여러분이 이것에 대해 생각하고 주의 깊게 관찰한다면, 자신이 다른 사람들에게 말할 때처럼 그 말은 자신에게도 즉시 영향을 미친다는 사실을 알 수 있습니다. 여러분의 말은 그들에게만 영향을 미치는 것이 아니라 자신에게도 영향을 미칩니다. 처음에는, 이것이 48단계 입문이 될 것입니다. 그러므로 여러분은 말을 사용하여, 모든 사람과 우주 속으로 방출하는 에너지의 운반체, 에너지 파동의 확산체로 자신의 목소리를 어떻게 사용하고 있는지 알아차려야 합니다.

우리는 기원문과 디크리를 낭송함으로써, 목 차크라, 힘의 센터를 사용한 영적인 에너지 기원의 중요성에 대해 가르쳤습니다. 이것의 큰 이점 중의 하나는, 여러분이 우리의 기원문과 디크리를 낭송하면서 가장 효과적인 방식으로 모든 생명을 끌어올리는 에너지 파동을 만들고 퍼뜨린다는 것입니다. 그것은 또한, 동시에 여러분을 끌어올립니다.

그래서, 기원문과 디크리를 낭송함으로써, 여러분은 자신의 목소리가 에너지를 높일 때와 그렇지 않을 때를 분별하는 참조틀을 자신에게 주는 것입니다. 이것은 이제 삶의 다른 상황에서도, 여러분이 자신의 힘 센터를 어떻게 사용하는지 평가하기 위한 매우 효과적인 참조틀로써 여러분이 디크리에 대해 느끼는 효과를 사용할 수 있다는 뜻입니다.

여러분은 자신이 하는 특정한 말이나 목소리 톤이 자신의 에너지를 어떻게 올리고 낮추는지를 즉시 느낄 수 있습니다. 그리고 이 지점에서 여러분은 이것을 의식적으로 인식해야 합니다. 내가 첫 담화에서 말했듯이, 여러분은 의식적으로 이런 선택을 해야 하는 지점에 오게 됩니다. "이것이 내가 원하는 곳으로 나를 데려가는가? 아니면 내 발전을 방해하는가?" 물론, 여러분이 원하는 곳으로 가기를 바란다면, 즉, 48단계에서 96단계로 오르기를 바란다면, 여러분은 자신이나 다른 사람들의 에너지를 낮추는 에너지 자극을 내보내서는 안 됩니다.

행위-반응의 순환 패턴

여러분이 현재의 의식 수준을 초월하기를 바란다면, 고난의 학교에 머물기를 원해서는 안 됩니다. 고난의 학교는 단지 우주 거울로 현재 의식 상태를 투사하고 나서 우주 거울에서 반사되어 돌아오는 내용을 보고 배울 수 있는 곳이기 때문입니다. 여러분은 현재 수준보다 더 높은 의식 상태에 기초해서 행동하고 반응할 수 있는 긍정적인 나선으로 들어가기를 바라야 합니다.

여기에서 단순한 자연법칙이 보입니까? 우주는 거울입니다. 여러분이 특정한 진동 수준의 에너지 자극을 내보내면, 우주 거울은 여러분에게 무엇을 돌려줄까요? 자, 그것은 같은 진동 수준에 있는 반응을 되돌려줍니다. 그러면, 우주에서 이 반응이 반사되어 돌아올 때면 여러분에게는 어떤 일이 일어날까요? 내가 말했듯이, 여러분은 돌아오는 것에 대해서 현재의 의식 수준으로 반응합니다. 이것은 여러분이 같은 의식 수준에서 또 다른 자극을 생성한다는 의미입니다. 어떻게 하면 여러분은 계속해서 자신의 이전 반응에 다시 반응하는 이런 쳇바퀴에서 탈출할 수 있을까요? 그 반응은 오래전에 했던 행위로 시작되었을 것입니다. 그 오래전의 행위 이후로, 그것은 모두 반응이었습니다.

여러분은 이것을 깨뜨릴 방법을 찾아야만 합니다. 어떻게 이것을 깨뜨릴 수 있을까요? 여러분은 반드시 마음을 의식적으로 다스릴 수 있어야 합니다. 그래서 다음에 우주 거울의 반응을 돌려받을 때는, 자극을 생성했을 당시와 같은 의식 수준에서 반응하지 않아야 합니다. 대신, 여러분은 그보다 더 높은 의식 수준에서 반응할 수 있습니다. 이것은 여러분이 더 높은 수준의 의식 상태에서 자극을 만들어낸다는 의미입니다. 따라서 이것은 더 높은 수준의 결과가 돌아오게 합니다. 이것 외에 다른 어떤 방식으로 이러한 반응에 반응하는 순환 패턴을 깨뜨릴 수 있겠습니까?

알다시피, 반응을 바꾸려면, 여러분은 실제로 반응하기를 멈추고 대신 더 높은 수준에서 행동해야 합니다. 하지만, 이것은 여러분이 더 높은 의식 수준에 도달해야만 가능합니다. 그렇다면 이러한 과정을 시작하기 위한 첫 번째 단계가 무엇일까요? 그것은 내가 말했듯이, 자신이 내보낸 모든 것을 평가해야 합니다. 특히, 자신이 하는 말이 에너지를 높이는지 혹은 낮추는지 이 단순한 고려사항을 토대로 발성된 말을 평가해 보는 것입니다.

여러분이 내 다르즐링 은거처에 배우러 올 때 반드시 이것을 시작해야 합니다. 실제로, 내 은거처에는 여러분이 자신의 목소리로 내보내는 에너지 자극을 형상화해서 보여줄 수 있는 특별한 방이 있습니다. 음악을 재생하면 컴퓨터 모니터에 색채 패턴이 표시되는 어떤 컴퓨터 프로그램을 본 적이 있나요?

이 방은 구체(球體)의 형태이고, 이 구체의 절반은 거대한 화면입니다. 그 화면은 여러분이 내보낸 소리에 따라 발생하는 어떤 패턴을 보여줍니다. 이로써 여러분은 자신이 내보낸 목소리를 시각적으로 볼 수 있습니다. 그것은 불협화음과 조화롭지 못한 자극을 내보냄으로써 인간의 목소리가 다른 생명에게 직접 지장을 주어 얼마나 많은 해를 끼치는지에 대해 결코 생각조차 하지 못했던 사람들에게 중요한 교훈을 줄 수 있습니다.

인간 목소리의 힘

여러분은 특정한 유형의 음악이 식물이나 아이의 학습 능력에 구체적인 영향을 미칠 수 있고, 물에 특정한 패턴을 형성하도록 영향을 준다는 연구에 대해 잘 알고 있을 것입니다. 소리에는 힘이 있으며, 여러분이 음성을 사용하는 것보다 소리를 만드는 더 강력한 방법은 없습니다.

물론, 여러분 모두는 그것을 당연하게 여깁니다. 여러분은 온종일 얘기하면서 돌아다니지만, 단지 그 효과는 눈에 보이거나 들리는 것뿐이라고 생각합니다. 사람들이 여러분에게 반응하고 대답하는 방식과 관련하여, 여러분의 말이 다른 사람들에게 직접적인 어떤 효과를 가지는 것일까요? 알다시피, 여러분이 내보낸 에너지 자극은 물 위의 동심원처럼 아주 멀리 우주 속으로 퍼져나가면서, 광범위하게 영향을 끼칩니다.

여러분이 나와 함께 대기권 높이 올라가서, 내가 보듯이 인류가 만드는 소리 파동을 보게 된다면, 그 모습은 밤에 찍은 위성 사진, 즉, 모든 지역에서 특히 큰 도시에서 그 주위로 금빛 선과 같은 것들이 뻗어 나오는 모습과 크게 다르지 않음을 볼 수 있습니다. 자, 마찬가지로 인간들이 만든 소리 파동도 이러한 복잡한 패턴과 비슷합니다. 당연히 그런 경향은 인구가 더 많이 모이는 거대한 도시에 더욱 집중되어 있습니다.

여러분이 이런 에너지 파동의 다양한 색상과 모양을 볼 수 있다면, 사람들의 말을 통해 매일 얼마나 많은 파괴적인 효과가 발생하고 있는지 알 수 있습니다. 그것은 실로 놀라운 일입니다. 이 영향을 볼 수 있다면, 여러분은 사람들이 하는 말에 따라 만들어지고 강화되는 에너지 수프 안을 자신이 걸어 다니고 있음을 알 수 있습니다.

또한, 여러분은 특정한 형태의 말이 어떻게 이런 에너지의 하향 나선을 만들어내는지 볼 수 있으며, 이것은 행성의 부정적인 소용돌이에 더해집니다. 따라서 그것들은 양방향의 통로가 됩니다. 왜냐하면, 사람들이 하는 말은 단지 에너지를 내보내는 것뿐만 아니라, 집단의식의 소용돌이에서 에너지를 돌려받기도 하기 때문입니다. 그러면 이것은 집단의식의 영체들이 사람들의 에너지장으로 들어올 수 있는 침입 경로가 됩니다.

여러분은 자신이나 다른 사람들에게서 특정 주제에 대해서 꼭 말해야 하는 패턴에 빠진 사람들을 본 경험이 없습니까? 그들은 반드시 무언가를 말해야만 하고, 거의 통제가 되지 않습니다. 그들은 반드시 이것에 대해서 말해야 합니다. 그들은 매일 그 주제로 돌아가야 하며, 비록 새로운 내용이 전혀 없더라도 계속해서 그것을 강화해야 합니다. 그들은 여전히 그 일을 계속 반복하는데, 그 이유는 영체들이 그들의 에너지장을 휘젓고 있기 때문입니다.

공격적인 영체의 영향

여러분이 어느 때라도 무언가를, 특히 전혀 긍정적이지 않은 내용을 말하게끔 강요된다고 느낀다면, 그때 여러분의 에너지장은 자신이 말하기를 바라는 공격적인 영체의 공격을 받는 중이며, 그렇게 함으로써 그 영체에게 먹이를 주게 된다고 분명하게 말할 수 있습니다. 여러분은 자신의 가슴에서 에너지가 높아지는지 낮아지는 지를 알아차림으로써 이것을 인식하는 방법을 배울 수 있습니다. 또한, 언제든지 여러분의 에너지가 낮아진다면, 그 낮아진 에너지는 반드시 어딘가로 이동한다는 사실을 알아야 합니다. 또한, 여러분의 가슴에서 진이 빠지거나 에너지가 고갈되는 느낌을 받는다면, 공격적인 영체가 여러분의 에너지장에서 에너지를 뽑아가기 때문이라는 것을 실제로 배울 수 있습니다.

이것은 여러분이 종종 무엇을 말하거나, 심지어 누군가에게 화를 내거나 경멸하는 방식으로 말을 할 때 일시적으로 힘이 강화되는 느낌을 받는 이유입니다. 이럴 때는 마치 여러분의 분노나 동요가 자신의 목소리에 평소보다 더욱더 많은 힘을 실어주는 것처럼 보입니다. 이것은 여러분을 이용해서 다른 사람에게 더 큰 에너지로 말하도록 폭발을 일으키는 영체에게 침해를 받았기 때문입니다. 실제로 그 에너지는 이 영체에게서 옵니다. 하지만, 지급해야 할 대가는, 여러분이 일단 폭발을 멈추면 이제 자신이 느끼는 그 인위적인 고양 상태가 사라진다는 것입니다. 그러면 인위적인 고양 상태가 늘 그러하듯이, 여러분은 이제 낮은 에너지 상태로 곤두박질을 합니다.

여러분은 높고 낮은 이런 패턴을 인식하여, 자신이 소위 말하는 도취 상태에 있고 이러한 공격적인 영체의 강화된 힘으로 말하고 있을 때도, 그것이 자신의 에너지를 실제로는 높이고 있지 않다는 사실을 배울 수 있습니다. 비록 여러분을 통해서 흐르는 그 힘이 강력하더라도, 그것이 여러분을 통해서 흐르는 높은 수준의 에너지가 아니라는 것을 느끼도록 배울 수 있습니다. 따라서 비록 그것이 여러분에게 더 많은 결과와 더 외향적이고 활동적인 에너지를 주고 있더라도, 그것이 에너지 진동을 높이는 것은 아니기에 가슴의 에너지를 높이지는 못합니다.

사랑하는 이들이여, 알다시피, 소리의 크기와 소리 파동의 주파수는 다릅니다. 낮은 주파수의 에너지가 낮은 소리일 수도 있고 여전히 큰 소리일 수 있습니다. 즉, 볼륨을 높인다고 해서 주파수가 더 높아지지는 않습니다.

죄책감 없는 자기-인식

자신이 하는 대화를 주의 깊게 살펴보세요. 자신이 목소리를 어떻게 사용하는지 살펴보고, 그것이 자신의 에너지를 높이는지 낮추는지 알아차리세요. 그렇다고 해서 나는 여러분이 자신을 비난하거나, 책망하거나, 끌어내리기를 바라지는 않습니다. 사랑하는 이들이여, 이제 여러분은 우리가 세심하게 균형을 잡아가며 일하는 영적인 스승이라는 것을 알겠습니까? 여러분이 변해야 할 것을 우리가 알려주지 않는다면, 우리는 여러분을 도울 수 없습니다. 여러분이 우리 가르침에 익숙하지 않은 초기 단계에서, 여러분이 바뀌어야 하는 것을 우리가 드러내어 보여줄 때, 여러분은 자신의 심리에 있는 특정한 패턴에 연결될 수 있습니다. 내가 말했듯이, 여러분은 매우 공격적이고 비난하는 에너지에 노출되지 않고서는 이 행성에서 살아갈 수 없습니다.

여러분의 에너지장에는 특정한 패턴이 있을 수 있습니다. 그래서 내가 여러분이 자신의 목소리를 사용하는 방법을 평가해야 한다고 말할 때, 여러분은 지금까지 가능했던 최상의 방법으로 목소리를 사용해 오지 않았음을 인식할 수 있습니다. 여러분은 어쩌면 이것에 대해 기분 나쁘게 느껴야만 한다고 생각하는, 어떤 감정적인 상처와 연관될 수도 있습니다. 그래서 여러분은 자신을 비난해야 하며, 자신에게 화를 내야 하고, 일어날 일에 대해 두려워하면서, 심지어 나, 마스터 모어가 여러분을 비난할 것이라고 겁을 먹을 수도 있습니다. 하지만, 알다시피, 나는 여러분을 비난하지 않습니다. 나는 여러분을 판단하지 않습니다. 나는 여러분을 판단할 필요가 없습니다. 이것은 첫 번째 광선이나 다른 어떤 광선의 특성이 아닙니다.

나는 단지 여러분이 더 많이 깨어나도록 돕고자 합니다. 그래서 여러분은 그 패턴이 계속되기를 바라는지 아니면 다음과 같이 인정함으로써 그 패턴을 의식적으로 초월하기를 바라는지 결정할 수 있습니다. "이것은 더 이상 나를 위한 것이 아니다. 이것은 더 이상 진정한 나에 대한 표현이 아니다. 이것은 더 이상 내가 나 자신을 보는 방법에 대한 반영이 아니다. 나는 마스터 모어의 현존을 경험했고, 마스터 모어가 나를 비난하거나, 비판하거나, 끌어내리지 않는다는 사실을 알고 있다."

따라서 사랑하는 이들이여, 나는 오직 여러분이 높아지기를 바랍니다. 나는 상승 마스터입니다. 나는 여러분 삶의 어떤 부분을 끌어내리고 싶은 바람이 없습니다. 나는 단지 모든 생명을 높이기를 원합니다. 여러분은 높아질 가치가 있습니다. 여러분은 높아질 준비가 되어 있습니다. 그렇지 않았다면 여러분은 이 가르침을 접하지 못했을 것입니다. 이것은 그렇게 단순합니다.

가치 있음의 공식

이 간단한 공식을 이해하겠습니까? 여러분이 내 가르침을 기꺼이 들으려 한다면, 여러분은 현재 의식 수준을 초월할 자격이 있고, 현재 의식 수준을 초월할 능력이 있습니다. 그러면 단 하나의 질문만 남습니다. 여러분은 기꺼이 현재 의식 수준을 초월하겠습니까? 나는 여러분에게 간단한 답을 말하겠습니다.

여러분이 기꺼이 가르침을 들을 마음이 있다면, 여러분은 또한,

가르침을 실현할 힘이 있는 것입니다. 여러분에게 필요한 것은 자신의 현재 의식 수준에서, 가르침을 실현하고 낡은 자아감과 낡은 영체를 놓아버리겠다는 의식적인 의지입니다.

나는 대부분의 사람이 이 말들을 읽거나 듣는다고 해서 그 영체를 놓아버릴 수 있으리라고 기대하지 않습니다. 그렇기에 이 말은 단지 여러분이 밤에 내 은거처에 참석할 수 있게 여러분의 의식을 내 현존에 조율하도록 돕기 위한 것입니다. 왜냐하면, 그곳에서 나는 여러분이 그 영체를 보고, 그것을 자신에게서 분리하는 작업을 하도록 도울 수 있기 때문입니다.

사랑하는 이들이여, 영체를 초월하는 일은 그리 어렵지 않습니다. 여러분은 단순히 외부에서 그것을 보고, 그 영체가 자신이 아님을 알아야 합니다. 여러분이 그 영체가 자신이 아님을 알아차릴 때, 그 영체가 죽게 하더라도 자신은 죽지 않는다는 것을 알게 됩니다. 이로써 여러분은 더 높은 자아감으로 다시 태어납니다.

이것은 내가 익히 많이 다뤄본 과정입니다. 나는 사람들이 이런 과정을 잘 통과하도록 도와준 경험이 많습니다. 여러분은 이 과정을 밟고 있다는 것을 의식하는 수준에서는 기억하지 못할 수도 있습니다. 하지만, 내가 보장하는 것은, 여러분이 자신을 나에게 맡기고 첫 번째 광선의 디크리를 낭송하며, 밤에 다르즐링의 내 은거처에 데려가 달라고 요청한다면, 이 과정을 밟을 수 있다는 것입니다.

나는 여러분을 돕겠습니다. 나는 이미 여러분을 돕고 있습니다. 나는 이미 여러분을 도와주었습니다. 그렇지 않았다면 어떻게 여러분이 외면의 마음으로 이 가르침에 조율할 준비가 되었다고 생각할 수 있었겠습니까? 원인은 결과보다 먼저 옵니다. 여러분이 정체성, 멘탈, 감정 수준인 마음의 더 높은 수준에서 준비가 되지 않았다면, 의식적인 수준에서 이 가르침을 발견하고 공부하는 일은 불가능했을 것입니다.

여러분에게 필요한 것은 높은 수준의 준비된 의지에 조율하는 것입니다. 우리가 이전에 말했듯이, 학생이 준비되면 스승이 나타난다는 사실을 깨달아야 합니다. 지금 의식적인 수준에서 여러분에게 내가 나타났다는 것은 여러분이 나를 알아볼 수 있기 얼마 전에, 내가 세 상위체에서 이미 여러분과 작업을 했다는 의미입니다. 따라서 여러분은 세 상위 수준에서 획득한 성과를 의식적인 인식으로 가져올 준비가 되어 있습니다. 여러분은 우리가 말했듯이, 마스터 모어의 제자이고 학생임을 깨닫게 됩니다.

여러분은 내 제자가 될 자격이 있습니다. 여러분은 이미 자격이 있으며, 그렇지 않았다면 이 가르침을 받지 못했을 것입니다. 따라서 자신을 비판하거나 비하하려는 모든 욕구를 버리세요. 그리고 실용적인 접근 방식을 적용하세요. 그것이 작동하는가 안 하는가? 그것이 내 에너지를 높이는가 아니면 낮추는가? 내가 하는 말이나 자신을 내가 가고 싶은 곳으로 데려가는가 아닌가?

특정한 자신의 발성 패턴이 여러분을 가고 싶은 곳으로 데려가지 못한다는 것을 발견하면, 다르즐링의 내 은거처에서 그것을 극복하게 도와달라고 내게 요청하세요. 여러분이 이 단순한 기도를 하고, 또한, 내 디크리를 낭송한다면, 오래된 패턴을 놓아버리는 일이 얼마나 쉬운지, 그리고 짧은 기간 안에 어떻게 언어 구사 방식을 변형하게 되는지 그 효과에 놀라게 될 것입니다. 진실로, 여러분이 보는 많은 영적인 초인이 말을 매우 아끼는 이유가 있습니다. 왜냐하면, 막상 말하려 하면, 말할 것이 별로 없기 때문입니다.

그렇다고 나는 학생들이 침묵하기를 바라지는 않습니다. 하지만, 매일 하는 말만큼 할 말이 많은 것도 아닙니다. 왜냐하면, 많은 사람이 하는 말은 실제로 인간들이 서로 말을 주고받는 것이 아닙니다; 그것은 공격적인 영체가 인간을 통해 서로 말하고 있는 것입니다. 내가 확신하지만, 이것은 여러분이 더 이상 하고 싶어 하지 않는 게임입니다.

나는 여러분이 이 나선을 깨뜨리는 과정을 시작하도록 도울 수 있는 마스터입니다. 이로써 여러분은 자신의 음성으로 오직 자신의 에너지와 주위의 모든 생명 에너지를 높이는 긍정적인 나선을 구축할 수 있습니다. 여러분의 목소리는 홀연히 열린 문이 되어, 여기서 일곱 광선의 에너지가 물질계에 표현될 수 있게 합니다. 그러면 그것들은 여러분이 통달을 이룰 때까지 여기 물질계의 에너지 진동을 가속하게 됩니다.

여러분은 자신의 목소리를 사람이 쓸 수 있는 다른 무엇보다 더 강력하게 끌어올리는 힘이 되도록 사용할 수 있습니다. 여러분이 방사하는 빛은 이 행성을 변형하고, 내 걸출한 형제인 성 저메인의 황금시대를 물리적으로 구현할 것입니다. 그렇습니다. 이것은 인간의 목소리 활용에 관한 최고의 잠재력입니다. 여러분에게는 그 잠재력이 있습니다. 나는 여러분이 할 의지가 있는 동안 여러분을 가르칠 수 있는 마스터입니다. 나는 여러분이 기꺼이 응할 것이라고 믿습니다. 여러분이 사람 목소리의 진정한 힘을 알기 시작할 때, 사람의 목소리가 진정 신의 목소리를 위한 열린 문이 되어, 이렇게 말할지도 모릅니다. "주님의 입으로 말씀하셨습니다. 아멘"

3
힘과 지혜

"분명히, 여러분이 지금 이곳에 와서 첫 번째 광선의 초한에게 전념하는 것은 마이트레야의 신비 학교에 다시 들어가려는 것입니다."

마스터 모어

나는 마스터 모어입니다. 나는 힘의 마스터입니다. 이번 담화에서, 나는 힘의 오용과 힘의 지혜로운 사용에 관해 말할 것입니다. 여기에서 문제는, 여러분이 행성 지구에서 여행하는 동안 힘의 오용은 자주 보았지만, 힘을 지혜롭게 사용하는 경우는 거의 보지 못했다는 것입니다. 따라서 여러분은 잘못된 참조틀을 받아들이게 되었고, 이 참조틀은 종종 무언가를 성공적이거나 힘이 있다고 평가하기 위한 열쇠가 도출된 물리적 결과나 성과로 묘사됐습니다.

여러분은 힘 있는 사람이란 인간적인 희생이나 인간적인 영향의 중요성과는 관계없이 일하는 사람이라고 생각하는 경향이 있습니다.

예를 들어, 장군은 적을 무찌를 수 있지만, 그로 인한 인명의 희생과 고통이 매우 클 수 있습니다. 또한, 자국민이나 타국민에 희생을 치르게 하면서 어떤 외적인 업적을 달성했던 국가의 지도자들을 볼 수 있을 것입니다.

나는 힘의 초한으로서, 지구에서 이룬 물리적인 성과에 기반을 두고 힘을 평가하지는 않습니다. 나에게는 물리적인 성과가 전혀 중요하지 않기 때문입니다. 이 말에 일부 영적인 학생들은 깜짝 놀랄 수도 있습니다. 하지만, 그들이 놀라는 이유는 잘못된 힘의 기준인, 세속적인 기준의 필터를 통해서 힘의 첫 번째 광선을 살펴보았기 때문입니다.

삶의 목적은 여러분의 성장입니다

우리가 여러 번 무엇을 말해왔나요? 물질우주는 학교이며, 배움의 환경이라고 했습니다. 우주는 거울처럼 작동합니다. 여러분이 내보낸 것은 물리적인 환경이라는 형태로 반사되어 되돌아옵니다. 그렇다면 여러분이 내보낸 것을 우주 거울이 반사해서 돌려주는 목적이 무엇일까요? 그 목적은 단순히 이렇습니다. 여러분의 잠재의식이나 심지어 의식하는 마음으로도 보고 알지 못하는 것을, 거부하기 어려운 방식으로 확실하게 보여주기 위한 것입니다. 왜 우주는 이렇게 할까요? 그것은 바로, 삶의 목적이 의식의 성장에 있기 때문입니다.

이해를 돕기 위해 가상현실(VR) 고글을 착용했다고 가정해 봅시다. 여러분이 고글을 착용하면, 방 주위의 다른 부분은 보지 못합니다. 단지 눈앞에 있는 고글의 내부 화면에 보이는 장면만 볼 수 있습니다. 그러나 여러분이 보고 있는 장면은 실제 환경이 아닙니다. 이것은 여러분도 알다시피 컴퓨터 프로그램이 만든 환경입니다. 다른 말로는 가상 환경, 또는 비현실 환경이라고 부릅니다. 장담하지만, 내가 상승 영역에서 보듯이 여러분도 볼 수만 있다면, 지구 행성의 물리적 환경은 그저, 고글 속에서 보는 가상 환경만큼이나 비현실적입니다.

외적인 결과는 특별한 의미가 없습니다

행성 지구는 단지 의식이 투사된 것입니다. 우리는 상승하지 못한 구체들이 있다는 사실에 대해 말했습니다. 여러분은 그중에서도 가장 최근에 생성된 비상승 구체에서 살고 있습니다. 비상승 구체에 궁극적인 실재나 영원함이란 없습니다. 왜냐하면, 이곳은 실험적인 환경이기 때문입니다. 구체가 상승하기 전까지는 궁극적인 실재란 전혀 없습니다. 따라서 아무것도 영원하지 않습니다. 여러분이 이렇게 궁극적인 실재가 아닌 실험실 환경에서 산다는 것을 고려할 때, 나 또는 어떤 다른 상승 마스터가 왜 여러분이 만들거나 만들지 못한 물리적인 결과에 대해 관심을 두겠습니까? 그것은 우리와 무관한 일입니다.

우리가 계속해서 구원에 이르는 외적인 거짓된 여정과 내면의 진정한 여정이 있다고 가르쳤음을 모르겠습니까? 외적인 거짓된 여정의 가장 원시적인 형태는, 특정한 외부 종교의 일원이 되면 구원이 보장된다고 생각하는 것입니다. 더욱 정교한 형태로는, 여러분이 상승 마스터 학생이고 이 모든 외적인 일을 올바르게 수행하고 특정한 외적인 결과를 만들어낸다면 구원이 보장된다고 생각하는 것입니다.

하지만, 우리가 반복해서 말했던 것은, 여러분의 의식 상태가 자신의 구원이나 상승, 영적인 세계에 들어갈 수 있는지를 결정한다는 것입니다. 여러분이 의식의 144단계에 도달하기 전까지는 영적인 영역에 들어가지 못합니다. 영적인 영역으로 상승하는 것이 특정한 외적인 결과를 만드는 문제라고 생각한다면, 여러분은 그 수준에 도달하지 못할 것입니다. 사실, 전적으로 중요한 것은 자신이 만드는 외적인 결과라고 생각한다면, 여러분은 의식의 48단계에서 49단계로 올라가지 못합니다.

힘을 오용한 결과

나는 여러분에게 의식을 48단계 아래로 내려가게 하는 정말 유일한 방법이 힘을 오용하는 것이라는 통찰을 주고 싶습니다. 힘을 오용하기 시작하는 방법은, 다른 사람들을 강요하거나 통제함으로써 특정한 외적 결과를 도출하려는 의도를 실현하기 위해 일곱 광선 상에서 자신의 성취나 추동력을 사용하는 것입니다. 이것이 48단계 이하의 의식으로 내려가는 방식입니다.

48단계 혹은 그 이상의 어느 단계에서 추락했든, 실제로 의식에서 추락하는 유일한 방법은, 이처럼 외적인 결과에 집착해서 힘을 사용하는 지점에 이르는 경우입니다. 즉, 여러분이 힘과 속임수를 사용해서 어떤 일이 일어나거나 일어나지 않아야 한다는 자신의 특정한 비전에, 다른 사람들이 따르도록 강요하는 것입니다. 이것이 존재들이 추락했던 방식입니다.

이것이 네 번째 구체 안에 거주했던 원래의 존재들이 추락했던 방식입니다. 이것은 그들이 다섯 번째, 여섯 번째 구체에서 계속 추락했던 방식입니다. 이제 그들의 일부는 여기 일곱 번째 구체에 있습니다. 이것은 또한, 그들이 일곱 번째 구체에 처음 육화한 존재 다수를 그들의 하향나선으로 끌어들인 방식이기도 합니다. 따라서 사람들은 그들을 따라 타락한 의식으로 들어갔습니다.

타락한 의식은 본질적으로 다른 사람들에게 자신의 비전이 아닌 타락한 존재들의 비전대로 자유의지를 사용하게 하려는 힘의 오용입니다. 혹은, 여러분은 사람들이 자신의 신성한 개체성에 기반을 두고 자신의 개인적인 비전이 무엇이어야 하는가보다는 타락한 존재들의 비전을 채택하도록 강요할 수도 있습니다. 이것은 타락한 사고방식입니다. 그 외에 힘을 오용하는 다른 방법은 없습니다.

자신이 전체 중 일부라는 사실을 알기

여러분은 개별적인 존재입니다. 여러분에게는 각자 자유의지가 주어졌습니다. 따라서 여러분에게는 그 자유의지와 창조적인 능력을 실험할 권리가 있습니다. 이전 두 담화에서 말했듯이, 여러분은 48단계에서 자신의 창조력으로 실험하게 되어 있습니다. 하지만, 창조력으로 실험한다는 것이 바라는 무엇이든지 다 할 수 있다는 의미는 아닙니다. 왜냐하면, 고려되어야 하는 미묘한 사항들이 있기 때문입니다.

알다시피, 여러분은 자유의지를 가진 개별적인 존재이지만, 홀로 있는 환경에서 개별적으로 존재하지 않습니다. 여러분은 언제나 공존하며, 자기-인식하는 다른 개별적인 존재들과 함께 특정한 환경을 공유합니다. 따라서 여러분은 결과가 어떠할지 고려하지 않고 원하는 무엇이든지 할 수 있는 상황에 있는 것이 아닙니다.

내가 이것을 말하는 지금, 많은 학생이 분리 의식에 심하게 영향을 받고 있으므로 처음에는 이 내용을 충분히 이해하지 못한다는 사실을 알고 있습니다. 왜냐하면, 이상적인 시나리오에서는, 여러분이 지구 같은 행성에 최초의 48단계 의식으로 내려와도, 개별적인 존재이긴 하지만, 자신을 분리된 존재로 보지 않습니다. 여러분은 자신보다 더 큰 무언가에 연결되어 있다는 사실을 압니다. 여러분은 다른 존재들이 자신의 환경에 함께 있지만, 그들과도 또한, 연결되어 있다는 어떤 감각이 있습니다. 여러분은 전체 중 일부이고 여러분이 하는 무엇이든 전체에 영향을 주며, 전체는 여러분에게 영향을 줍니다. 따라서 여러분이 하는 무엇이든 또한, 자신에게도 영향을 줍니다.

이렇게 여러분이 48단계로 하강할 때, 이것을 절대로 자신의 창조력이나 자유의지의 제한으로 보지 않습니다. 여러분은 자신이 존재하는 환경에서 창조력을 표현하되, 원하는 것은 뭐든 다 할 수 있다는 분리된 존재처럼 하지 않는 것을 당연하게 받아들입니다. 이것이 내가 최근의 담화에서 얘기한 신성한 천진함의 일부입니다. 그 상태에서는 여러분이 전체 중 일부임을 직관적으로 알고 있습니다. 따라서 여러분이 하는 무엇이든 전체에 영향을 미치고, 자신을 포함하여 전체 중 일부인 모두에게 영향을 미칩니다. 여러분은 자신을 전체의 한 표현으로서 보기 때문입니다.

자신을 분리된 존재로 보는 것

학생들이 첫 번째 광선의 입문에 지원해서 다르즐링에 있는 내 은거처에 올 때와 이상적인 시나리오에서 일어나는 일 사이에는 근본적으로 차이가 있습니다. 왜냐하면, 이상적인 시나리오 아래로 내려간 지구 같은 행성에 육화할 때는, 자신을 전체와 연결된 존재로 보지 않기 때문입니다. 여러분은 자신을 분리된 존재로 봅니다. 분리된 존재로서 여러분은 원인과 결과를 분리할 수 있다고 생각하는 경향이 있습니다. 그래서 여러분은 자신에게 영향을 주지 않고 행위를 할 수 있다고 생각하는 것입니다.

여러분은 다른 사람들이나 자신의 환경에 분명히 영향을 주면서도, 어쨌든 자신에게는 영향을 주지 않을 수 있다고 생각합니다. 이것은 본질적으로 분리의 환영입니다. 우리가 이원성 의식이라 칭했던 이것은 이 환영을 정당화하고, 그래서 이 환영에 기반을 둔 자신의 행위를 정당화하는 효과를 가집니다. 이전에 말했듯이, 그 환영은 더 큰 명분, 즉 세상을 구하거나 전 세계에 어떤 이념을 퍼트리기 위해서 다른 사람들을 강요하는 것이 정당화된다고 믿게 할 수 있습니다.

하지만, 이 추론의 결함은 "다른 사람들"이 있다는 바로 그 개념입니다. 왜냐하면, 여러분이 신성한 천진함의 상태에서 내려올 때는, 다른 자기-인식하는 존재들을 자신과 분리된 존재로 보지 않기 때문입니다. 여러분은 그들을 전체 중 일부로 보고 자신 역시 전체 중 일부로 봅니다. 자신의 행동이 타인에게 영향을 미친다는 것 그리고 여러분이 타인에게 영향을 미치는 것이 허용되는 반면 그들을 강요하는 것은 허용되지 않음을 분명하게 압니다.

여기서 '허용된다'라는 말은, 예수께서 "다른 사람들이 너희에게 해 주기를 바라는 대로 너희도 그들에게 행하라"라고 표현하셨던 보편적인 법칙과 연관된 의미입니다. 그 보편적 법칙은 이렇게 단순합니다: 나에게 가장 좋고, 다른 사람에게도 가장 좋은 것이 전체에게도 최선입니다. 하지만, 여기에 또 다른 미묘한 분별이 있습니다. 여러분이 새로운 공동창조자로 48단계에 하강할 때, 여러분은 자신의 창조력에 대한 경험이 없습니다. 그러면 여러분이 어떻게 그 경험을 얻을 수 있을까요? 오직 실험으로써 가능하며, 그리고 그것이 바로 48단계로 하강한 새로운 존재가 우리가 신비 학교(Mystery School)라고 불렀던 보호받는 환경으로 내려오는 이유입니다.

신비 학교의 목적

이 신비 학교는 상승 마스터가 감독하고 있습니다. 여러분은 신비 학교를 상징적인 형태로 묘사한 창세기의 에덴동산 이야기를 알고 있을 것입니다. 에덴으로 불렸던 신비 학교는 마이트레야라고 불렸던 상승 마스터가 감독했다는 것을 여러분이 알고 있을 수 있습니다. 그렇지만 여기에서 요점은 보호받는 환경인 신비 학교에서, 여러분은 말 그대로 자신의 창조력으로 원하는 무엇이든 할 수 있다는 것입니다. 신비 학교를 감독하는 상승 마스터는 물질우주라는 거대한 가상 환경 안에, 말 그대로 가상의 환경을 창조했기 때문에 여러분은 그곳에서 자유롭게 실험할 수 있습니다.

이 환경에서 여러분은 자신에게 장기적인 영향을 미치는 결과나 카르마를 만들지 않고도 원하는 무엇이든지 할 수가 있습니다. 이것이 신비 학교의 마스터가 여러분을 위해서 하는 일입니다. 그는 여러분에게 원하는 무엇이든 할 수 있는 모래 상자 같은 안전한 환경을 제공합니다. 여러분은 실제로 모래를 다치게 할 수 없고 자신을 다치게 할 수 없으며, 모래 상자 안에서 노는 다른 아이들을 다치게 할 수 없습니다. 여러분 모두가 마음대로 창조적인 능력을 행사했던 하루가 끝나면, 마스터는 모든 것을 바르게 하고 모래는 순수한 상태로 돌아가기 때문입니다. 여러분 모두가 받았던 상처들이 무엇이든 치유가 됩니다.

그래서 자신에게 장기적으로 영향을 미치는 결과를 생성하지 않고도 배울 수 있습니다. 나중에 되돌아와 여러분을 다치게 하는 카르마를 실제로 짓지 않고도 배울 수 있습니다. 그 이유는 여러분이 상승한 스승의 직접적인 지도하에 있기 때문입니다. 그는 하루가 끝나면 여러분의 카르마를 제거합니다. 그는 여러분이 자신의 창조적인 행위의 결과를 살펴보게 하고, 이로써 여러분은 즉시 그날의 창조물에 대한 교훈을 바로 배울 수 있기 때문입니다. 일단 여러분이 교훈을 배우고 나면, 카르마가 나중에 자신에게 돌아오는 상황이 무슨 의미가 있을까요? 카르마의 목적은 무엇보다도 여러분의 배움을 위한 것이기 때문입니다.

카르마의 목적

카르마는 여러분이 스승의 지도 아래에서, 하루의 끝에 자신의 행동에 관한 결과를 살펴볼 의지가 없을 때만 필요합니다. 따라서 신비 학교 안에서는 카르마가 없습니다. 하지만, 학생들이 자신의 창조적인 노력에 관한 결과를 스승에게 보여주지 않고 숨기려 한다면, 그들은 신비 학교에 머무를 수가 없습니다. 그러면 그들이 행위에 따른 결과가 없다면, 어떻게 배울 수 있을까요? 또한, 자신의 행위가 즉각적인 결과를 만든다면, 많은 경우 그 결과가 자신을 파괴할 텐데, 어떻게 그들이 배울 수 있을까요?

바로 그 때문에, 물질우주는 여러분이 어떤 행위를 하면, 여러분의 환경과 다른 사람들에게 즉각적인 물리적인 결과가 발생하지만, 여러분에게는 즉각적으로 물리적 결과를 반사해서 돌려주지 않도록 설정되었습니다. 대신에, 여러분은 물질우주의 상위 수준인 정체성, 멘탈, 감정층으로 에너지 자극, 즉 카르마 자극을 보냅니다. 그 자극이 결국 물리계로 돌아와서 물리적인 환경으로 실현되기 전에, 세 상위층을 통과합니다.

이러한 지연은, 자신의 카르마가 돌아오기 전에 여러분이 그 시간 동안 의식을 높일 기회를 얻게 하려는 것입니다. 카르마가 자신에게 돌아왔을 때, 여러분은 내가 지난번 담화에서 말했던 것, 즉 자극을 내보냈던 의식보다 더 높은 의식 수준으로 반응할 수 있습니다. 여러분은 자신에게 돌아오는 카르마에 대해 더 높은 의식 수준에서 반응할 수 있습니다. 그러면 이것은 이제 여러분이 더 높은 수준에서 새로운 카르마 자극을 만든다는 의미입니다. 즉 카르마가 여러분에게 돌아올 때, 여러분은 원래보다 더 높은 의식 수준에 있습니다. 따라서 비록 매우 느리고 다소 큰 어려움과 또한, 종종 큰 고통을 느끼지만, 여전히 앞으로 나아갑니다. 하지만, 신비 학교를 떠나는 일은 여러분의 선택입니다.

마이트레야의 신비 학교에 다시 들어가기

신비 학교를 떠나지 않았던 사람은 지구상에 거의 없습니다. 분명히, 여러분이 지금 이곳에 와서 첫 번째 광선의 초한에게 전념하는 것은 마이트레야의 신비 학교에 다시 들어가려는 것입니다. 하지만, 마이트레야의 신비 학교에 다시 들어갈 자격을 얻으려면, 여러분이 반드시 일곱 초한 아래에서 일곱 베일의 여정과 일곱 광선의 여정을 통과하고 자격을 얻어야 합니다. 그리고 여러분이 96단계에 도달할 때, 마하 초한에게 지원하게 됩니다. 마하 초한의 입문을 통과하면, 여러분은 의식의 144단계를 향한 나머지 여정으로 여러분을 데려가는 마이트레야의 신비 학교에 다시 들어갈 수 있습니다.

물론, 96단계와 그 이상의 입문을 통과하기 위해서, 여러분은 반드시 더 이상 스승에게 아무것도 감추어서는 안 됩니다. 여러분이 뭔가를 숨기려 한다면, 다시 추락할 것입니다. 그러면, 여러분은 처음부터 다시 시작해야 합니다. 첫 번째 광선의 초한에게 지원하고 상향의 길을 걷기 시작할 수 있는, 48단계로 다시 올 때까지 고난의 학교를 통해서 걸어야 합니다.

이 과정을 여러 번 반복했던 생명흐름들이 있습니다. 그들은 의식의 최하위 수준이나 그 가까이 추락했습니다. 그들은 결국, 정말 견딜 수 없을 정도로 아주 강력한 하향나선을 만들었습니다. 그래서, 그들은 48단계에 도달할 때까지 의식을 점차 높이기 시작합니다. 이후, 그들은 초한들과 함께 일곱 광선을 통해 오르는 여정을 걷습니다. 다시 한번 그들이 스승에게 숨기는 것을 멈춰야 하는 단계에 왔을 때, 그들이 스승에게 무언가를 숨길 수 있습니다. 그러면 그들은 다시 추락해서 처음부터 다시 시작해야 합니다.

우리는 이제 이 책과 다음 책들을 통해 처음으로 물질계에서 발표한 이 과정을 따르기로 지원한 여러분이, 그런 패턴을 따르지 않는 모습을 보고 싶습니다. 여러분이 그런 패턴에 빠져있다면 그 패턴을 깨는 모습을 보기를 바랍니다. 여러분이 그 패턴에 빠져있지 않다면, 충분히 준비되어 있고 실제로 96단계에 도달할 것입니다. 이것이 바로 내가 여기에서 현재 대부분 학생의 의식 수준을 넘어서는 가르침을 여러분에게 주는 이유입니다. 비록, 여러분의 현재 의식 수준으로는 이 가르침을 실현하기가 어렵지만, 이 가르침이 여러분의 이해하고 파악하고 추론하는 능력을 넘어설 정도는 아닙니다.

직관은 추론과 밀접하게 연관되어 있습니다

우리는 종종 여러분 내면의 감각이자 천진함인 직관을 예리하게 해야 한다고 말했지만, 직관은 추론과 밀접하게 연관되어 있습니다. 추론은 영적인 성장의 적이 아닙니다. 여러분이 추론할 수 없다면, 단지 모든 상황을 직접 경험하는 한 가지 방법으로만 성장할 수 있기 때문입니다. 사랑하는 이들이여, 여러분이 지구에서 현재 펼쳐지는 삶을 보면, 사람들이 영적이지도 않고, 자신의 영적 성장에 도움이 되지도 않는 일을 하는 많은 경우를 볼 수 있음을 이해합니까? 하지만, 특정한 행위가 영적인 성장에 해로운지 어떻게 알 수 있을까요?

지난번 담화에서, 나는 여러분에게 간단한 방법을 적용해 보라고 말했습니다. "그것이 내 에너지를 높이는가? 아니면 낮추는가?" 이것은 직관적인 능력이지만, 경험으로 형성되는 능력이기도 합니다. 실제로 여러분이 어떤 상황에 부닥칠 때까지는, 그것이 에너지를 높이는지 낮추는지 느끼지 못할 것입니다. 따라서 이것을 확인해 보려면, 예를 들어 다른 사람들에게서 무언가를 훔치는 일이 자신의 에너지를 높이는지 낮추는지 알기 위해서는 그것을 시도해 봐야 한다는 의미입니다. 전쟁에 나가서 죽는 상황을 경험해 봐야 합니다. 다른 사람을 죽이려는 시도도 해봐야 합니다. 지구상에서 가능한 모든 행위를 시도해 봐야 합니다. 그렇다면 지구상에서 가능한 모든 것을 경험하는데 얼마나 많은 생애가 걸릴까요?

물론, 시간이 지남에 따라 사람들은 더욱더 많은 활동을 개발합니다. 예를 들어 한 세기 전에 컴퓨터 기술이 없었던 때는 생각도 할 수도 없었던 얼마나 많은 일이 지금 가능한지를 보세요. 모든 것을 경험하려면 거의 무한히 긴 생애가 걸릴 수 있다는 사실을 알 수 있습니다. 따라서 온갖 일을 모두 경험해야 하는 것을 피하는 유일한 방법은 고등의 추론 능력을 사용하는 것입니다. 이것은 실제로 내 훌륭한 형제인 성 저메인께서 그가 육화 중에 이 행성 지구에 가져왔던 것입니다. 예를 들어, 그는 프랜시스 베이컨으로서, 과학적 방법론의 기반을 마련했습니다.

이 방법론은 항상 같은 결과가 나오는 특정 실험을 통해, 이와 유사한 상황에서 무슨 일이 일어날지 우리가 추론할 수 있다고 말합니다. 따라서 여러분이 먹고살기 위해 훔쳐야만 했던 가난한 사람으로, 한 번 또는 여러 번 육화했다고 가정해 봅시다. 다른 몇몇 나라에서 육화한 후에는, 지구상의 모든 나라에서 살아보지 않아도 귀납적 능력을 이용해서 "그래, 이런 유형의 환경에 육화하는 것은 내 영적 성장에 더 이상 도움이 되지 않아, 그러니까 그런 모든 경험을 할 필요는 없다."라고 말할 수 있습니다. 나는 "이것으로 충분해"라고 추론할 수 있습니다. 그러한 방법으로, 특정한 의식 수준을 놓아버릴 수 있습니다.

다른 수준에서 이것을 적용해 보기 위해, 48단계에 있는 사람이 지구에서 다른 환경으로 수만 번 육화했지만, 그가 여전히 48단계의 그러한 상황에서 살아간다는 사실에 대해 살펴보겠습니다. 더 이상 48단계에 머물지 않고, 49단계로 오르기를 바란다는 것을 알아내기 위해서, 실제로 수만 번의 생애를 육화해야만 할까요? 그리스도 마음의 높은 추론 능력을 사용한다면, 그렇게 하지 않아도 됩니다. 그렇게 하면 여러분은 이렇게 말할 수 있습니다. "그래, 난 이제 충분히 경험했어. 나는 이제 48단계 의식 수준을 충분히 느꼈어. 나는 의식이라는 건물에서 이 층을 탐험했어. 나는 이제 계단을 찾아 다음 단계로 오를 준비가 되었고, 더 높은 관점에서 주위를 보고 더 자유롭게 창조할 수 있어."

이제 이것을 힘과 힘의 오용에 적용해 보면, 여러분이 정말로 힘의 오용을 하는 쪽이든 받는 쪽이든, 그 모든 유형의 오용을 경험해야만 할까요? 그렇지 않고, 추론 능력을 사용해서 이렇게 말할 수 있지 않을까요? "마스터 모어여, 힘이 어떻게 오용되었는지 보여주세요. 내게 이 힘의 오용을 넘어서 다음 단계로 오를 수 있는 메커니즘을 보여주세요."

48단계 아래에서 배우기

여기서 내가 여러분에게 준 것은 단순히 또 다른 참조틀입니다. 지구에서도 여러분에게는, 다른 사람들이 반응하도록 강요하는 뭔가를 할 수 있다는 의미에서, 힘의 오용이 허용되었습니다. 여러분은 고난의 학교에서 이렇게 할 수 있도록 허용되었습니다. 이해하겠습니까?

우리 상승 마스터들은 여러분이 지구에서 가지는 보통의 도덕적이고 윤리적인 것에 관심을 두지 않습니다. 그렇다고 다른 인간을 죽이는 일이 도덕적으로 옳다고 말하는 것은 아닙니다. 48단계 의식 수준 아래에 있는 사람들에게는, 어떤 상위 기준에 따라 도덕적으로 옳은지에 대한 기준을 적용하는 방식이 실제로 의미가 없다는 말입니다.

그런 기준을 잘 적용하려면, 추론 능력을 사용할 수 있어야 합니다. 48단계 이하의 의식 수준에 있는 많은 사람은 그들의 추론 능력을 더 높은 방식으로 사용할 수 없습니다. 그들은 단지 현재 의식 수준에서 무엇이 본인에게 좋은지를 봅니다. 그들은 현재 의식 수준보다 더 높은 고려사항에 기반을 두어 무엇이 자신에게 좋은지 자문할 수 없습니다.

여기서 여러분에게 설명하려는 것은, 사람들이 더 높은 추론 능력을 갖췄거나 활성화하지도 못했을 때, 무엇이 옳은지 그른지, 무엇을 해야 할지 말아야 할지를 논하는 상황은 의미가 없다는 것입니다. 왜냐하면, 우리의 유일한 관심사는 "그들이 현재 의식 수준에서 어떻게 하면 배울 수 있을까" 하는 것이기 때문입니다. 내 말의 요점은, 심지어 가장 낮은 의식 수준에서조차 사용할 수 있는 추론 능력을 그들이 사용하지 않는다면, 배울 수 있는 방법은 단 하나뿐이라는 것입니다. 그것은 그들이 현재 의식 수준에서 바라는 무엇이든 행하고 나서, 우주 거울에서 되돌아오는 카르마를 경험하는 것입니다.

그런 낮은 의식 수준에 있는 사람이 돈이나 재산을 얻기 위해서 다른 사람을 죽일 권리가 있다고 생각한다면, 누군가가 그 사람에게 와서 손가락질하며 "그렇게 행동하면 안 됩니다."라고 말해봐야 소용이 없다는 사실을 알겠습니까? 그 사람은 배우려 하지 않습니다. 왜냐하면, 그는 추론을 해 나갈 어떤 것도 가지고 있지 않기 때문입니다. 따라서 그 사람은 하나의 방법으로만 배울 수 있습니다. 그것은 다른 사람을 죽이고 카르마가 돌아오는 상황을 경험하는 것입니다.

비록 죽이는 행위가 더 높은 관점에서는 잘못된 행위이지만, 그럼에도 불구하고, 특정한 의식 수준에서는, 이것이 사람들이 배울 수 있는 유일한 방법임을 이해하겠습니까? 나는 카르마가 매우 정확하게 작동한다고 확신할 수 있습니다. 그래서 10단계 의식 수준에 있는 사람이 누군가를 죽인다면 죽는 사람 또한, 아주 낮은 의식 수준에 있기 때문이라고 말할 수 있습니다. 살해당한 그 사람은 과거 생에서 다른 사람을 죽였고, 따라서 지금 일어나는 상황은 돌아온 카르마 때문이라고 할 수 있습니다. 다시 말하자면 죽거나 죽인 양쪽 사람은 단순히 그들이 배울 수 있는 유일한 방식으로 배우는 것입니다. 그들은 자신의 의식 상태에서 물리적인 카르마가 돌아오는 상황을 봄으로써 배운다는 것을 알겠습니까?

그것이 실제로 지구상의 사람들이 같은 패턴에 갇힌 채 계속 같은 패턴을 반복하는 모습을 보이는 이유입니다. 그들은 다음과 같이 말하게 하는 추론 능력을 활성화하지 않았기 때문입니다. "난 이걸 이제 충분히 경험했어. 더 나은 방법이 반드시 있을 거야. 삶에는 반드시 더 큰 것이 있어야 해. 배우기 위한 더 좋은 방법이 반드시 있을 거야." 그렇게 하면, 여러분은 단지 그 방식으로만 반응하는 영체나, 현재 의식 수준에서 행해지는 방식보다 더 높은 방식이 있다는 이해를 주는 가르침을 찾기 위하여 추론 능력을 사용할 수 있습니다.

여러분이 창조한 영체는 그 자신을 초월할 수 없습니다

우리가 이전에 말했듯이, 일단 48단계 이하로 내려오면, 마음은 폐쇄계에 갇히기 때문에, 자기-실현적 예언이 된다는 것을 알겠습니까? 여러분이 어떤 자극을 외부로 내보냅니다. 그 자극이 우주 거울을 통해서 자신에게 되돌아올 때, 같은 의식 수준에서 반응하면, 또 다른 자극을 만들어 내보내고, 같은 것이 돌아오고, 이것이 계속 반복됩니다. 이렇게 되는 이유는 어떤 영체를 통해서 자극을 만들어 내보내고, 돌아오는 상황에 같은 영체를 통해서 반응하기 때문입니다. 그 영체는 자신을 초월할 수 없습니다.

이것이 중요한 요점 중의 하나입니다. 또한, 이것은 마하 초한께서 그의 책에서 준 절대적으로 본질적인 가르침이기도 합니다. '생명의 강과 함께 흐르기(Flowing with the River of Life)'라는 책에서 나오듯이, 영체는 자신을 정의한 사고 매트릭스를 넘어서거나 자신의 의식 수준을 넘어서 추론하는 능력이 없으므로, 여러분이 창조한 영체는 자신을 초월하지 못합니다. 하지만, 여러분은 의식하는 자아(Conscious You)이고, 그 영체를 넘어서는 추론 능력이 있습니다. 따라서 여러분은 삶을 특정한 영체를 통해 보게 되는데, 비록 여러분이 최하위의 어떤 의식 수준에 있을지라도, 그 영체와 자신을 분리하는 능력을 여전히 보유하고 있습니다.

따라서 여러분은 그리스도 마음의 최고 표현이 아니지만, 다음 단계와 연결할 수 있고, 그리하여 현재 의식 수준보다 더 높은 뭔가가 있음을 알게 됩니다. 여러분이 이것을 인정하고, 그에 따라 행동하면, 적어도 점차 현재의 영체가 여러분의 비전과 주의력을 옥죄는 상황을 깨고 다음 수준으로 오를 수 있습니다. 이것이, 여러분이 어떤 수준에서 힘을 오용해서 만든 하향나선에서 벗어나게 해주는 본질적인 능력이고 구원의 은총입니다.

여러분이 현재 상황에 부닥치게 된 이유가 바로 자신이 힘을 사용했던 방식 때문이었음을 추론할 수 있습니다. 그러므로 현재 상황에서 벗어나는 유일한 방법은, 힘을 사용하는 더 높은 방식을 배우는 것입니다. 그러면 이것이 다음 단계로 올라가도록 도와줍니다. 여러분은 그 수준에서 힘을 사용하면서 실험한 후에 다시 추론할 수 있습니다.

그러면 여러분은 결국, 48단계에 도달하는 지점에 오게 됩니다. 이곳에서 이제 여러분은 나에게 조율할 수 있고, 내가 힘을 사용하거나 오용하는 것에 대해 가르침을 줌으로써, 추론 능력을 통한 힘의 사용법을 배우게 됩니다. 물론, 이것은 이 담화 시리즈의 목적 중 일부입니다.

따라서 나는 무엇이 여러분의 에너지를 높이거나 낮추는지 감지하는 능력을 활성화하라고 다시 요청하면서 이 담화를 마칩니다. 여러분이 세상을 살펴볼 시간을 조금 내어서, 사람들이 힘을 행사하거나, 오용한 사례 등 혁명이나 전쟁이 있었던 격동의 역사에 관한 책들을 읽어보세요. 그런 후, 느껴보세요. 자신이 특정한 힘의 표현을 살펴볼 때, 그것이 가슴 안의 에너지를 높이는가? 낮추는가? 예를 들어, 역사에서 권력자로 표현된 유명인이나 히틀러, 나폴레옹을 살펴볼 때, 내 가슴 안의 에너지에 무슨 일이 일어나나요? 에너지가 높아졌나요? 낮아졌나요? 그러면 이 방식은 여러분에게 나와 동일한 감각을 줄 것이며, 이것이 여러분을 다음 단계의 가르침으로 나아가도록 준비시킬 것입니다.

4
힘과 사랑

"재능을 땅에 묻는다는 말의 의미가 무엇일까요? 그것은 여러분이 내가 주는 가르침을 받아서, 이를 자신의 현재 기준이나 현재 규칙과 흡사한 무언가로 만들어 버린다는 의미입니다."

마스터 모어

나는 마스터 모어입니다. 나는 여러분의 더 높은 추론 능력에 대한 또 다른 수준의 이해를 주겠습니다. 우리가 말했듯이, 지구는 이상적인 시나리오보다 한참 아래에 있습니다. 따라서 여러분이 일곱 베일의 여정으로 와서 첫 번째 초한인 나에게 지원할 때, 여러분은 깨끗한 상태로 오지 않으며, 어느 정도 짐이 있는 상태로 옵니다.

이 짐은 심하게 오염된 환경인 이곳 지구에 체류하면서 여러분이 모은 것들입니다. 지구는 수천 년 넘게 인류가 공동창조한 것뿐만 아니라, 특히 오랫동안 이 행성에 육화가 허락되어 지구의 삶에 모든 측면으로 영향을 미쳤던, 거짓 교사들의 가르침과 아이디어에 의해서 오염되었습니다. 지구상에서 이 거짓 교사들의 사고방식에 영향을 받지 않은 삶의 측면은 없으며, 이들은 우리가 타락한 존재들이라고 불렀던 존재들입니다. 이들의 오염된 사고방식은 이원성 의식이며, 에덴동산에서 뱀이라는 상징적인 형태로 표현되었습니다.

신처럼 된다는 거짓말

에덴에서 뱀은 이브에게, 금지된 과일을 먹으면 "반드시 죽어야 하는" 것이 아니라 "선과 악을 아는 신"과 같이 된다고 말했습니다. 이는, 전에 상세히 설명했듯이, 단순히 이렇습니다: 여러분은 자신이 신과 같이 되면, 선과 악을 정의할 권리와 능력을 갖춘다고 생각합니다. 다시 말해, 뱀 마음의 핵심은 무엇이 선이고 무엇이 악인지에 대한 잘못된 기준을 만드는 것입니다. 그런 다음 여러분이 악은 피하고 선을 행하는 외적 기준에 따라 살면 하늘나라에 들어가는 길이 보장된다고 말합니다.

학생들이 다르즐링에 있는 내 은거처에 올 때, 그들은 이런 다양한 수준의 타락한 사고방식을 가지고 옵니다. 그들 모두는 이런저런 기준을 받아들였고 이제 내 은거처로 와서는, 말하자면, 그들의 기준을 나에게 강요할 수 있다고 생각합니다.

사랑하는 이들이여, 내 은거처에 정묘체로 오는 사람 중에 실제로 그런 사람들이 있습니다. 그들은 자신의 기준에 너무나 사로잡혀서, 그 기준을 나에게 강요하는 일에 심하게 몰두한 나머지, 내가 그들의 기준에 따르지 않으면, 곧바로 내가 거짓 교사이거나 그들에게 맞는 충분히 수준 높은 스승이 아니라는 추론을 내리며 발끈 화를 내고는 떠납니다.

그들은 나를 거부하는 그런 방식이 매우 정당하다고 생각하며 떠납니다. 나는 진실로 실재에 기반을 둔 반면, 그들의 거부는 완전한 환영에 기반을 두고 있는데도 말입니다. 왜냐하면, 나는 타락한 사고방식을 초월했기 때문입니다. 그리고 그 학생들은 그 타락한 사고방식에 너무 사로잡혀서 내가 타락한 사고방식 바깥에서 참조틀을 제공한다는 사실조차 알 수 없습니다. 심지어 그들은 마음의 폐쇄된 멘탈 박스를 넘어설 필요조차 알아채지 못합니다. 따라서 그들은 타락한 사고방식 너머의 참조틀을 제공해주는 스승의 가치를 알아보지 못합니다. 왜냐하면, 그들은 단지 뱀의 마음에 기반을 둔 기준을 인정해 줄 스승만을 찾고 있기 때문입니다.

추론 능력을 사용하기

나는 그런 학생들을 도울 수 없다는 것을 이해하겠습니까? 바로 이 때문에, 상승 마스터가 가르칠만한 학생이 되기 위해서는 여러분의 의식 수준에 상관없이 반드시 추론 능력을 사용하겠다는 의지가 있어야 한다는 것이 이 담화에서 내가 전달하려는 첫 번째 요점입니다. 여러분은 단순한 한 가지 사실, 즉 자신의 현재 인식 수준은 마음에 멘탈 박스를 형성한다는 것을 깨닫기 위해 추론 능력을 사용할 수 있어야 합니다. 여러분이 현재 의식 수준에서 다음 수준으로 올라가는 유일한 방법은, 현재의 멘탈 박스를 넘어서는 무엇인가에 도달하는 것입니다. 이것은 지금까지 모든 사람이 더 높은 의식 수준으로 올라섰던 유일한 방법입니다. 여기에 다른 편법은 없습니다.

여러분은 이것이 자연의 법칙과 과학에서 얻은 교훈의 하나임을 알고 있습니까? 여러분은 중력의 법칙을 속일 수 없습니다. 여러분이 높은 빌딩이나 높은 절벽에서 공기 속으로 발을 내디딘다면, 추락하게 됩니다. 여러분이 높은 곳에서 떨어지면 중력 때문에 죽는다는 것을 증명하기 위해, 높은 빌딩에서 얼마나 많이 뛰어내려야 할까요? 거짓 교사들에 의해 제공된 구원으로 가는 거짓 여정이, 생애를 마친 후에 하늘나라로 자동으로 데려가지 못한다는 사실을 증명하기 위해서, 특정한 멘탈 박스에 갇힌 채 몇 번이나 육화 과정을 겪어야 할까요?

여기서 내가 말하려는 것은, 여러분의 의식 수준과 상관없이, 현재의 의식 수준은 폐쇄계를 만들고, 폐쇄된 멘탈 박스를 형성한다는 것을 이해할만한 추론 능력을 여러분이 가지고 있다면, 다음 수준으로 오르는 유일한 방법은, 현재 멘탈 박스를 넘어서는 뭔가를 제공해줄 수 있는 스승에게 손을 내밀어야 한다는 것입니다. 그러면, 여러분은 그 생명줄을 붙잡을 수 있고, 그 줄로 여정의 다음 수준으로 자신을 끌어올릴 수 있습니다.

알다시피, 여러분이 의식의 48단계 아래에 있을 때, 현재 의식 수준은 마치 헤어나기 힘든 모래 늪과 같습니다. 더 많이 투쟁할수록 더 빨리 가라앉습니다. 거기서 탈출하는 유일한 방법은, 투쟁을 멈추고 여러분의 마음을 조용히 가라앉히는 것입니다. 그러면 밧줄을 제공하는 누군가가 있다는 사실을 알 수 있습니다. 그 밧줄을 잡으면, 여러분은 자신을 끌어올릴 수 있는 고정점(fixed point)을 가지게 됩니다.

내가 진정한 스승임을 이해하는 데 여러분의 추론 능력을 사용하기를 바랍니다. 나는 여러분에게 밧줄을 내려주고 있습니다. 하지만, 여러분이 나 혹은 내 가르침의 어떤 측면을 거부하게 만드는 어떤 잘못된 기준이나 거짓된 가르침에 집착한다면, 물론 나는 여러분을 도울 수 없습니다. 나는 그저 자유의지의 법칙을 존중해야만 합니다. 나는 위대한 사랑으로 그렇게 합니다. 비록 여러분이 밧줄을 놓더라도 그것을 허용해야만 하고, 그러면 여러분은 현재 의식 수준의 모래 늪 속으로 다시 떨어집니다.

그렇지만, 나는 조건을 초월했기 때문에, 조건 없는 사랑의 스승입니다. 그래서 여러분이 나를 거부한다 할지라도, 내게 손을 뻗어 다시 도움을 요청한다면, 나는 언제나 그 자리에 있을 것입니다. 따라서 나, 마스터 모어가 자신의 현재 멘탈 박스를 넘어서는 뭔가를 반드시 준다는 것을 깨닫게 해 주는 추론 능력을 기꺼이 사용하려는 사람들을 위해, 내가 여러분에게 제공하는 가르침을 최상으로 적용할 수 있는 방법을 살펴보겠습니다.

더 높거나 더 낮은 반응

여러분이 영적인 스승에게 어떤 가르침을 받을 때, 여러분 안에 두 가지 반응이 있음을 깨달으면서 시작합시다. 여러분은 이것이 왜 그런지 의문을 가질 수도 있지만, 논리적으로 생각해보면, 상승하기 전까지는 언제나 자신의 내면에 어떤 분열이 있음을 깨달아야 합니다. 왜냐하면, 우리에게는 지구상에서의 육화 상태를 유지해 주는, 에고 또는 인간 의식이라고 부르는 어떤 요소가 있기 때문입니다.

내가 말했듯이 지구는 밀도가 매우 높은 행성입니다. 이 물질우주에는 지구보다 더 높은 의식 수준에 있는 행성이 무수히 많습니다. 사랑하는 이들이여, 지구는 밀도가 매우 높은 행성입니다. 이 말은 여러분이 여기에 육화 중인 동안, 여러분을 육체 안에 있도록 유지해 주는 에고와 같은 인간 의식의 어떤 요소가 있어야 한다는 의미입니다.

여러분이 이 순간에 모든 것을 놓아버린다면, 여러분은 육체 안에 있을 수 없습니다. 즉, 육체를 남겨두고 상승할 것입니다. 따라서 여기에서 내 말의 요점은, 여러분의 의식 수준에 상관없이, 다음 단계의 의식 수준에서 가르침을 받을 때, 여러분의 존재 안에는 언제나 두 가지 반응이 있게 된다는 것입니다. 하나는 여러분의 현재 수준보다 높은 것, 그 이상을 갈망하는 더 높은 반응이 있습니다. 그리고 다른 하나는 여러분의 현재 수준, 현재 삶의 관점, 현재의 영적인 여정에 대한 관점을 고수하기 위해서 더 높은 것을 거부하는 이유를 정당화하는 낮은 반응이 있습니다.

다시 말해, 이것은 단순히 여러분의 현재 의식 수준과 상관없이, 자신의 추론 능력을 사용하는 문제입니다. 이제 여러 번 얘기했듯이 여러분은 가슴에 조율하는 방법을 배울 수 있지만, 또한, 여러분은 다른 차크라들을 포함해서, 자신의 존재에 있는 다른 측면들과 조율할 수도 있습니다. 그러면 여러분을 끌어올리는 반응과 주어진 가르침에 저항하는 반응 사이에서 구별하는 방식을 배우게 됩니다. 가르침을 주는 스승과 하나 되기를 바라는 반응이 있고, 스승에게 계속 숨기고 거부하며 스승이 떠나기를 바라는 반응이 있습니다. 이 거부 반응은 스승의 가르침을 받아들여 자신의 현재 수준을 초월하는 데 사용하려는 마음 대신에, 계속 스승에게서 도망치려는 이유를 정당화하기를 바라는 마음입니다.

스승을 거부하는 반응

이제, 스승과 스승으로부터 주어진 가르침을 거부하게 하는 반응을 살펴보겠습니다. 이 반응은 무엇에 기반을 두고 있을까요? 사랑하는 이들이여, 그것은 언제나 여러분이 외면의 마음으로 받아들였던 어떤 기준에 기반을 두며, 그 기준은 언제나 뱀의 마음에 의해서 고안된 것입니다.

그렇습니다. 나는 의도적으로 여러분에게 충격을 주고 있습니다. 그 이유는 이 표현에 대해, 여러분 내면에서 두 가지 반응을 느껴 볼 기회를 주고 싶기 때문입니다. 여기 지구에서 여러분이 받아들인 기준이 무엇이든 상관없이, 그 기준은 언제나 뱀 마음의 영향을 받았거나 뱀 마음에 기반을 둡니다.

나는 영적인 학생들이 내 은거처로 처음 왔을 때, 이것을 받아들이기 매우 힘들어한다는 점을 알고 있습니다. 나는 그들이 신뢰하고 어떤 궁극적인 권위가 있다고 믿는 기준을 가지고 여기에 오는 것을 너무나 많이 봤습니다. 심지어 그들은 내가 그 기준에 따라주거나 그 기준을 입증해 주기를 기대합니다. 하지만, 알다시피, 그 기준이 여러분을 하늘나라로 데려다준다면, 왜 내 가르침이 필요하겠습니까? 그렇지 않나요?

여러분이 내 은거처에 왔다는 것은, 여러분이 아직 하늘나라에 들어갈 준비가 되지 않았기 때문임을 나는 알고 있습니다. 여러분이 상승했다면, 애초에 여기에 오지도 않았을 것이기 때문입니다. 여러분이 내 은거처로 왔다는 그 사실로 인해, 나는 여러분의 기준이 여러분을 하늘나라로 데려다주지 못한다는 것을 알고 있습니다. 이 말은, 곧 내가 여러분의 기준에 따르거나 그것을 입증한다고 해서 여러분을 더 높은 의식 수준으로 올라가도록 도울 수 없다는 의미입니다. 결국, 내가 여러분을 도우려면, 나는 여러분이 가진 기준에 도전해야 합니다.

이것을 이해하겠습니까? 이것은 다시 말해, 단지 여러분이 가진 추론 능력을 사용하는 문제입니다. 여러분이 현재 수준에서 가지고 있는 기준을 옳다고 인정해 주면서, 여러분을 더 높은 수준으로 올라가도록 도울 수 있는 스승은 없습니다. 그것은 정말 그렇게 단순한 것입니다.

종교적이거나 영적인 기준

나는 내 은거처에 오는 대부분의 학생이 어떤 영적이거나 종교적인 운동 또는 단체에 속해 있었다는 것을 언급하고 싶습니다. 그들 대부분은 자신들의 행위나 창조적인 노력을 평가하기 위한 어떤 기준을 세우려고 영적인 운동과 가르침을 사용해 왔습니다. 우리는 과거에도 다양한 메신저를 통해, 공개적으로 우리 자신을 상승 마스터로서 표현했던 가르침을 주었습니다. 우리는 심지어 어떤 경우에는, 사람들이 해야 하거나 하지 말아야 하는 일에 대한 어떤 외적 규칙과 규정까지도 주었습니다. 하지만, 일부 경우에 우리는 아주 많은 규율을 주었고 그 모든 규칙을 따르기는 불가능했습니다. 우리가 이렇게 한 목적은 아주 단순했습니다. 그것은 사람들이 내면의 가르침을 듣지 않고 외적인 기준에 대한 집착을 놓아버리지 않는 한, 우리가 그들을 도울 수 없다는 것을 가르치기 위해서였습니다.

외적인 기준을 가질 때 나타나는 전형적인 결과 중 하나는, 모든 것에 규칙을 정하고 싶어 한다는 것을 여러분은 보지 못합니까? 여러분은 어떤 규칙을 가지기를 바라고 그 규칙을 따를 때, 반드시 신께서 여러분을 하늘나라에 들어가도록 받아들여야 한다고 생각합니다. 그 규칙을 따르지 않은 사람들은 지옥에서 영원히 고통받게 된다고 여깁니다. 그것은 단순한 이분법적 논리입니다. 예 또는 아니오. 선과 악. 켜짐과 꺼짐(On or Off). 그리고 이것은 모두 이원성의 마음입니다.

학생들이 지구상에서 외적인 규칙을 모두 따르면, 그들이 상승할 자격을 자동으로 얻게 된다는 생각으로 규칙을 정하기를 원할 때, 우리는 어떻게 할까요? 우리가 어떻게 그들을 이 사고방식 너머로 데려갈 수 있을까요? 자, 우리는 그것에 대한 가르침을 제공함으로써 그런 일이 가능해지게 합니다. 하지만, 그 가르침을 들으려 하지 않는 학생들은 또 어떻게 할까요? 우리에게 남은 유일한 선택권은,

그들에게 더 많은 규칙을 주는 것입니다. 그렇게 하면, 그들은 규칙을 정의하고자 하는 욕망의 극단으로 가서, 더 이상 규칙을 따를 수 없게 되는 지점에 도달합니다. 그런데도 그들이 따르려고 한다면, 그들은 더 이상 나아갈 수 없게 됩니다. 왜냐하면, 그들이 자신을 마비시키기 때문입니다. 그들은 매우 작은 틀 속에 자신을 가두게 되고, 어느 순간 이것이 자신을 얼마나 속박하는지, 그들 존재 안의 무언가가 그 규칙에서 자유롭게 되기를 얼마나 부르짖는지 깨닫게 됩니다.

왜 에고는 여러분에게 자유를 줄 수 없을까요

여러분에게 놀라운 가르침이 될 수도 있는 것을 주겠습니다. 과연 여러분의 내면에서 무엇이 자유를 부르짖고 있을까요? 지구에는 이기적이 되는 것이 무슨 의미인지에 대한 공통적인 이해가 있습니다. 다른 사람들에게 미치는 결과에 상관없이, 많은 이기적인 사람은 자신이 바라는 것은 무엇이든지 하는 것을 볼 수 있습니다. 예를 들어, 여러분은 절대적인 권력을 가졌던, 엄청난 독재자들을 역사에서 많이 볼 수 있습니다. 그들은 자신들이 원하는 무엇이든 할 수 있었습니다. 자신의 권력에 반대하거나 자기 뜻을 방해하는 사람들을 얼마든지 죽일 수 있었습니다. 일부 독재자는 수백만의 사람을 죽이기까지 했습니다. 여러분은 이러한 내용을 살펴보고 그것이 자유라고 생각할 수도 있겠지만, 그것은 자유가 될 수 없다는 사실을 내가 간단히 설명하겠습니다.

에고는 여러분에게 자유를 줄 수 없습니다. 그들은 원하는 것을 다 하고도 빠져나갈 수 있어서 행위 수준에서는 자유를 가진 것처럼 보이지만, 여러분이 그런 독재자들의 심리를 보다 가까이서 살펴보면 실제로 그들에게 진정한 자유란 없다는 사실을 알 수 있습니다. 그들에게는 마음의 자유가 없습니다. 왜냐하면, 그들의 마음은 타인들을 판단하기 위해 스스로 만든 규칙에 철저히 갇혀 있기 때문입니다. 어떤 의미에서 에고는, 자신이 바라는 무엇이든지 할 수 있는 자유를 원한다고 말할 수 있습니다. 하지만, 여기에서 내가 여러분이 보게 하려는 진실은, 비록 에고는 원하는 무엇이든지 하고 빠져나가기를 원한다 할지라도, 에고는 자유가 무엇인지 알지 못하기 때문에 실제로 자유를 갈망하는 것이 아니라는 것입니다. 에고는 절대로 그렇게 할 수 없습니다.

알다시피, 에고의 자유에 대한 정의는 실제로 규칙을 넘어서지 못합니다. 에고는 이중 잣대를 만드는 일련의 규칙을 정의함으로써 자신을 위한 자유를 설정하려고 합니다. 즉, 다른 사람들에게 적용하는 기준이 있고, 자신에게 적용하는 기준이 따로 있습니다. 이로써 자신은 원하는 무엇이든지 하고 나서 빠져나갈 수 있지만, 다른 사람들은 그렇게 할 수 없게 합니다. 다른 사람들은 여러분이 원하는 무엇이든지 하도록 받아들여야만 합니다.

이것은 다시 추론해야 하는 문제이며, 에고는 원하는 대로 행동하는 자유를 가질 수는 있지만, 마음의 자유는 가지지 못한다는 것을 이해하겠습니까? 여러분의 마음속에는 이중 잣대를 규정하는 일련의 기준이 있고, 여러분이 그 이중 잣대에 의해 정의된 자유를 누리기 위해서는, 그 기준에 따라 살아야만 하기 때문입니다. 따라서 비록 에고가 여러분이 원하는 무엇이든지 할 수 있는 권리를 주는 것처럼 기준을 정의하더라도, 여러분은 여전히 그 기준에 갇혀 있는 것일 뿐입니다. 그리고 여러분은 반드시 자신의 기준 때문에 감옥에 갇혔다고 느끼기 시작하는 지점에 도달하게 됩니다.

지구상에서 절대 권력을 성취한 것처럼 보이는 사람들의 심리에서도 이것을 볼 수 있습니다. 그들은 자신이 만들었던 체계에 자신이 실제로 얼마나 갇혀 있는지를 깨닫게 되는 지점에 도달했습니다. 왜냐하면, 그들은 절대 권력을 정의한 그 기준을 스스로 위반하도록 허용할 수 없었기 때문입니다. 그들은 자신을 어떤 약점을 가진 것처럼 보이게 하거나, 심지어 보통의 인간처럼 보이게 하는 것을 허용할 수 없었습니다. 그들은 자신이 만든 절대적인 지배자의 이미지에 맞추어 살아야만 했습니다. 그리고 그들은 자신이 스스로 자신만의 금빛 새장(gilded cage)을 만들어냈다는 것과 자신이 거의 움직일 수 없을 정도로 그 새장이 점점 좁아지기 시작했다는 것을 분명히 이해하기 시작하는 지점에 이르게 되었습니다.

여러분의 어떤 부분이 자유를 갈망할까요?

여러분 안에 있는 무엇이 진정으로 자유를 갈망할까요? 그것은 우리가 의식하는 자아(Conscious You)라고 불렀던 것으로, 아이앰 현존(I AM Presence)의 확장입니다. 그것은 영(Spirit)입니다. 그리고 영은 물질을 따라야만 할 때, 언제나 제한을 느낍니다. 어떤 다른 방법이 있을 수 없습니다. 그런데 왜 그렇게 느낄까요? 왜냐하면, 영에게는 창조적인 자유가 있기 때문입니다.

창조적인 자유는, 형태의 세계에서 정의된 일련의 규칙에 따라 여러분이 바라는 무엇이든 할 수 있는 자유를 가지는 것과는 다릅니다. 왜냐하면, 규칙이 어떤 형태로 정의되고, 일단 여러분이 그것을 규칙으로 받아들이게 되면, 여러분은 그 형태를 변화시킬 수 없다는 것을 보게 됩니다. 그렇지 않나요? 그 형태는 매트릭스에 갇혀 있으며, 여러분이 그 규칙을 믿는 한, 그 형태를 초월할 수 없습니다. 하지만, 영은 형태에 갇혀 있도록 창조되지 않았습니다. 영은 형태를 만들도록 창조되었으며, 이전에 만들었던 것 이상의 형태를 만드는 창조력을 이전의 표현에서 배움으로써 창조를 계속해 나갑니다.

창조성이란, 영의 창조적인 추진력이란, 형태를 창조하는 것이긴 하지만, 그 형태에 오랫동안 갇혀 있지 않고, 첫 번째 형태를 창조하면서 얻은 경험을 사용해서 더 높은 형태를 창조하는 것임을 이해하지 못합니까? 창조하고, 배우고, 그러고 나서 더 높은 것을 창조하면서 여러분은 자각하면서 성장합니다. 이것이 삶의 목적입니다. 이것이 생명이 진보하는 방법, 즉 창조적인 과정을 통한 방식입니다.

거짓 교사들은, 사람들이 자신의 창조적인 추진력을 죽여야 한다고 믿게 했습니다. 여러분이 규칙에 순응하려 할 때, 창조적으로 되기는 어렵습니다. 여러분은 형태에 기반을 두고 정의된 규칙들을 따라서는 창조적으로 될 수 없는데, 그 이유는 그 형태를 초월할 수 없기 때문입니다. 여러분이 지금 존재하는 형태를 초월하지 않고서 어떻게 창조적으로 될 수 있을까요? 그렇게 될 수가 없습니다. 그것은 창조력이 아닙니다.

거짓 교사들은 지금까지 수천 년 동안 세 가지 유일신 종교에 의해 조장된, 하늘에 있는 화난 신과 같은 궁극적인 권위로 정의된 일련의 규칙들을 반드시 따라야만 여러분이 하늘나라에 들어갈 수 있다는 거짓된 기준을 만들었습니다. 변함없는 자연의 법칙이 있다는 물질주의 과학에 의해서도 매우 유사한 이미지가 조장되었습니다.

물론, 자연의 법칙들은 존재합니다. 창조주에 의해 사용된 그 창조적인 원리들이 있습니다. 하지만, 여러분은 전체를 높이는 것을 창조하기 위해서 더욱더 창의적인 방식으로 그러한 원리들을 사용하는 방법을 배울 수 있습니다. 이것이 창조력입니다. 반면에 자연의 법칙이나 신의 법칙을, 여러분의 창조력을 차단하는 구속복으로써 정의한다면, 자, 이것은 창조력이라고 할 수 없습니다. 이것은 예수께서 말씀하셨던 죽음의 의식입니다. 그것은 모든 생명을 높이는 생명의 의식, 그리스도 의식이 아닙니다.

자연의 법칙을 창조적으로 사용하기

어떻게 여러분이 모든 생명을 높일 수 있을까요? 이것을 단지 아주 선형적인 방식으로 바라봅시다. 지구상의 가난 문제를 살펴보세요. 어떤 선형적이고 피상적인 관점에서, 여러분은 가난의 문제가 돈의 부족이라고 말할 수 있습니다. 따라서 우리가 더 많은 돈을 가질 수 있다면, 모두가 필요한 무엇이든지 충분히 가질 수 있다고 말입니다. 하지만, 어떻게 돈의 공급을 증가시킬까요? 예, 여러분은 많은 정부와 기관이 시도했듯이, 인위적인 방식으로 그것을 할 수 있습니다. 하지만, 그러한 방식으로는 인플레이션의 발생이 불가피하고, 이로써 돈의 가치는 떨어지게 됩니다. 따라서 비록 여러분이 더 많은 돈을 가지더라도, 그것으로 더 많은 것을 사지는 못합니다.

그러면 가난을 극복할 방법은 또 무엇이 있을까요? 그것은 실로 지구상에서 풍요의 총량을 증가시키는 것입니다. 하지만, 풍요가 돈과 같지는 않습니다. 풍요는 더 많은 돈을 찍어내고 돈 찍는 기계를 돌리는 데서 오지 않습니다. 풍요는 창조력에서 나오며, 이로써 여러분은 자연의 법칙과 천연자원을 더 잘 사용하도록 배우게 됩니다.

나는 앞에서 중력의 법칙을 말했고, 여러분이 높은 빌딩 꼭대기에서 걸어 나가면 추락한다고 말했습니다. 이것은 사실입니다. 수천 년 동안 새처럼 날겠다는 인간의 생각은 실현 불가능했습니다. 하지만, 어떻게 여러분은 중력의 법칙을 상쇄시키는, 그래서 지금은 공중을 날 수 있게 하는 자연의 법칙을 이용하는 방법을 배웠을까요? 이 창조적인 발견이, 자연의 법칙에 대한 창조적인 사용이, 어떻게 새로운 풍요와 부를 만드는 완전히 새로운 산업을 열었는지 살펴보세요.

이것은 규칙을 맹목적으로 따라서 이루어진 것이 아니라, 자연의 법칙에 대한 창조적인 응용을 통해서 이루어졌습니다. 아무도 과감하게 창조적으로 생각하지 않았다면, 인간들은 여전히 땅 위를 걸어 다니면서 새들을 부러워하고, 하늘을 나는 것은 이룰 수 없는 꿈이라고 생각하고 있었을 것입니다.

물리적인 결과와 창조력을 분리하기

사랑하는 이들이여, 학생들이 처음 내 은거처로 올 때 내가 마주하는 가장 큰 도전은, 내가 그들을 그들의 현재 기준 너머로 데려갈 수 있도록 그들이 기꺼이 나를 허용하는 지점에 도달하게 만드는 것입니다. 여러분이 그동안 지구상에서 받아들인 기준은 단 한 가지 목적, 즉 여러분의 창조력을 제한해서 여러분이 다음 의식 수준으로 올라서는 데 창조력을 사용할 수 없도록 하려는 것임을 여러분은 알지 못합니까?

사랑하는 이들이여, 그것은 지구상에서 어떤 외적인 결과를 만들어내기 위해 창조력을 사용하는 문제가 아닙니다. 물론, 우리 상승 마스터들은, 과학이나 기술 그리고 다른 방식을 통해서 이루었듯이, 사람들이 창조력을 사용해서 사회를 더 높은 수준으로 높이도록 진정으로 돕고자 합니다. 하지만, 이미 말했듯이, 우리의 주된 관심사는 외적인 결과물이 아닙니다. 우리의 주된 관심사는 여러분이 창조력을 사용해서, 다음 의식 수준으로 올라서도록 배우게 하는 것입니다. 우리가 보고 싶은 외적인 변화는 그렇게 거창한 것이 아닙니다. 우리가 변화되기를 바라는 것은 바로 여러분의 자아감입니다.

왜냐하면, 여러분이 의식의 49단계에서 50단계로 올라갈 수 있는 것은 오직 여러분의 자아감을 바꿔야만 일어날 수 있기 때문입니다.

이것을 이해하지 못하겠습니까? 여러분이 더 높은 수준으로 오르기 위해서, 어떤 외적인 결과를 만들어내야 하는 것은 아닙니다. 하지만, 여러분의 자아감을 변화시키는 결과를 만들어야 합니다. 그리고 이것은 여러분의 현재 기준이 되는 규칙을 따라서는 이룰 수 없습니다. 왜냐하면, 그 기준은 여러분의 자아감을 현재의 의식 수준에 머물도록 하기 때문입니다. 따라서 여러분의 자아감을 재창조하는 유일한 방법은 창조력을 사용하는 것입니다.

학생들이 내 은거처에 처음 올 때 내가 제일 먼저 하는 일은, 그들이 규칙과 기준을 버리고 자신의 창조력에 다시 연결될 수 있게 하는 것입니다. 왜냐하면, 나는 지구상에서 자신의 창조력에 완전히 연결된 사람은 아무도 없다고 확신할 수 있기 때문입니다. 그리고 분명히, 자신의 창조력에 대해서 완전히 자각하면서 내 은거처로 오는 학생들은 단 한 명도 없습니다. 따라서 나의 첫 번째 임무는 언제나 사람들이 자신의 창조력에 연결되게 하여, 그들의 현재 의식 수준보다 더 이상의 것이 있다는 사실과 그들에게 그 수준으로 오를 잠재력이 있음을 더 잘 이해하도록 돕는 것입니다. 내가 그들을 위해서 해 주는 것이 아니라, 그들 내면의 창조력을 사용하게 함으로써 그렇게 하는 것입니다.

여러분은 지구상의 많은 영적이고 종교적인 사람이, 그들을 위해 뭔가를 해 줄 스승이나 외부의 구원자가 필요하다는 기준을 받아들였음을 알 것입니다. 따라서 그들이 내 은거처에 올 때, 나 마스터 모어가 어떤 마법의 묘약이나 어떤 마법의 주문을 주어서, 그들이 갑자기 더 높은 의식 수준으로 오를 수 있으리라고 기대합니다.

여러분의 재능을 땅에 묻기

여기에 다시 여러분의 추론 능력을 사용할 수 있는 미묘한 지점이 있습니다. 왜냐하면, 여러분이 자신의 현재 의식 수준 바깥에서 뭔가가 필요하다는 것은 사실이기 때문입니다. 여러분에게는 모래늪 위로 자신을 끌어올리는 데 사용할 밧줄이 필요합니다. 그렇습니다. 여러분은 자신의 의식 수준보다 위에 있으면서 여러분의 현재 수준 너머의 참조틀을 제공해 줄 스승이 필요합니다. 하지만, 이것은 스승이 여러분을 대신해서 의식을 올린다는 의미가 아닙니다. 스승은 여러분에게 필요한 것을 주지만, 여러분은 반드시 그것을 스스로 내면화해야 합니다. 예수께서 그의 우화에서 묘사하셨듯이, 여러분은 주어진 재능을 땅에 묻는 대신 반드시 증식해야 합니다.

재능을 땅에 묻는다는 말의 의미가 무엇일까요? 그것은 여러분이 내가 주는 가르침을 받아서, 이를 자신의 현재 기준이나 현재 규칙과 흡사한 무언가로 만들어 버린다는 의미입니다. 그래서 여러분은 가르침을 또 다른 규칙으로 바꾸고, 단순히 이것은 하고 저것은 하지 않는다면, 반드시 더 높은 수준으로 올라간다고 생각합니다.

하지만, 알다시피, 가르침은 규칙으로 바꾸라고 주어진 것이 아닙니다. 그 가르침은 어떤 규칙에 도전하여 여러분의 창조력을 자유롭게 하라고 주어진 것입니다. 규칙들을 따른다고 해서 절대로 하늘나라에 들어갈 수 없습니다. 대부분의 종교와 일부 영적인 가르침들이 이렇게 주장하고 있지만, 그것은 치명적인 오해입니다. 여러분은 더 높은 자아감을 공동창조함으로써 하늘나라에 이르게 될 것이며, 144번째 의식 수준에 도달할 때까지 계속 이렇게 해 가면서 여러분은 자신을 육체에 붙잡아두는 자아의 마지막 허상을 놓아버릴 수 있습니다.

사랑-두려움 공식

이것을 살펴보는 또 다른 방법을 여러분에게 제시하겠습니다. 나는 앞에서, 절대 권력으로 행위의 수준에서 원하는 것은 무엇이든지 할 수 있는 독재자들에 대해 말했습니다. 하지만, 예수님의 규율에, "다른 사람들이 네게 해 주기를 바라는 대로 너도 다른 사람들에게 하라."라는 말이 있는데, 이 규율의 더 깊은 의미는 무엇일까요? 이 원리의 더 깊은 의미는 무엇일까요? 그것은 바로, 여러분이 다른 사람들에게 하는 것은, 의식 수준에서 이미 자신에게 한 것이라는 의미입니다.

여러분은 어떻게 다른 사람을 강요할 수 있을까요? 오직, 자신의 마음속의 어떤 기준에 따르도록 이미 강요했을 때만 그렇게 할 수 있습니다. 따라서 독재자는 자신을 먼저 노예로 만들지 않고서는 다른 사람들을 자신의 노예로 만들 수 없습니다. 그는 다른 사람들처럼 물리적으로 노예가 되지는 않겠지만, 마음의 세 상위 수준에서 노예가 되기 때문에, 훨씬 더 강력한 방식으로 구속되는 노예가 됩니다. 그는 자신의 감정, 멘탈, 정체감 안에서 노예가 되는 것입니다.

나는 여러분에게 심리적인 속박이 물리적인 속박보다 훨씬 강력하다고 말할 수 있습니다. 여러분이 물리적으로 노예가 되면, 노예가 된 것을 바로 깨닫고서 자유를 갈망하게 됩니다. 하지만, 마음의 노예가 되면, 아마도 자신의 기준에 의해서 아주 눈이 멀게 되고 심지어 그 기준을 넘어선 삶이 있다는 사실과 대안이 있다는 것조차 깨닫지 못합니다. 따라서 여러분 내면에서 자유를 갈구하는 자신의 부분이 있음에도 불구하고, 의식적으로 자유를 갈구할 수 없게 됩니다. 그래도 결국에는, 여러분이 자유를 갈구하는 내면과 의식적으로 조율하게 될 것이고, 자신이 영(Spirit)이라는 것과 그 영이 자신의 마음에 의해 사로잡혀 있다는 사실을 깨달을 수 있을 것입니다. 그리고 나면, 여러분은 영과 조율할 수 있을 것입니다.

따라서 나는 여러분에게 비교적 간단한 기준을 다시 제시하겠습니다. 나는 이전에 여러분의 가슴에 조율하는 것에 대해 말했습니다. 어떤 것이 여러분의 에너지를 높이는지 또는 낮추는지 살펴보라고 말했습니다. 이제 거기에 고려사항을 하나 더 추가하겠습니다. 무언가가 여러분의 에너지를 높이거나 낮춘다는 것이 실제로 무엇을 의미할까요? 자, 바로 에너지를 높이는 것은 사랑이고 에너지를 낮추는 것은 두려움입니다.

이제 여러분은 삶에서 모든 것을 평가하는 간단한 척도가 있음을 봅니다. 삶에 대해 어떻게 느끼는지, 여러분의 삶에서 특정한 조건들에 대해서 어떻게 느끼는지 자신을 살펴보세요. 여러분을 제한하는 모든 조건에는 원인이 있음을 깨달으세요. 여러분은 종종 외부의 조건 그 자체가 원인이고, 제한받고 있다는 내면의 느낌이 결과라고 생각해 왔습니다. 하지만, 실제는, 우리가 여러 번 설명하려 했던 것처럼, 그 반대입니다. 내면의 느낌이 최초의 원인이며, 외부의 조건은 단지 여러분의 의식 안에서 일어나는 일이 드러난 것일 뿐입니다.

여기에서 어려움은 여러분이 마음의 정체성, 멘탈, 감정 수준에서 일어나는 일을 의식적으로 인식하지 못하기 때문에 자신의 외부 상황을 만들어내는 것이 세 상위 수준의 마음속에 들어있는 조건들이라는 사실을 이해하지 못한다는 것입니다. 따라서 여러분이 외부 상황에 반응할 때, 자신이 창조한 그것에 반응하고 있는 것이라는 사실을 알지 못합니다. 하지만, 내가 여러분에게 주고 싶은 기준은 – 나는 여러분의 마음을 속이기 위해 "기준"이란 단어를 말하고 있는데, 그 이유는 지금 나는 여러분에게 외적인 기준인 더욱 낮은 기준과 절대적인 지침인 더욱 높은 기준을 구별할 것을 요청하고 있기 때문입니다 – 따라서 그 기준, 말하자면, 이 지점에서 내가 여러분이 채택하기를 바라는 그 기준이란, 여러분을 제한하는 모든 것이 여러분이 두려움을 통해 자신의 창조력을 사용함으로써 만든 것이라는 것입니다.

　실제로, 여러분의 창조력을 표현하는 것에는 무수한 방법이 있습니다. 하지만, 창조력을 표현하는 특정한 방법을 넘어서, 종합적으로 고려해야 하는 것은 바로 이것입니다: 여러분은 자신의 창조력을 전적으로 사랑의 마음을 통해서 표현하고 있습니까? 아니면 전적으로 두려움의 마음을 통해서 표현하고 있습니까? 알다시피, 외적인 결과라는 관점에서 쉽게 식별할 수 있는 차이가 구체적으로 없을 수 있습니다. 예를 들어, 여러분은 그림을 그리는 두 사람을 볼 수는 있어도 그들이 어떤 상태에서 그림을 그리는지 그 차이를 알 수 없습니다. 하지만, 한 사람은 두려움의 상태에서 그림을 그리고 있으며 다른 사람은 사랑의 상태에서 그림을 그리고 있습니다. 지구상의 어떤 다른 행위도 마찬가지입니다.

　여러분이 이것에 조율하기 시작하면, 당연히 지구상에서 이루어지는 많은 행위가 전적으로 두려움에서 비롯된 것임을 볼 수 있습니다. 여러분은 자신에게 다시 질문함으로써 이것을 분별할 수 있습니다: "이것이 내 에너지를 높이는가? 아니면 낮추는가?" 여러분은 지구상의 어떤 행위를 볼 때, 이것이 여러분의 에너지를 낮춘다는 것을 알고 느끼게 될 것입니다. 그러면, 여러분은 그 행위가 두려움에 기반을 두고 있다고 추론할 수 있을 것입니다.

두려움을 넘어선 창조력
　이 지점에서 여러분이 다음으로 알아야 할 것이 있습니다. 여러분의 창조력을 어떻게 사용할지에 대해 어떤 기준을 적용하고 있다면 두려움은 필연적으로 따라옵니다. 여러분이 기준을 적용하는 순간, 그 기준에 따를 수도 있고 위반할 수도 있는 이원적인 평가로 들어가기 때문입니다. 하지만, 이것에 대한 전반적인 영향은, 그것이 여러분의 존재 안에 어떤 두려움을, 즉, 기준을 위반한다는 두려움과 이 기준의 위반에 따른 끔찍한 결과에 대해 두려움을 유발한다는 것입니다. 왜냐하면, 기준은 단순히 "이것은 하고, 저것은 하지 말라"고 말하지는 않기 때문입니다. 기준에는 항상 그것을 따르면 보상을 하고, 위반하면 벌을 주는 이원성이 있습니다.

사랑하는 이들이여, 이것을 이해하겠습니까? 이상적인 시나리오에서는, 새로운 생명흐름이 육화할 때, 거기에는 이원성의 기준이 없다는 것을 알고 있나요? 그 생명흐름에게는 원하는 무엇이든 할 수 있는 완전한 자유가 주어지고, 상승 마스터의 사랑과 안내를 받으며 자신의 행동에 대한, 자신의 공동창조 노력에 관한 결과를 볼 수 있습니다. 그런 다음 그 결과를 평가하면서 "나는 저것은 원하지 않고 이것을 더 많이 원한다."라고 말합니다. 그런 다음 이제는 자신의 창조력에 대한 사용 방식을 보완합니다.

하지만, 그렇게 하는 것에 두려움은 없습니다. 자신이 행한 과거의 선택을 초월할 수 있음을 알았을 때, 어떻게 거기에 두려움이 있을 수 있겠습니까? 이 말을 다시 한번 생각해보세요: 더 나은 선택을 함으로써 과거의 어떤 선택을 초월할 수 있다는 것을 알았을 때, 두려움이 있을 까닭이 있을까요?

이것이 신비 학교에서 하는 방법입니다. 이것은 거짓 교사들의 거짓된 기준 없이 여러분이 일곱 광선의 여정을 걸을 때 이루어지는 방식입니다. 여러분은 전혀 두려워하지 않을 것입니다. 여러분은 심지어 두려움과 마주치지 않고도 48단계에서 96단계로 갈 수 있습니다. 물론, 지구에서 우리는 이상적인 시나리오를 갖고 있지 않습니다. 따라서 여러분에게는 두려움이 있으며, 이 기준을 다루어야만 합니다.

바로 이것이, 학생들이 내 은거처로 왔을 때, 가장 먼저 자신이 가진 기준에 질문하도록 내가 그들을 도와야 하는 이유입니다. 나는 그들이 자신의 기준 밖으로 나가서 살펴보고, 비록 이 기준이 그들의 에고에게 안전하다고 느끼게 해 주는 장점을 제공한다 할지라도, 이 기준 때문에 자신이 감옥에 갇혔다고 느끼도록 도와야 합니다. 그들의 의식하는 자아(Conscious You), 영(Spirit)은 이 기준으로 인해 감옥에 갇혔다고 느낍니다.

그리고 바로 그때, 여러분은 만약 그 에고를 버리면 자신의 이전 기준으로부터 자유로워지는 새로운 의식 수준으로 오를 수 있다는 사실을 알 수 있습니다. 여러분은 여전히 어떤 기준을 가지겠지만, 적어도 여러분은 정말로 자신을 가두는 것으로 보게 된 어떠한 제한에서 자유로워집니다.

거짓된 이원적인 기준

이원성 의식인 뱀 마음의 기준이 하는 일은, 여러분이 제한되어 있고 과거의 선택에 갇혀 있다는 아주 미묘한 거짓말을 강요한다는 사실을 알고 있습니까? 기준을 창조한다는 것은 궁극적인 의미에서 여러분이 한 선택에 잘못이 있을 수 있다는 것을 암시하고 있습니다. 여러분은 기준을 위반했고, 따라서 그 기준을 위반하게 만든 것은 여러분의 자유의지를 창조적인 방식으로 사용했기 때문이라는 것입니다.

이것은 뱀에 의해 주입된 거짓말입니다. 따라서 이 거짓말의 저변에 깔린 것은, 여러분이 창조적인 방식으로 자유의지를 사용하지 않고, 대신에 여러분의 자유의지를 외적인 기준에 맞추어 산다면 하늘나라에 들어가도록 보장받는다는 약속입니다. 왜냐하면, 여러분이 여기 지구에서 뱀이 정의한 기준에 따라서 살 때, 신은 반드시 여러분을 받아들여야 하기 때문입니다.

이것은 거짓된 여정의 저변에 놓인 거짓말입니다. 그들은 이렇게 말합니다: "여러분은 창조력을 사용함으로써 실수를 하고 곤경에 빠집니다. 따라서 지옥을 피하는 유일한 방법은 창조적이기를 그만두고 여러분을 하늘나라로 데려갈 규칙을 따르는 일입니다." 하지만, 사랑하는 이들이여, 이것이 거짓말임을 알지 못하겠습니까?

삶의 전반적인 목적은 여러분이 창조력을 사용하는 방법을 배워서 끊임없이 자신을 초월하고 그 이상이 되는 것임을 이 지점에서 최소한 잠깐만이라도 추론하기 시작할 수 없습니까? 그리고, 뱀은 여러분이 자신을 초월할 수 없고, 과거의 선택을 초월할 수 없다고 말한다는 사실을 알 수 없나요? 뱀은 끊임없이 여러분이 자아감을 초월하는 대신 규칙을 따름으로써 하늘나라에 들어갈 수 있다고 말하고 있습니다. 그 뱀은 외부 규칙을 따르면 현재의 자아감을 완벽하게 할 수 있다고 말합니다.

그러나 하늘나라에 들어가는 유일한 방법은 현재의 자아감을 초월하는 방법뿐이며, 현재의 자아감을 초월하는 유일한 방법은 창조력을 사용하여 자아감을 재-창조하고 더 높은 자아감을 창조하는 것입니다. 여러분은 이것을 과거의 선택에서 배우고 그보다 더 나은 선택을 함으로써 그렇게 할 수 있습니다. 여러분이 선택하기를 거부하고, 배우기를 거부하며, 외적인 규칙 또는 기준을 따를 수 있다고 생각해서는 절대로 그렇게 할 수 없습니다.

이것에 대해서 여러분이 스스로 추론할 수 있습니다. 나는 여러분에게 아주 분명하게 말하고 있습니다. 나는 마스터 모어입니다.

나는 내 은거처에 온 수백만 명의 학생을 보았습니다. 내가 여러분에게 설명했듯이, 추론하는 능력 없이는 내 은거처에 올 수 없습니다. 따라서, 여러분은 두려움을 통해서는 하늘나라에 들어가지 못하며 상승할 수 없고 성장하지 못합니다. 여러분은 오직 사랑을 통해서만 하늘나라에 들어갈 수 있다는 사실을 깨닫고, 삶에 대한 조망을 근본적으로 변화시키는 과정을 시작할 수 있습니다. 따라서, 여기에서 여러분의 첫 번째 주요한 과업은 자신의 창조력을 자유롭게 하여 그 능력을 두려움 대신 사랑 안에서 사용할 수 있게 되는 것입니다.

사랑을 통해 창조적으로 되기

오늘날 아주 많은 사람이, 외적인 기준으로 인해 두려움에 기반을 두고 창조력을 사용합니다. 왜냐하면, 그 기준에 끊임없이 스스로 반응하고 있기 때문입니다. 그들은 끊임없이 뭔가를 피하려 하고 끊임없이 과거에 했던 일을 보상하려고 합니다.

하지만, 여러분은 과거의 선택들에 대해 보상할 필요가 없습니다. 여러분은 지난 선택들에서 배울 필요가 있고, 그 선택들을 통해 의식 수준을 초월해야 합니다. 지구라는 모래 상자에서 보상해야 할 것이 무엇이 있습니까? 특정한 자아감을 통해 공동창조를 지속하는 대신 그 자아감을 초월하세요. 이것이 우리가 영적인 학생들에게 바라는 것입니다.

따라서 다시 말하지만, 무엇이 에너지를 높이고 낮추는지를 감지하는 능력을 사용하세요. 여러분이 삶을 보는 방법과 자신의 기준에 그 능력을 적용해 보세요. 그리하여 최소한 여러분이 볼 수 있는 기준의 어떤 요소가 두려움에 기반을 두고 있다는 것을 깨달으세요. 그리고 여러분이 두려워하는 것이 무엇인지 생각해보세요. 그 두려움에 접촉하세요. 심지어 이 두려움을 그냥 생각하는 것만으로도 여러분의 에너지가 낮아진다는 것을 느껴보세요. 그렇게 여러분의 에너지를 낮추는 모든 것은 두려움에서 왔음을, 두려움에서 온 모든 것은 여러분의 창조력을 죽이고, 억누르고, 방해한다는 것을 깨달으세요.

나는 마스터 모어입니다. 나는 첫 번째 광선의 초한입니다. 첫 번째 광선은 힘과 의지의 광선으로 불리지만, 지구에서 여러분이 보는 것은 특정한 기준, 즉, 어떤 규칙들은 엘리트들에게 적용하고, 일반인들에게는 다른 규칙들을 적용하는 이중적인 기준에 기초하는 힘의 오용입니다.

물론, 많은 사람이 구속복처럼 여기는 신의 의지에 대한 개념도 있습니다. 신의 의지를 따르려면, 자신의 자유의지를 포기해야 한다고 말합니다. 하지만, 사랑하는 이들이여, 여러분이 자유의지를 갖는 것이 바로 신의 의지입니다! 그것은 자유롭습니다. 신께서 여러분에게 자유의지를 주셨고 여러분이 자유롭게 자유의지를 행사하는 것은 신의 의지입니다.

하지만, 여러분의 의지를 자유롭게 행사한다는 의미는 단순히 다음과 같습니다: 그것은 여러분이 과거 선택의 결과를 자유롭게 살펴보는 것입니다. 그런 후 이렇게 평가하는 것입니다: 나는 이 결과를 더 많이 바라는가? 아니면 이 결과보다 더 나은 무언가를 바라는가? 여러분이 더 나은 것을 바란다면, 과거의 경험을 사용하여 자신을 재-창조하는 것을 배우고 그 이상을 공동창조할 수 있습니다. 이것이 여러분의 자유의지를 점차 높이는 방법이며, 이로써 여러분의 자유의지는 진정으로 자유롭게 됩니다. 왜냐하면, 여러분이 이전에 무엇을 선택했든지, 그 의식 수준을 초월하고 더 높은 무언가를 선택할 수 있다는 사실을 이제 알기 때문입니다. 여러분은 과거에 했던 선택에 붙잡혀 있지 않습니다. 여러분은 규칙에 붙들려 있지 않습니다. 여러분은 지구상의 외적인 기준에 의해 묶여 있지 않습니다.

이 담화의 끝에서, 자유의지가 진정 무엇인지를 여러분이 이해하기를 희망합니다. 지금 나는 어쩌면 여러분이 다룰 수 있는 것 이상으로 충분히 주었습니다. 따라서 이제 다음 담화로 올 때까지 이번 발표를 봉인하겠습니다.

하지만, 당분간 여러분은 자신의 두려움에 대해 숙고해 보고, 영적인 여정에서 전진하는 진정한 열쇠는 두려움에서 떠나 사랑으로 이동하는 것임을 깨달으세요. 어떤 다른 방법이 있을 수 없습니다. 율법에서 가장 중요한 내용은 마음과 가슴과 영혼을 다해서 여러분의 신을 사랑하는 것이라고 예수께서 말씀하지 않으셨나요? 어떻게 자신에게 준 의지를 제한하거나 폭군이라고 생각하는 신을 여러분이 사랑할 수 있겠습니까?

두려워하는 신을 사랑하기란 불가능합니다. 여러분은 오직 초월함으로써, 그리고 여러분의 의식에 오직 사랑만이 있는 지점에 도달해야만 신을 사랑할 수 있습니다. 세상의 지배자가 와도 여러분 안에 두려움이 없다면 그는 여러분을 뱀의 기준에 따르도록 끌어당길 수 없습니다. 왜냐하면, 여러분은 어떠한 과거 선택도 초월할 수 있음을 아는 사랑만을 가졌기 때문입니다. 따라서 여러분은 언제나 자유로우며, 그 이상이 되는 것에 자유롭습니다.

5
힘과 가속

"지구를 살펴보면 여러분은 자신이 사랑을 받기 전에 조건에 맞게 살아야 한다고 생각하도록 어떻게 프로그램되었는지를 알 수 있을 것입니다. 많은 학생은 이것을 신에게 투사하여 가장 많은 조건을 가진 존재가 신이라고 생각합니다."

마스터 모어

나는 마스터 모어입니다. 이제 가르침의 다음 단계로 나아가겠습니다. 지금까지 내가 설명했던 것은 다르즐링의 내 은거처에 생명 흐름들이 처음 왔을 때, 내가 일반적으로 그들을 어떻게 돕는지에 대한 내용이었습니다. 나는 먼저 대부분의 새로운 학생이 영적인 스승은 어떠해야 하고 영적인 은거처에서 영적인 학생이 어떠해야 하는지에 대한 그들의 세계관과 기준, 그들의 기대를 넘어서 봐야 할 필요성을 볼 수 있도록 돕는 입문의 과정을 반드시 거쳐야 한다고 설명했습니다. 왜냐하면, 그들이 자신을 현재의 멘탈 박스 너머로 내가 데려가도록 허용하지 않고 내가 그들의 기대에 따를 것을 강요한다면, 나는 그들을 도울 수 없기 때문입니다.

나는 내가 어떻게 사람들과 함께 추론하고자 하는지를 설명했는데, 모든 사람에게는 현재의 의식 수준을 한 단계 넘어서 추론할 능력이 있기 때문입니다. 나는 내가 어떻게 사람들에게 사랑받고 있다고 느끼게 하고, 내가 그들을 전혀 판단하지 않는다고 느끼도록 노력하는지와 나에게는 오직 사람들을 더 높은 의식 수준으로 올라서게 도우려는 단 하나의 목표만을 가지고 있다고 설명했습니다.

사랑의 정원에서 치유하기

이제 나는 많은 학생이 기준을 넘어설 필요성을 깨닫고 추론을 시작한 이후에, 그들이 어떻게 사랑을 경험하는 어떤 치유 기간을 거쳐야 하는지를 설명하겠습니다. 이것을 위해서 나는 은거처 주변에 넓은 정원을 가지고 있는데, 물론 이곳은 기후를 고려하지 않아도 되는 에테르계에 있습니다. 왜냐하면, 기후는 나와 은거처를 유지하도록 돕는 존재들이 창조하기 때문입니다.

우리는 아름다운 꽃들이 잘 배열되어 있고, 향기로운 식물들과 분수, 개울뿐만 아니라 새가 끊임없이 노래하는 아주 넓은 정원을 창조했습니다. 나는 이전에 작고 푸른 친절한 새에 관해 얘기한 적이 있지만, 우리에게는 다양한 새들이 많이 있습니다. 정원에는 주로 장미가 피어있는 지역이 있는데, 그곳에는 학생이 사랑의 진동을 느낄 수 있도록 고안된 방식으로 노래하는 여러 새가 있습니다.

물론, 여러분이 지구에서 알고 있는 장미는 사랑의 진동에 가장 가까운 향기를 지닌 꽃입니다. 장미 향기를 맡을 때, 여러분은 사랑의 진동에 대한 감각과 가장 가까운 것을 후각으로 경험합니다. 얼마 동안 내 은거처에 있었던 학생은 말 그대로 장미 향기를 맡을 시간이 옵니다. 따라서 많은 학생이 정원으로 가서, 마음에 드는 장소를 찾은 후 그냥 앉아서 새들의 소리와 향기를 흡수합니다. 내 은거처에는 사람들의 오라와 차크라의 진동을 읽을 수 있는 조력자들이 있습니다. 그들은 사람들이 최적의 치유를 받기 위해서 무엇을 듣고 보고 냄새 맡고 감지해야 하는지 정확히 알고 있습니다.

학생들은 한동안 이곳에서 시간을 보낼 수도 있습니다. 왜냐하면, 여러분도 알다시피, 진정한 사랑을 경험하기 전까지는 앞으로 나아가는 것이 전혀 의미가 없기 때문이며, 내가 의미하는 사랑이란 조건을 초월한 사랑입니다. 이것은 여러분이 언제나 여러분에게 사랑을 표현하는 사람들에게 조건을 나는 것이 익숙한 지구에서 대개 사랑으로 경험하는 것을 넘어서는 사랑입니다. 여러분은 사랑을 얻어야만 하고, 특정한 조건에 따라 살아야만 합니다. 하지만, 진실로, 궁극적인 치유는 조건 없는 사랑을 경험하는 데서 옵니다.

처음에 여러분은 나에게서 조건 없는 사랑을 경험할 수도 있지만, 최종 목표는 여러분의 아이앰 현존에게서 그 사랑을 직접 경험하는 것이며, 아이앰 현존은 여러분을 위한 조건 없는 사랑의 근원입니다. 당연히 이 사랑은 창조주의 사랑이며, 창조주께서 모든 자기-인식하는 확장에게 가지고 있는 사랑이기도 합니다. 따라서, 우리가 그것을 만들어낼 수는 없습니다. 우리는 단지 조건 없는 사랑을 위한 열린 문이 될 수 있을 뿐이지만, 그 조건 없는 사랑이 궁극적인 치유제입니다.

조건 없는 사랑을 거부하기

지구상의 조건에 심하게 프로그램되어 내 은거처로 오는 사람들은 자신이 조건 없는 사랑을 받아들이기 어렵다는 사실을 발견합니다. 이것은 내게 상당한 도전입니다. 누군가가 가슴을 열어 실제로 사랑을 경험할 수 있기도 전에 사랑이 무엇인지, 그것이 어떻게 표현되어야 하는지, 어떻게 이런저런 기준에 따라 살아야 하는지에 대해 너무 많은 조건을 가지고 있다면, 어떻게 그 사람이 사랑을 느끼도록 도와줄 수 있을까요?

지구를 살펴보면 여러분은 자신이 사랑을 받기 전에 조건에 맞게 살아야 한다고 생각하도록 어떻게 프로그램되었는지를 알 수 있을 것입니다. 많은 학생은 이것을 신에게 투사하여 가장 많은 조건을 가진 존재가 신이라고 생각합니다. 왜냐하면, 신의 사랑은 인간의 사랑보다 훨씬 더 특별하다고 여겨지므로, 여러분이 인간에게서 사랑을 받기 위해 어떤 조건들에 따라 살아야 한다면, 신의 우월한 사랑을 받기 위해서는 반드시 더욱더 엄격한 조건에 따라 살아야 한다고 생각합니다.

이것은 많은 학생이 내게 올 때 그들이 추론하는 방식입니다. 물론 나는 그들을 이성적으로 설득할 수 있습니다. 하지만, 문제는, 조건 없는 사랑을 이해하는 것이 아니라 정말로 경험하기 위해서 그들이 가진 조건을 실제로 충분히 놓아버릴 수 있는 지점에 올 수 있느냐 하는 것입니다. 알다시피, 조건 없는 사랑의 경험보다 자신을 더 많이 변형하는 것은 없습니다. 여러분이 최소한 그 사랑을 엿보는 경험을 할 때까지, 정말 여러분은 의식의 다음 수준으로 나아갈 수 없습니다.

나는 48단계에서 여러분이 기준을 초월해야 할 필요성에 직면한다고 설명했습니다. 여러분은 어느 정도 기준을 넘어서 살펴볼 의지가 있어야만 49단계로 나아갈 수 있습니다. 이것은 모든 기준을 놓아버려야 한다는 의미가 아닙니다. 왜냐하면, 일반적으로 여러분이 96단계에 도달하거나 어쩌면 그 이상에 이를 때까지도 모든 기준을 놓아버릴 수는 없기 때문입니다. 그보다 이것은 여러분이 현재의 기준으로 정의한 상태보다 더 높은 의식 상태에서 자신과 삶을 살펴보는 것이 어떤 것인지를 경험했다는 의미입니다. 그런 다음 49단계로 올라가는 것입니다.

이번 단계에서 여러분은 추론하는 법을 배워야 하며, 이로써 여러분은 실제로 자신이 가진 기준 요소에 대해 의식적으로 의문을 가질 수 있고, 그것을 놓아버리는 것이 어떤 것인지를 경험할 수 있습니다. 다시 말하지만, 이것은 여러분의 기준을 모두 놓아버린다는 의미가 아니라, 그 기준의 일부를 놓아버리는 과정을 경험하는 것이며, 그런 후에 50단계로 올라가게 됩니다.

50단계에서 여러분은 조건을 초월한 사랑을 경험할 필요성에 직면합니다. 이것은 여러분이 모든 조건을 놓아버릴 수 있다는 의미가 아니라, 여러분의 현재 조건을 넘어서는 사랑을 직접 경험한다는 의미입니다. 여러분이 그 경험을 하기 전에는, 51단계로 나아갈 수 없습니다. 이 일은 단순히 일어날 수 없습니다.

신과 여러분의 관계

일부 학생들에게 이것은 큰 도전입니다. 왜냐하면, 이것은 여러분에게 신과의 관계, 신에 대한 관점을 다시 생각해보라고 요구하기 때문입니다. 지구에는 신을 하늘에 있는 화내고, 심판하는 존재로 묘사하는 오랜 관습이 있으며, 여기서 '오래'라는 말은 인간 수명에 견주어 볼 때는 긴 시간이지만, 지구에 지적인 생명체가 존재했던 때로부터 보면 확실히 긴 시간은 아닙니다. 오늘날 지구에는 이 기준에 의해, 그리고 이것만이 오직 신에 대한 유일하고 참된 이미지이며 이것에 의문을 제기하면 신성모독이라는 타락한 존재들의 투사로 인해 프로그램된 사람들이 많이 있습니다.

사랑하는 이들이여, 단순한 사실은, 여러분은 신에 대한 자신의 이미지보다 더 높은 의식 수준으로 오를 수 없다는 것입니다. 여러분은 화내고 심판하는 신의 이미지를 가지고 내 은거처에 올 수 있습니다. 여러분은 처음 두 단계를 나아갈 수는 있지만, 화내고 분노하는 신의 이미지를 고수하고 내게 그 이미지를 투사하기를 고집한다면 50단계를 넘어서지 못할 것입니다. 여러분이 실수할 때 내가 여러분을 모질게 벌하는, 화내고 심판하는 스승이 되기를 나에게 바란다면 말입니다.

사랑하는 이들이여, 많은 학생이 그 이상이 되고자 하는 사랑보다는 실수하는 것을 더 두려워하는 의식 상태를 지니고서 내 은거처에 옵니다. 나는 기준에 대해 말했습니다. 기준의 본질은, 하나는 선함이고 다른 하나는 악함이며, 하나는 옳고 다른 하나는 잘못이라는 두 가지 극성을 정의하는 것입니다. 이것은 많은 사람이 자기 삶의 모든 측면과 자신의 의식, 자신의 느낌과 생각과 자신이 누구인지에 대한 생각을 평가하도록 프로그램되었던 방식입니다.

반드시 옳고 반드시 틀린 것이 있어야 한다는 말이 맞을까요? 아닙니다. 사랑하는 이들이여! 신의 실재 안에는 옳고 틀린 것이 없습니다. 이것은 분리 의식, 반-그리스도 의식에서 나온 이원적인 개념입니다. 여러분이 신에게 그 이미지를 계속 투사한다면 진정한 신을 결코 알 수 없을 것입니다.

마스터 모어는 화내는 스승이 아닙니다

실로 자신을 상승 마스터의 학생이라고 부르는 많은 사람이 그랬었고 지금도 그런 것처럼, 나에게 그 이미지를 계속 투사한다면 여러분은 진정한 마스터 모어를 결코 알 수 없습니다. 그들은 내가 화내고 심판하는 스승이기를 원합니다. 그런데, 나는 그런 스승이 아닙니다. 나는 절대로 그렇지 않았습니다. 나는 과거 수십 년 동안 학생들이 자신의 이미지를 내게 투사하도록 허용했지만, 이제 더 이상은 이것을 허용하지 않을 것입니다. 나는 내가 누구인지에 대한 실재를 살펴보거나 경험할 의지가 없는 이런 학생과 그 이미지를 공개적으로 반박할 것입니다.

나는 화내고 심판하는 스승이 아닙니다. 나는 조건 없이 사랑하는 스승이며, 여러분을 조건 없이 지원할 것입니다. 하지만, 내가 여러분과 여러분의 성장을 지원하는 방식은 여러분이 자신의 조건을 초월하도록 돕는 것입니다. 왜냐하면, 나는 여러분을 조건에 붙잡아두는 스승이 아니기 때문입니다. 신은 여러분을 붙잡아두지 않습니다. 악마도 여러분을 붙잡아두지 않습니다. 여정에서 여러분을 붙잡아두는 것은 여러분이 정의하거나 받아들인 여러분 자신의 조건입니다. 나는 악마가 여러분이 받아들인 많은 조건을 규정했고 따라서 간접적으로는 악마가 여러분을 붙잡아두고 있다는 것을 인정합니다. 하지만, 여러분이 어떤 조건들을 받아들여서 마음을 다스리는 힘을 악마에게 주지 않는 한, 악마에게는 여러분의 마음을 지배할 힘이 없습니다.

알다시피, 여러분이 화내고 심판하는 신의 이미지를 나에게 투사하거나 내가 그럴 것으로 생각한다면 결코 나를 알지 못할 것입니다. 여러분은 절대로 나를 알지 못할 것입니다. 사랑하는 이들이여, 솔직하게 말하자면, 그것이 때때로 내 가슴에 짐이 됩니다. 왜냐하면, 나는 당연히 나 자신이 누구인지 알기 때문입니다. 나는 학생에게 얼마나 많이 주어야 하는지를 압니다. 그리고 나는 그들이 창조주로부터 나를 통해 흐르는 조건 없는 사랑이나 아이앰 현존으로부터 그들에게 직접 흐르는 조건 없는 사랑을 엿보는 경험을 할 수 있도록 자신의 조건을 놓아버릴 수 없어서 거기에 붙잡혀 있다는 것도 알고 있습니다.

그들이 내 은거처로 올 때, 나는 어떻게 그 사랑을 위한 열린 문이 되어야 할지를 압니다. 그들은 거기 앉아 있지만, 사랑을 받아들이지 못할 것입니다. 왜냐하면, 그들은 자신을 가치 없다고 말하는 이런저런 조건을 붙들고 있으려고 고집하기 때문이고, 그들이 지킬 수 없는 그 조건을 내가 정의했다고 생각하기 때문입니다. 실제로는 그들이 조건을 가지고 있는데도, 그 조건을 그렇게 정의한 존재가 나라고 투사하고 있습니다. 내가 아무도 따를 수 없는 그런 엄격한 조건을 정의했기 때문에 내가 그들에게서 사랑을 거두어들인다고 생각합니다. 하지만, 나는 아무런 조건도 정의하지 않았습니다. 사람들이 각자 자신의 조건을 가지고 여기에 오는 것입니다.

때로는 장미 정원에 오랫동안 머무는 것이 그런 학생에게는 도움이 되지 않습니다. 왜냐하면, 그 사람은 장미 향을 맡으려고 하지 않고 단지 정원만 경험하기 때문입니다.

첫 번째 광선은 창조적인 힘입니다

학생들은 마치 고장 난 레코드처럼 조건을 끝도 없이 반복하는 마음을 가지고 옵니다. 그들은 내 은거처를 살펴보고 생각합니다: "내가 따라야만 할 조건이 무엇일까? 여기서 뭔가 잘못해서는 안 돼, 왜냐하면, 나는 영적인 은거처 안에 있으니까."

그들은 뭔가 잘못하지는 않을까를 너무나 염려한 나머지, 아무것도 과감하게 하지 못합니다. 그런 태도가 왜 문제가 될까요? 그것은 바로 내가 첫 번째 광선의 초한이기 때문에 문제가 되는 것입니다. 과거에는 첫 번째 광선이 힘과 의지의 광선으로 묘사되었는데, 그 이유는 힘과 의지는 창조적인 추진력의 필수적인 요소이기 때문입니다.

여러분은 어떤 외향적인 힘과 창조하려는 의지 없이는 아무것도 창조할 수 없습니다. 따라서 나는 여러분이 힘과 의지를 여러분이 반드시 따라야 하는 어떤 기준이나 고정된 특성으로 보기를 바라지 않는다는 것을 알겠습니까? 내가 기준을 무엇이라고 말했습니까? 기준은 창조력을 죽입니다. 그런데 창조적인 추진력의 첫 번째 광선의 초한인 나 마스터 모어가, 여러분의 창조력을 죽이기를 바란다고 생각하나요? 여러분이 그렇게 생각한다면, 나는 이것에 대해 여러분이 추론할 의지만 있다면, 그렇지 않다는 것을 알 수 있다고 확신합니다.

나는 여러분의 창조력을 죽이고 싶어 하는 존재가 아닙니다. 여러분의 에고와 어둠의 세력과 거짓 교사는 창조력을 죽이기를 바라겠지만, 나, 마스터 모어는 그렇지 않습니다. 왜냐하면, 나는 오직 여러분이 그 이상이 되기만을 바라기 때문입니다. 그리고 여러분은 창조적으로 됨으로써 그 이상이 됩니다. 또 여러분은 실험하겠다는 의지가 있어야만 창조적으로 됩니다. 또 여러분은 단지 자신이 잘못될 것이라는 두려움을 살펴보고 자신에게 다음과 같이 질문함으로써 기꺼이 실험하게 됩니다: "잘못될 것이라는 두려움보다 내가 더 사랑하는 무언가가 있는가? 내 존재 안에 잘못될 것이라는 두려움보다 더 강력한 어떤 사랑의 요소가 자리하고 있는가?"

비록 이것이 어떤 경우에는 시작점이라고 해도, 나는 여기에서 세속적인 기준에 따라서 바르게 되는 것을 사랑하고 있다고 말하는 것이 아닙니다. 궁극적으로, 나는 어떠한 기준 그 이상으로 존재하고자 하는 사랑에 대해 말하고 있습니다. 왜냐하면, 그것은, 오직 여러분이 만든 기준을 넘어서야만 가능하기 때문입니다.

만약 장미 정원에 머무는 것이 학생에게 도움이 되지 않는다면, 내 은거처에는 또 다른 장소가 있습니다. 자, 여러분은 아카식 레코드(akashic records)라 불리는 것을 알고 있을 것입니다. 아카식 레코드는 물질계의 진동을 훨씬 뛰어넘는 매우 정교하고 높은 진동의 에너지장으로 볼 수 있습니다. 이러한 진동은 물질우주에서 일어나는 어떠한 사건이나 어떠한 행위든 모두 기록할 수 있으며, 재생 가능한 비디오와 마찬가지로, 이미지 형태로 기록됩니다.

　이것은 특히 한 생명흐름이 물리적인 육화를 떠나서 자신의 생애를 돌아볼 때 도움이 될 수 있습니다. 왜냐하면, 대부분의 경우에 그 생명흐름은 특정한 상황에 대한 관점을 잊어버렸거나 왜곡했기 때문입니다. 따라서, 우리는 과거로 돌아가서 실제 상황을 다시 볼 수 있는데, 그 이유는 아카식 레코드에 기록된 내용은 그 사건이 일어난 동안 사람들이 겪은 내적 경험이나 감정들이 아니라 단순히 일어났던 그 사건들이기 때문입니다.

　학생이 이 아카식 레코드를 볼 때, 그 사건과 관련된 감정 없이 완전히 중립적인 방식으로 사건을 경험합니다. 학생은 사건을 훨씬 더 객관적인 방식으로 있는 그대로 살펴볼 수 있으며, 이것은 학생이 그 사건에 대해 처리하고 치유를 해서 앞으로 나아가기 쉽게 해 줍니다. 물론, 느낌이 기록되어 있는 또 다른 수준도 있지만, 그 학생이 진정으로 나아갈 수 있기 전에 이 기록 또한, 지워져야 합니다.

자신의 잠재의식 캔버스에 그리기

　내 요점은 내 은거처에는 180도 스크린이 있는 방이 있는 어떤 구역이 있고, 그 화면은 어떤 이미지든 보여줄 수 있다는 것입니다. 또한, 나는 마치 스캐너와 같은 장치도 가지고 있는데, 지구상에서 보는 의료 스캐너와 다소 비슷하지만, 훨씬 더 정교합니다. 이 장치는 학생의 감정, 멘탈, 정체성 마음인 잠재의식을 스캔할 수 있습니다. 이것의 효과는 이 큰 스크린이 학생이 원하는 어떤 이미지도 그릴 수 있는 캔버스처럼 작동한다는 것입니다. 자, 그것이 어떻게 작동하는지 설명하겠습니다.

학생이 앉으면 스캐너가 그 학생을 스캔합니다. 스캐너는 학생의 잠재의식에 있는 모든 조건을 뽑아냅니다. 그러면 그 장치는 스크린 위에 마치 화가의 흰 캔버스 같은 것을 표시합니다. 그런데, 그 스크린은 방의 절반을 차지할 만큼 크지만, 거기에 나타나는 캔버스의 크기는 학생의 마음속에 있는 조건들에 따라 달라집니다. 조건이 더 많을수록 캔버스는 더 작아집니다.

그런 다음, 학생 옆으로 붓과 물감, 색칠하는 도구 팔레트가 나타나는데, 이 역시 조건에 따라 달라집니다. 조건이 많을수록, 물감과 붓의 수는 더 적어집니다. 일부 학생은 단지 하나의 붓만으로 작고 흰 캔버스 위에 단지 검은 칠만 할 수 있고, 어떤 경우에는 흰 캔버스가 너무 작아서 아무것도 칠할 공간이 없기도 합니다.

학생에게는 흰 캔버스 위에 어떤 것이든지 그리라는 과제를 줍니다. 이것은 일부 학생에게 아주 큰 도전입니다. 가장 많은 조건을 가진 이들은 가장 작은 캔버스와 가장 적은 수의 물감만을 가지게 될 것이며, 심지어는 물감을 선택할 수도, 무엇을 그려야 할지 결정할 수도 없습니다. 그들이 공황 상태에 빠진 눈으로 나를 쳐다보면서 그들 삶의 캔버스 위에 무엇을 그려야 할지 내가 말해 주기를 바랍니다. 그들은 캔버스에 그릴 때 적용할 수 있는 어떤 규칙이나 기준을 바라는데, 그래야만 그들이 바른 것만 하고 잘못된 것은 하지 않는다고 확신할 수 있기 때문입니다.

하지만, 사랑하는 이들이여, 여기에 옳고 그름은 없습니다. 그림을 그리는 것이 목적은 아니기 때문입니다. 목적은 여러분이 창조력을 제한하는 조건을 얼마나 많이 가졌는지 평가해 주려는 것입니다.

따라서, 우리는 학생을 홀로 방에 남겨두고 나중에 돌아와서 학생이 무엇을 그렸는지 봅니다. 무엇이든 그렸다면 말입니다. 때때로 우리가 나중에 다시 왔을 때, 그 학생은 아무것도 그리지 못한 적도 있습니다. 그러면 우리는 학생에게 더 많은 시간을 줍니다. 다시 말하지만, 자신의 조건에 너무 갇혀서 아무것도 과감하게 그리지 못하는 학생들이 있습니다. 우리는 때때로 이 지점에서 그들을 도울 수 없으며, 그들이 다시 돌아가서 현재 수준에서 받을 수 있는 것보다 단지 조금 더 받을 수 있는 과정을 거치는 무료급식소로 돌려보내야만 합니다.

하지만, 결국 뭔가를 그리게 되는 학생들에게, 우리는 다음과 같이 다시 질문을 해서 그들을 돕습니다: "여러분이 그림을 그리고 나서, 그림을 살펴볼 때, 그것이 여러분의 에너지를 높였나요? 아니면 떨어뜨렸나요? 여러분의 반응은 어땠습니까? 여러분이 그림을 색칠하고 그것을 살펴볼 때 마음 상태가 어땠나요?"

우리는 여기에 시험이 없다는 것을 그들이 알도록 도와줍니다. 이것은 여느 TV쇼처럼, 다른 사람들이 창조한 것에 대해 심사위원들이 우스꽝스러운 논평을 하는 것과는 다릅니다. 우리는 여러분의 그림에 대해 논평하려고 여기에 있는 것이 아닙니다. 우리는 여러분이 자신의 마음 상태를 보도록 돕고 자신의 창조력을 표현하는데 얼마나 자유로운지, 아니면 대부분의 경우 얼마나 자유롭지 않은지를 보도록 돕기 위해서 여기 있습니다.

차크라를 통한 창조력

우리는 학생이 그 또는 그녀의 느낌과 접촉하도록 도와준 후에 자신의 창조적인 잠재력에 대해 숙고하라고 요청합니다. 다시 말해,

여러분은 지금까지 해 온 것 이상을 할 수 있습니까? 그러면 많은 경우에 학생이 이렇게 말할 것입니다: "그런데, 내가 더 큰 캔버스와 더 많은 물감이 있었다면 확실히 더 많이 그릴 수 있었을 것입니다." 그때 우리는 학생의 캔버스 크기나 색상을 우리가 제한하는 것이 아니며, 제한의 원인은 학생 자신의 조건이라는 사실을 학생이 알도록 도와줍니다. 그러면 우리는 조건이 어떻게 창조적인 표현을 제한하는지 지적할 수 있고 심지어 화면 위에 나타낼 수도 있습니다.

우리는 실제로 학생의 오라와 차크라를 화면에 이미지로 나타낼 수 있습니다. 우리는 창조적인 표현이 어떻게 차크라를 통해서 일어나는지 보여줄 수 있습니다. 우리는 차크라를 꽃에 비유하기 위해, 어떻게 각 차크라가 특정한 수의 꽃잎과 같은 것을 가졌는지 보여줄 수 있습니다. 하지만, 이러한 꽃잎은 실제로는 빛을 통과하게 하는 밸브나 포탈(통로)입니다. 많은 경우에 학생들의 차크라에 있는 이 포탈이 거의 모두 닫혀 있어서 그 차크라를 통해 들어오는 빛은 거의 없습니다.

그다음, 우리는 특정 차크라의 포탈이 어떻게 닫히게 되는지를 보여줄 수 있습니다. 우리는 학생이 받아들인 특정한 조건에 의해서 어떻게 이 장애물이 만들어지는지 보여줄 수 있습니다. 그런 다음, 만약 그 조건을 놓아버리고, 내맡기고, 포기하면, 어떻게 더 많은 빛이 차크라를 통해 흐르면서 학생의 물감 팔레트와 캔버스의 크기를 키우게 되는지 보여줄 수 있습니다. 이러한 방식으로 때때로, 실제로는 우리가 대부분의 시간을 학생들에게 특정 조건들을 살펴보게 하고, 캔버스의 크기와 그림에 사용할 물감 팔레트의 크기를 확장할 수 있도록 그 조건들을 점차 포기하기 시작하게 할 수 있습니다.

일부 학생들은 이것에 아주 잘 반응하고, 자신들의 조건을 놓아 버리는 일에 열정적으로 몰두하여, 캔버스를 확장할 수 있습니다. 왜냐하면, 물론, 우리가 그들에게 전체 캔버스의 잠재적인 크기를 보여주기 때문입니다. 그들이 준비되면 – 나는 이 준비라는 말을 그들이 너무 낙담하지 않으면서 이것을 볼 수 있다는 뜻으로 쓰고 있습니다 – 심지어 우리는 다른 학생들이 그린 것을 보여줍니다. 우리는 그들에게, 제일 큰 크기의 캔버스와 물감 팔레트 전체를 사용하여 그린, 믿을 수 없이 아름다운 그림들을 보여줍니다.

하지만, 우리는 멋진 그림을 그렸던 그 학생들도 처음에는 한정된 물감 팔레트와 아주 작은 캔버스로 그리기 시작했다는 것도 보여줍니다. 그렇게 하여, 우리는 그들에게 자신의 진정한 창조적인 잠재력과 그들이 현재 쓸 수 있는 잠재력의 크기를 비교해서 보여주며, 물론 그들의 창조적인 잠재력을 제한하는 것은 자신의 조건이며, 그것 외에는 아무것도 창조적인 잠재력을 제한하지 못한다는 점도 보여줍니다.

이것은 아주 효과적인 연습이 될 수 있고, 대부분의 학생은 아주 잘 적응합니다. 화내고 심판하는 신에 대한 그들의 생각을 놓아버릴 수 없는 학생들도 있으며, 그들은 자신의 조건을 정의한 존재가 본인이 아니라며 계속해서 부인합니다. 다시 말하지만, 일부 그런 학생들은 무료급식소 줄로 다시 돌아가야만 합니다. 그들은 자신에 대한 책임을 질 의지가 없으므로, 일부는 심지어 고난의 학교로 돌아가게 됩니다.

가속하겠다는 결정

알다시피, 내 은거처의 세 번째 단계인 의식의 50단계에서 여러분의 과제는 사랑입니다. 여러분의 과제는 조건 없는 사랑을 경험하는 것입니다. 하지만, 사랑을 경험한다는 것은 사실 다음 단계를 밟기 위한 기반일 뿐입니다. 다음 단계에서는 네 번째 광선을 사용하는데, 이것은 순수 광선으로 알려져 있습니다. 순수함이란 무엇일까요? 그것은 낮은 진동의 무언가가 높은 진동으로 가속되었을 때입니다.

여러분은 무언가를 어떻게 순수하게 합니까? 그 진동을 가속함으로써 순수하게 합니다. 따라서 여러분이 반드시 뭔가 그 이상이 되기 위한 자신의 사랑을 의식적으로 인정하는 시기가 옵니다. 즉, 여러분에게는 자신의 창조적인 표현에 대한, 자신의 상위 존재에 대한, 자신의 창조적인 잠재력에 대한 사랑이 있습니다. 그리고 여러분은 그 잠재력을 매우 사랑하기 때문에, 기꺼이 자신을 살펴보고 자신의 창조적인 표현을 제한하는 것은 자신의 의식 안에 존재하도록 허용하고 받아들였던 바로 그 조건임을 보려고 할 것입니다.

이제, 여러분은 이렇게 결정합니다: "좋습니다. 나는 기꺼이 그 조건들 너머로 나 자신을 가속하겠습니다. 나는 내가 이전에 받아들이게 된 기준과 지금 내가 타락한 의식, 반-그리스도의 의식에 기반을 두는 것으로 보는 기준을 초월하여 내 자아감을 기꺼이 가속하겠습니다. 나는 그 기준에 의해서 더 이상 제한되지 않겠습니다. 나는 그 기준을 넘어서 내 자아감을 가속하기를 바라며, 그 기준을 넘어서 자신을 가속하고 있습니다."

하지만, 알다시피, 여러분은 최소한 조건 없는 사랑을 엿보는 경험을 할 때까지는 그런 결정을 할 수 없습니다. 왜 그럴까요? 사랑하는 이들이여? 왜냐하면, 그 이상이 되는 것이 창조적인 과정이며, 창조적인 과정은 강요될 수 없기 때문입니다. 그것은 두려움에 기반을 둘 수 없습니다. 반드시 사랑에 기반을 두어야 합니다. 여러분이 뭔가를 더 많이 사랑하면, 자신을 통해 더 많이 흐르도록 허용하기 위해서 기꺼이 자신을 더 높은 수준으로 가속하게 될 것입니다.

여러분은 여러분의 창조력의 근원이 바로 아이앰 현존(I AM Presence)이라는 것과 여러분의 아이앰 현존은 지구를 더 높은 수준으로 끌어올리는 데 도움을 주는 선물로써 자신의 창조력을 완벽하게 표현하기를 바랍니다. 하지만, 여러분의 아이앰 현존은 오직 여러분을 통해서만 창조력을 표현할 수 있습니다. 의식하는 자아(Conscious You)인 여러분은 완전하게 열린 문이 되는 순수의식의 상태로 되돌아갈 잠재력이 있습니다. 그런데 알다시피, 여러분은 자신의 기준과 조건 때문에, 아직은 완전히 열린 문이 아닙니다. 여러분은 단지 부분적으로 열려 있고, 때로는 아주 조금만 열려 있습니다.

여러분이 이것을 본다면, 그리고 여러분의 아이앰 현존이 여러분을 위해 가지고 있고 여러분을 통해 표현하기를 바라는 조건 없는 사랑을 경험한다면, 그때 여러분은 존재의 핵심에서 나오는 어떤 결정을 할 수 있습니다. 그것은 외면의 자아(outer self)나 개성이라는 필터를 통한 결정이 아닙니다. 왜냐하면, 외면의 자아는 분리에 기반을 두며 두려움에서 나온 결정만 할 수 있기 때문입니다. 사랑하는 이들이여, 첫 번째 광선은 의지의 광선입니다. 왜냐하면, 진정한 의지란 사랑에 기반을 둔 것이며, 두려움에 기반을 둔 거짓된 의지와는 반대되는 것이기 때문입니다.

이제, 이 지점에서 섬세하게 고려해야 할 사항이 있습니다. 잘못된 결정을 하는 것을 너무 두려워한 나머지 어떤 결정도 하려고 하지 않으면서 내 은거처로 오는 학생들이 많이 있습니다. 그들은 모든 것을 어떻게 해야 할지 내가 말해 주기를 바랍니다. 다시 말하지만, 그런 학생들을 무료급식소로 돌려보내는 것만이 내가 도울 수 있는 전부입니다. 나는 그 학생이 최소한 결정할 의지가 있을 때까지 그와 함께 적극적으로 일을 시작할 수 없습니다. 하지만, 물론 초기에는, 특히 의식 수준의 48단계 이하로 하강했던 사람들은, 단지 두려움 기반의 결정만 할 수 있습니다.

두려움에 기반을 둔 결정

내가 두려움에 기반을 둔 결정이라고 할 때 그것은 무엇을 의미할까요? 그것은 자신에게 뭔가를 강요하고 있다는 어떤 느낌에 대해 여러분이 반응하는 것에 기반을 둔 결정입니다. 단순히 자신의 삶을 살펴보고 자신을 제한하고 있다고 느끼는 어떤 조건들이 있는지를 살펴보세요. 그것은 다른 사람, 부모, 배우자, 스승 또는 어떤 유형의 권위자가 될 수도 있지만, 여러분은 그들이 여러분에게 한계를 설정하고 강요하고 있다고 느끼고 있습니다. 그리하여 여러분은 이들에게서 부정적인 반응을 피하기 위한 결정을 내리고 있습니다.

이것이 두려움에 기반을 둔 결정의 전형적인 예입니다. 여러분은 부정적인 반응을 두려워하고, 그리하여 그 반응을 피하는 결정을 합니다. 여러분 하는 결정 대부분은 회피 결정(avoidance decisions)입니다. 여러분은 뭔가 나쁜 것이 일어나는 것을 피하려고 하는 것입니다. 하지만, 비록 그렇다 해도, 이런 유형의 결정을 하는 것이 아예 아무런 결정을 하지 않는 것보다는 나은데, 최소한 여러분이 어느 정도는 움직이는 것이기 때문입니다. 그러면 나는 최소한 여러분과 함께 작업을 시작할 수 있고, 내가 말했듯이, 여러분이 그 기준을 인식하게 하고, 여러분과 함께 추론하고, 여러분이 조건 없는 사랑을 경험해야만 한다고 깨닫게 되는 지점에 이르게 함으로써 어쩌면 다시 방향을 돌릴 수도 있습니다. 따라서, 사랑을 받아들이려면 조건을 놓아버려야 합니다.

　일단 사람들이 조건 없는 사랑을 한 번이라도 경험을 하면, 그들은 자신이 두려움으로 결정하지 않고, 뭔가 나쁜 것을 피하려고 애쓰지 않으면서도 결정을 내릴 수 있는 단계가 있다는 것을 추론을 통해 이해하기 시작할 수 있습니다. 여러분은 뭔가 그 이상을 향한 사랑과 긍정적이고 좋은 것을 경험하고자 하는 바람에 기반을 둔 긍정적인 결정을 할 것입니다.

　물론, 여러분이 두려움에 갇혀 있다면, 어떠한 결정도 나쁜 결과만 초래한다고 생각합니다. 또한, 여러분은 부정적인 가능성에만 너무 집중하기 때문에, 어떤 결정이 뭔가 좋은 결과를 가져올 수도 있다는 똑같이 분명한 진실을 보지 못합니다. 그것은 또한, 진보로 이어질 수도 있지만, 결정 없이는 어디에도 이를 수 없습니다.

신의 의지의 실재

　이것이 더 높은 의지입니다. 신의 의지는 완전하게 긍정적입니다. 이것에 대해 생각해보세요. 사랑하는 이들이여. 여러분은 정말로 신이 두려움을 가지고 있다고 믿습니까? 여러분이 화내고 심판하는 신의 이미지를 믿는다면, 간접적으로 신이 두려움을 가지고 있다고 믿는 것입니다. 만약 신이 화를 낸다면, 그 화는 어디에서 올까요? 그것은 두려움에서 나옵니다. 만약 신께서 심판을 한다면, 그 심판에 대한 필요성은 어디에서 나오는 것일까요? 그것은 두려움에서 나옵니다. 알다시피, 하늘에 있는 화내고 심판하는 신의 공통된 이미지는 실질적으로 두려움에 기반을 둔 이미지입니다. 그리고 더 나아가 신을 두려움 기반의 신으로 묘사합니다.

　물론, 악마의 허황된 꿈은, 말하자면, 신이 악마와 악마의 힘을 두려워한다는 것입니다. 실제로 지구에는 신이 두려워하는 어떤 힘을 지닌 악마가 존재한다고 믿는 사람들이 있습니다. 하지만, 당연히 진정한 신은, 진정한 조건 없는 사랑의 신은 아무것도 두려워하지 않습니다. 신 안에는 그 어떤 두려움도 없습니다.

신의 의지는 두려움에 기반을 두는 것이 아닙니다. 신의 결정은 두려움에 기반을 두지 않습니다. 신의 의지는 여러분이 자유의지를 갖는 것이고, 신의 의지는 여러분이 적합하다고 생각하는 대로 자유의지를 행사하는 것입니다. 하지만, 신의 가장 높은 의지와 비전은 여러분이 사랑에 기반을 둔 자유의지를 행사하는 것이며, 여러분이 하는 모든 결정이 여러분 자신을 그 이상이 되도록 도와주고, 창조물인 물질 구체가 그 이상이 되도록 도우며, 궁극적으로는 창조주가 그 이상이 되도록 돕는 것입니다. 이것이 바로 모든 것이 그 이상이 되는 생명의 과정입니다.

이 과정은 일시적으로 행성 지구에서 역전되었고, 행성 지구는 사실 이런 두려움에 기초한 의식에 갇힌 많은 생명흐름을 위한 학교입니다. 지구는 말하자면, 천국과 지옥 사이의 중간 지점입니다. 이전에 내가 두세 차례 언급했듯이, 지구는 수준이 높은 행성이 아닙니다.

다시 말하지만, 내 요점은 여러분에게는 반드시 자신의 창조력을 제한하는 기준을 넘어서 자신을 가속하겠다는 의지를 일으켜야 할 때가 온다는 것입니다. 하지만, 이 의지, 이 결정은 두려움에 휩싸인 외면의 마음에 기반을 둬서는 할 수 없습니다. 이 결정은 반드시 사랑에 기반을 두어야 하며, 그렇지 않으면 그것은 여러분의 자아감을 가속하지 못하기 때문입니다.

이는 여러분이 실제로 상향의 여정을 시작하는 지점에 도달할 수 있다는 의미이긴 하지만, 여러분은 여전히 여정의 목표가 외면의 자아를 완벽하게 하고 외면의 자아를 어떤 유형의 기준에 따라서 살게 하는 것으로 생각합니다. 이제, 여러분은 만약 그 기준에 따라 외면의 자아를 완벽하게 한다면, 내가 반드시 외면의 자아인 여러분을 받아들여야 하고 신께서도 반드시 그 외면의 자아를 받아들여야 한다고 생각합니다. 그것은 예수께서 그의 결혼 잔치에 대한 우화에서 설명하셨던 내용입니다: 여러분은 예복을 입지 않고도 결혼 잔치에 들어갈 수 있다고 생각합니다. 결혼 예복은 사랑으로 짠 옷입니다. 두려움으로 만든 옷이 아닙니다.

여러분은 금속 헬멧과 사슬 갑옷을 몸에 걸친 오래된 기사의 이미지를 알고 있을 것입니다. 그런데, 이러한 것은 결혼 예복이 아닙니다. 왜냐하면, 그것은 두려움이 올 것이라는 충격에서 자신을 보호할 목적으로 만든 두려움에 기반을 둔 장치이기 때문입니다. 오직 이러한 두려움을 놓아버리고 이음새 없이 완벽한 옷, 그 결혼 예복을 짜서 만들 때만, 여러분은 두려움을 초월하기 시작할 것입니다. 그리고 오직 그 이후에야 여러분은 결혼 잔치에 들어갈 수 있습니다.

다르즐링에서 축하 행사

물론, 이음새 없는 완벽한 의복인 그 결혼 예복은 반드시 일곱 광선의 모든 실을 사용해서 만들어야 하므로, 지금 이 지점에서 여러분은 결혼 잔치에 들어갈 수 없습니다. 하지만, 그렇더라도 일단 여러분이 조건 없는 사랑을 잠깐이라도 경험하기 시작하면, 진실로 결혼 예복을 만들기 시작하는 것입니다. 그리고 여러분은 그 예복을 완성하기 위해 계속할 것이며, 말하자면, 96단계로 오를 때까지 말입니다.

진전을 이루는 유일한 방법은 여러분의 자아감을 가속하겠다고 결정하는 것인 지점이 옵니다. 이는 모든 기준을 초월하는 것이 아니라, 분명히 이 지점에서 여러분이 가진 기준을 초월하는 것이며, 그 결정은 반드시 사랑을 기반으로 해야 합니다. 여러분이 그렇게 하겠다고 결정할 때, 그것은 내 가슴에 형언할 수 없는 기쁨을 줍니다. 한 학생이 내 은거처에서 조건 없는 사랑을 경험하고 사랑에 기초해서 자신을 가속하기로 결정했을 때 그것은 내 은거처에서 축하할 만한 이유가 되기 때문입니다.

바로 이것이 진정으로 우리가 일한 이유이며, 이것은 커다란 보상의 하나입니다. 그것은 우리가 그 학생과 일을 마쳤다는 의미가 아니라, 어징의 중요한 단계에 있다는 의미입니다. 그리고 그것은 우리가 그런 학생을 위해 늘 파티를 여는 것을 기뻐하는 이유입니다. 그 파티는 여러분이 이미 지구에서 보는 것처럼 10대 청소년들이 신앙고백을 한 후, 선물을 받고 덕담을 듣는 등의 행사를 하는 크리스천 전통과 비슷합니다. 그 파티와 똑같지는 않지만 유사한 점도 있는데, 유사한 점은 진실로 학생의 진전이 어떤 거창한 방식으로 축하를 받는다는 것입니다.

나는 여러분이 그 의식을 통과하기를 열망합니다. 나는 여러분이 그 의식을 통과하고 심지어 깨어있는 의식에서도 하늘에서 오는 조건 없는 사랑을 느끼는 지점에 이르기를 열망합니다.

6
힘과 치유

"나는 여러분이 순수의 화염을 사용해서 이전 수준을 넘어 자신을 엄청나게 가속해 왔을지라도, 순수의 화염을 통해 자신을 실제로 가속하는 데는 어떤 한계가 있다는 것을 보도록 도와줍니다. 왜냐하면, 여러분은 여전히 잠재의식 안에, 즉 마음의 감정, 멘탈, 정체성 수준에 어떤 상처가 있기 때문입니다."

마스터 모어

나는 마스터 모어입니다. 자신을 기꺼이 가속하겠다고 결정을 내리는 지점에 도달한 사람들에게 우리가 열어 준 파티에 관한 가르침으로 시작해 보겠습니다. 나는 그 파티를 10대들이 크리스천으로서의 믿음을 확증할 때 종종 그들에게 주어지는 신앙 고백식에 비유했습니다.

물론, 나는 지구상의 많은 십 대가 이것을 파티와 선물을 받을 수 있는 일종의 문화적인 의식이나 하나의 관행으로 인식하고 있다는 것을 알고 있습니다. 그럼에도 불구하고, 그 이면의 더욱 깊은 의미는 실제로 여러분이 자신의 그리스도 신앙을 의식적으로 확인할 수 있는 성숙한 지점에 이른다는 것입니다.

물론, 나는 여러분에게 믿음을 갖고서 무언가를 따르라고 요구하는 것이 아닙니다. 나는 경험을 통해 가르치고 있는데, 믿음이 내가 가르치는 것과 무슨 상관이 있습니까? 여러분이 경험을 한다면, 자신이 경험하지 못한 무언가를 믿을 필요가 있을까요? 경험이 가능하다고 믿는 것은 그 경험을 하는 데 마음과 가슴을 연다는 측면에서는 도움이 되지만, 여러분의 궁극적인 목표는 바로 그 경험을 하는 것입니다.

집중적인 성장의 시기

여러분이 진정으로 이것에 전념할 때, 자신이 발견한 힘을 사용해서 자아감을 크게 가속하는 단계로 진입할 수 있습니다. 여러분은 이전의 자아감을 넘어서 자신을 가속할 수 있습니다. 이제 많은 학생이 은거처에서 그들의 깨어있는 의식으로 경험하는 것과 일치하는 시기로 들어갑니다. 종종 사람들이 내 은거처에서 이 의례를 통과할 때, 그들이 의식하는 마음으로는 이 의례를 기억하지 못할 수도 있지만, 영적인 여정이 자신을 가속하는 엄청난 기회임을 진정으로 깨닫습니다.

특히 우리 가르침을 알고 있는 사람들은, 종종 이제 더 열정적으로 이 가르침을 공부하고, 이전보다 더 큰 열정으로 디크리와 기원문 낭송을 실천하는 데 전념합니다. 이것은 종종 그들이 여러 생애 동안 지녀 온 수많은 짐과 낡은 조건들을 떨쳐버릴 수 있는 매우 집중적인 성장기를 맞이하게 합니다. 이것은 엄청난 성장 과정이고 엄청난 가속입니다.

다른 초한들의 은거처로 가기

　가속하겠다는 여러분의 자발적 의지를 실제로 확인하는 이 의례를 통과한 후에는, 말하자면, 여러분이 더 이상 내 은거처에만 한정되지 않는다는 사실로 인해서 이 과정이 촉진됩니다. 말하자면, 이 의례는 여러분의 가속 의지를 시험하기 위한 시험장이기 때문에, 여러분이 이것에 전념하겠다고 약속할 때까지는 단지 첫 번째 광선의 은거처에만 참석할 수 있습니다. 처음의 여러 단계에서 설명했듯이, 나는 여러분을 그런 결정을 내릴 수 있는 지점에 이르게 하고자 합니다. 하지만, 여러분이 그 결정을 하기 전에는, 다른 어디에도 갈 수 없습니다. 진정으로 여러분은 다른 초한들의 은거처로 갈 수 없습니다. 하지만, 일단 여러분이 그 결정을 내리면, 여러분은 자신의 여정에서 어떤 문턱, 어떤 난관을 넘어서는 데 필요한 은거처로 갈 수 있습니다.

　일부 학생들이 과거의 짐 너머로 자신을 가속하기 위해서는 어떤 것에 관해 추론해야 하므로, 자신의 추론 능력을 확장하는 법을 배우기 위해서 마스터 란토의 은거처에 갈 수도 있습니다. 다른 학생들은 그들이 사랑받을 가치가 있다는 사실을 받아들이는 능력을 키우고, 더 많은 사랑을 경험하고 흡수하기 위해 베네치아의 폴 은거처로 갑니다. 물론, 또 다른 학생들은 이 지점에서 세라피스 베이의 은거처로 가서, 과거의 많은 것을 넘어 자신을 가속하기 위해 가속의 힘, 가속의 화염(Flame of Acceleration), 순수의 화염(Flame of Purity)을 사용하는 것으로 엄청난 도움을 받습니다.

규칙을 따르는 것으로는 상승할 수 없습니다

　하지만, 또한, 세라피스는 이러한 학생들에게 그들의 개인적인 여정의 현시점에서 순수와 가속의 화염이 그들을 위해서 할 수 있는 것에는 한계가 있다는 매우 명확한 인식을 줄 것입니다. 비록 세라피스가 상승과 상승 나선, 상승 코일을 담당하는 주요 스승이기는 하지만, 그는 이 시점에서 학생들이 상승 나선으로 들어갈 준비가 되지 않았음을 명확히 하기 때문입니다. 그 이유는 아주 간단합니다: 규칙을 따르는 것으로는 상승할 수 없기 때문입니다.

우리 상승 마스터들은 여러분에게 지구에서 어떤 외적인 가르침을 줄 수 있습니다. 그것은 유효한 가르침이지만, 여러분이 그 외적인 가르침을 공부한다고 해서 상승할 수 있다는 의미는 아닙니다. 일부 학생들은 유효한 외적인 가르침을 받아들이고, 자신을 위한 여러 규칙을 만드는 데 그것을 이용했습니다. 또 일부 학생들은 만약 규칙을 따르고 디크리를 수행하며, 이 일은 하고 저 일은 하지 않는다면 상승할 것이라고, 의식하는 마음으로 실제로 믿고 있습니다. 하지만, 그렇지 않습니다.

그들은 그들의 외면의 마음으로 이렇게 믿고 있는 것입니다. 왜냐하면, 그들은 존재의 내적인 수준에서 자신을 가속하겠다고 서원하지 않았으므로 세라피스 베이의 은거처에 참석할 수 없었기 때문입니다. 그들은 규칙을 따르는 것으로는 상승할 수 없다는 교훈을 배울 수 없었습니다. 상승이 무엇이기에 그런 것일까요? 그것은 창조적인 과정입니다. 여러분은 먼저 일곱 광선을 통과하고, 그다음 비밀의 광선과 여러분의 그리스도 신성(Christhood)을 통과해서, 오직 자신의 온전한 창조력을 펼침으로써만 상승할 수 있습니다.

오직 여러분의 아이앰 현존이 여러분을 통해서 표현하고 싶은 것을 창조적으로 표현함으로써만, 현존이 여기 지구에서 여러분을 통해서 주고자 하는 선물의 충만함을 표현하는 지점에 도달할 수 있습니다. 그러면 여러분은 상승할 준비가 됩니다. 알다시피, 아이앰 현존은 여러분이 지구에서 카르마를 만들고, 그 카르마를 균형 잡고서 떠나게 하려고 여러분을 보낸 것이 아닙니다. 현존은 여러분이 지구에 현존의 선물을 가져오는 열린 문이 되어, 긍정적인 목적과 긍정적인 목표와 선물을 가져오게 하려고 이곳에 보냈습니다.

현존이 선물을 충분히 주었다고 만족할 때까지는, 의식하는 자아, 육화 중인 생명흐름인 여러분은 상승할 수 없습니다. 왜냐하면, 여러분은 완전한 열린 문이 되는 여러분의 목적을 이루지 못했기 때문입니다. 여러분은 그 조건들을 자신의 외적인 존재의 일부로 받아들이고, 틀림없이 자신의 창조적 표현을 제한하거나 통제하며 지시하고 있다고 생각하기에, 여러분의 캔버스는 너무 작아졌고 물감 팔레트는 한정되었습니다.

치유의 필요성

세라피스 베이와 함께하면서 이 교훈을 배운 후에, 여러분은 다시 내 은거처로 돌아옵니다. 이제 나는 다섯 번째 단계를 시작하는데, 이것은 치유의 광선을 사용하는 것입니다. 나는 여러분에게 치유의 필요성을 이해시킵니다. 나는 여러분이 순수의 화염을 사용해서 이전 수준을 넘어 자신을 엄청나게 가속해 왔을지라도, 순수의 화염을 통해 자신을 실제로 가속하는 데는 어떤 한계가 있다는 것을 보도록 도와줍니다. 왜냐하면, 여러분은 여전히 잠재의식 안에, 즉 마음의 감정, 멘탈, 정체성 수준에 어떤 상처가 있기 때문입니다.

말하자면, 이 상처들은 여러분의 보트 뒤에 매달린 닻과 같습니다. 여러분이 레버를 당겨 엔진의 속도를 높일 때, 배가 앞으로 나아가지 못하게 방해하는 뭔가가 있음을 느낍니다. 보트 뒤에 여러 개의 닻이 매달려 있다면, 어떻게 보트가 전속력으로 나아가리라고 기대할 수 있겠습니까? 이제 여러분은 가속하는 것을 멈추고 잠시 휴식을 취하면서, 진솔하게 거울을 보고 이렇게 말할 때입니다. "내게 치유가 필요한 부분이 어디일까?"

하지만, 사실 어떻게 치유해야 하고, 무엇을 치유해야 하는지에 대한 세부 사항을 살펴보기 전에, 우리는 먼저 왜 여러분에게 치유가 필요하냐는 질문부터 다루어야 합니다. 이것은 많은 학생이 의식하는 마음에서 진정으로 고려하지 않았던 질문입니다. 사실 이것은 많은 학생이 의식하는 마음으로 깊이 생각해보지 않았던 것입니다. 이러한 이유는 부분적으로는 거짓 교사들이 만든 기준 때문입니다. 왜냐하면, 그 기준은 많은 사람이 특정한 규칙 또는 특정한 가르침을 따르게 하거나 특정한 입장을 취하게 함으로써, 상승 자격을 얻을 수 있다고 확신하거나, 자신이 어찌 됐든 영적인 노력의 궁극적인 목표를 정의하고 있다고 믿도록 하기 때문입니다.

자신들의 종교나 스승의 규칙을 따르면 자동으로 영적인 세계로 들어가게 될 것이라고 믿는 수많은 사람이 영성과 종교 운동에 있다고 나는 말할 수 있습니다. 당연히, 모든 것이 창조적인 과정이기 때문에, 이렇게 되지 않습니다. 여러분의 창조력을 충만하게 표현하려면, 아이앰 현존에게서 오는 여러분의 창조력의 힘을 방해하는 상처와 한계와 조건들을 여러분은 살펴봐야 합니다.

왜 여러분은 상처를 입었을까요?

치유가 필요한 상처는 무엇이며, 왜 여러분은 그것을 살펴봐야 할까요? 나는 이전에 여러분이 장미 정원에 들어가 조건 없는 사랑을 경험하면서 치유하는 방법에 대해 말했습니다. 하지만, 다시 말하지만, 조건 없는 사랑조차도 여러분의 모든 상처를 치유할 수 없는데, 그 이유는 단순합니다. 만일 상처의 원인이 무엇인지 여러분이 의식적으로 인식하지 못한다면, 그 상처를 치유할 수 없습니다. 여러분에게 상처를 일으킨 원인은, 여러분이 경험했던 어떤 외부 사건이 특정한 내면의 경험을 일으켰기 때문입니다. 그리고 여러분은 그 내면의 경험을 바탕으로 어떤 결정을 했던 것입니다.

바로 그 결정이 여러분의 존재 안에 창조적인 표현을 제한하는 조건을 설정합니다. 그 조건은 여러분이 만들었습니다. 물론 여러분은 그 결정에 따른 결과가 무엇인지를 완전히 의식적으로 인식하지 못했을 수도 있습니다. 하지만, 여러분이 그 결정에서 벗어나기 위해서는, 그 결정과 그것의 결과를 의식적으로 인식해야만 합니다. 그런 다음, 이전에 했던 결정을 오늘의 더 높은 인식 수준을 바탕으로 한 새로운 결정으로 의식적으로 교체해야 합니다. 여기가 바로 학생들이 왜 자신들이 이곳 지구에서 상처를 받았는지 이해해야 하는 지점입니다.

자, 여러분은 한 학생이 내 은거처에 올 때, 그 생명흐름은 내 은거처에 있는 것이 어떤 것인지를 경험하게 되고, 따라서 이 가르침을 받아들이는 데 아무런 문제가 없다는 것을 이해할 것입니다. 하지만, 지금 나는 비록 여러분이 내 은거처에 왔었음을 의식적으로 기억하지 못한다고 해도, 여러분이 의식하는 마음으로 읽을 수 있도록 책으로 이 가르침을 주고 있습니다.

따라서, 나는 여러분이 자신에 대해 솔직해지고 이렇게 자문해 보라고 요청합니다: 여러분은 우리가 주었던 디크리와 기원문을 실천하고 있습니까? 보호를 위해 대천사 미카엘께 매일 요청하는 것을 습관처럼 하고 있습니까? 만약 그렇지 않다면, 나는 단순히 여러분에게 이 담화의 나머지 부분을 읽거나 듣지 말라고 요청합니다. 왜냐하면, 여러분이 의식적으로 인식하는 수준에서 다룰 수 있는 것보다 더 많은 것이 있기 때문이며, 그 이유는 단순합니다. 영적인 보호를 위한 디크리와 기원문을 실천한다면, 여러분은 얼마 후엔 추진력을 만들게 될 것입니다. 내 은거처에서 받은 가르침과 결합한 이 추진력은, 대천사 미카엘이 여기 지구상의 어떤 것이나 어떤 세력들로부터도 여러분을 보호할 수 있다는 느낌을 줄 것입니다.

여러분이 어떤 세력으로부터 보호받을 수 있음을 안다면, 그때 여러분은 의식적으로 그 힘을 살펴볼 수 있고, 그것이 존재한다는 것과 그것이 과거의 여러분에게 영향을 주었다는 것, 그리고 그 영향을 넘어서서 자신을 가속해야 한다는 것을 인식하게 될 것입니다. 하지만, 오로지 의식적으로 그 힘을 살펴보고, 무엇이 자신의 심리 속에서 이 힘에 취약하게 만드는지를 살펴보아야만 그렇게 할 수 있습니다.

두려워할 필요가 없습니다

이 단순한 역학을 이해하겠습니까? 나는 여기에서 어떤 것으로든 여러분에게 겁을 줄 의도가 없습니다. 두려움은 내 교육 방식에 있을 여지가 없습니다. 만약 학생들이 두려움에 너무 사로잡혀 내가 어떤 방식으로도 그들을 다룰 수 없다면, 나는 종종 학생들이 잠깐 두려움에 빠지도록 허용합니다. 왜냐하면, 당연히, 사람들이 내 은거처 문으로 들어오기 전까지는, 그들이 두려움에서 자유롭게 되라고 요구할 수는 없기 때문입니다. 하지만, 그렇다고 해서 내가 사람들을 겁주기 위해 두려움을 사용한다는 의미는 아닙니다.

여기에서 두려움을 유발하는 것은 내 의도가 아닙니다. 그러므로 나는 여러분이 오직 영적인 보호를 기원하는 추진력을 구축할 때만, 지금 내가 제공하는 가르침을 의식적으로 접할 준비가 된 것이라는 사실을 여러분이 솔직하게 인정하기를 바라는 것입니다.

나는 여러분이 이것을 읽거나 듣고 있다면, 여러분은 영적인 보호를 기원하는 어떤 추진력을 가지고 있다고 믿습니다. 따라서 실상은 이렇습니다. 상처 입지 않고 지구에 육화하기는 불가능합니다. 그것은 정말 불가능합니다. 마하 초한께서 육화했던 우리 모두가 어떻게 죽음의 의식에 굴복했는지를 설명하셨습니다. 죽음의 의식은 지구상에서 매우 강력하며 그것으로 인해 상처를 입지 않고, 또 어느 정도 그것에 굴복하지 않고서 육화할 수가 없습니다.

죽음의 의식에 굴복한다는 것은 무슨 의미일까요? 여러분이 영성이나 뉴에이지 운동에서 어떤 학생들을 살펴본다면, 그들 중 일부는 어둠의 세력들이나 악의 세력 혹은 악마같이 어두운 존재는 볼 필요가 없다고 믿게 되었다는 사실을 알 것입니다. 왜냐하면, 그들이 오직 긍정적인 것에만 집중한다면, 계속 자신들의 목표를 이룰 수 있다고 생각합니다. 실제로 그들 중 다수는 어둠의 세력들에게 주의를 기울이면, 어둠의 세력들을 강화하는 에너지를 제공하기 것이기 때문에 위험하다고 믿고 있습니다.

물론, "저항하는 것은 지속된다."라는 유명한 말이 있습니다. 알다시피, 저항하는 것이 지속되는 이유는 여러분이 무언가에 저항할 때 그것에 에너지를 주는 것이기 때문입니다. 하지만, 그것에 저항하지 않고서도 실제로 뭔가를 살펴볼 수 있습니다. 다른 말로 하자면, 여러분은 어둠의 세력들에 맞서 싸워야 한다는 생각의 반응에 빠지지 않고서도 어둠의 세력들을 살펴볼 수 있다는 것입니다. 그리고 여러분이 대천사 미카엘에게 영적인 보호를 기원한다면, 어둠의 세력들과 싸우지 않을 것입니다. 여러분은 어둠의 세력들이 보내는 에너지로부터 자신을 보호할 것입니다. 하지만, 그것은 그들에게 저항하는 것이 아닙니다. 왜냐하면, 그것은 그들에게 에너지를 주지 않기 때문입니다. 따라서 여러분이 두려움이나 분노로 반응하지 않는 한, 어둠의 세력에게 저항하지 않는 것이고 그들에게 에너지를 주지 않는 것입니다.

어둠의 세력이 존재한다는 사실을 인정하기

어둠의 세력들이 존재하는 사실을 인정하는 것이 왜 중요할까요? 자, 그 이유는 마하 초한께서 설명하셨듯이, 죽음의 의식이 행성 지구에 어두운 구름처럼 드리워져 있기 때문입니다. 여기 지구에서 실제로 더 높은 영적인 의식을 실현하는 유일한 방법은, 이 의식의 영향에서 자신을 자유롭게 하는 것인데, 이것을 의식하지 않고서는 그렇게 할 수가 없습니다. 사랑하는 이들이여, 여러분이 자아를 통달하지 않고서는 자아-통달(self-mastery)을 향해 성장할 수 없습니다. 이 말은 자아를 제한하려는 모든 조건과 세력 너머로 자신을 데려가는 통달을 이루어 내야 한다는 뜻입니다.

만약 여러분이 어둠의 세력들이 있다는 사실을 인식하지 않는다면, 영적인 여정에서 나아갈 수 없는 지점이 옵니다. 이러한 어둠의 세력들은 여러분을 심하게 상처받게 했기 때문에, 여러분이 그 상처의 일부를 살펴보고 어둠의 세력들에게 공격을 받아서 내렸던 결정을 살펴볼 때까지는 자신을 더 멀리 가속할 수 없습니다.

여러분이 어둠의 세력들이 존재한다는 사실을 인정하지 않고 그들이 여러분에게 어떤 영향을 끼쳤는지 살펴보지 않는다면, 여러분은 어둠의 세력들과 죽음의 세력들에게 굴복하고 있는 것이며, 앞으로도 계속 굴복하게 될 것입니다. 너무나 많은 영성인과 뉴에이지 운동의 많은 사람이, 자신들은 아주 긍정적이고 너무 선하기 때문에 매우 영적이라고 느끼거나 아주 편안하다고 느끼고 있습니다. 하지만, 실제로 그들은 죽음의 의식에 굴복하고 있습니다.

말하자면, 그들이 의식적인 수준은 아니지만, 잠재의식 수준에서 악마와 이렇게 협약을 맺었던 것입니다: "내가 어떤 지점 너머로 가속하지만 않는다면, 너희는 나를 공격하지 않아야 한다." 여러분이 그런 거래를 하면, 악마는 여러분을 따로 내버려 둡니다. 왜냐하면, 여러분이 영적인 운동에 눌러앉아 자신이 다른 이들보다 더 신성하다고 느끼고, 선하고 영적인 사람이라고 절대적으로 확실하게 느낀다면, 악마에게는 여러분이 문제가 되지 않기 때문입니다. 여러분이 그리스도 신성을 향해서 자신을 가속하지 않는 한, 악마는 여러분을 내버려 둘 것입니다. 따라서 여러분은 아주 편안하게 느낄 수 있습니다. 하지만, 알다시피, 여러분은 어떤 지점 너머로는 성장하지 못합니다.

과거 생애에서 온 두려움

질문은 단순합니다: "왜 영적인 운동이나 뉴에이지에는 어둠의 세력들이 존재한다는 사실을 인정하지 않으려 하고, 그들을 살펴보려고 하지 않으며, 그들의 영향력에서 자신을 해방하기 위해 뭔가를 하지 않는 사람이 그렇게 많을까요?" 자, 그것은 부분적으로 그들이 어떤 지점 너머로 정말로 자신을 가속하기를 바라지 않는 어떤 게으름, 어떤 영적인 나태함 때문이기도 합니다. 하지만, 또한, 더 깊고 근본적인 이유가 있는데, 바로 두려움 때문입니다.

실제로 여러분이 대중의식 수준 너머로 자신을 높이기 시작하는 어떤 지점에 도달할 때, 어둠의 세력들에 의해 공격당하게 되는 것을, 그들도 종종 그들의 과거 생애에서 경험했었습니다. 그들은 과거에 어둠의 세력들로부터 공격당했던 내면의 기억이 있습니다. 따라서 그들은 일정 수준 이상으로 가속하는 것이 위험하다는 느낌이 있습니다. 왜냐하면, 그때 여러분은 이러한 매우 잔인하고 아주 개인적이며 아주 직접적인 공격의 대상이 될 것이기 때문입니다.

그들은 이 두려움을 기꺼이 직면할 의지가 없었기 때문에, 어둠의 세력들과 이렇게 협약을 맺게 되었습니다: "내가 나를 가속하지 않는다면, 너는 이번 생애에 나를 내버려 두어야 해." 어떤 사람들은 어느 정도 이런 시간을 보내는 것이 필요할 수도 있습니다. 나는 이에 대해 논쟁하지 않습니다. 나는 누구도 비난하지 않습니다. 단지 나는 만일 여러분이 "나는 상처를 입었으며, 나는 왜 내가 상처를 입었는지를 살펴봐야 한다. 왜냐하면, 그것이 내가 상처들을 치유할 수 있는 유일한 방법이기 때문이다."라고 기꺼이 인정하지 않는다면, 나는 누구도 어떠한 의식 수준, 여정의 어떤 단계를 초월하도록 도울 수 없다고 말하고 있을 뿐입니다.

어둠의 세력들의 최악의 악몽

내가 지금 여러분에게 주려는 것은 의식하는 마음을 위한 양식입니다. 여러분이 내 이전 담화에서 공부하면서 디크리와 기원문을 낭송하는 과정을 따랐다면, 그것을 여러분 내면의 앎에 결합하는 데 이용할 수 있을 것입니다. 그렇게 되면, 여기서 내가 말하려는 것은 여러분에게 두려움을 일으키거나 의구심을 갖게 하지 않고, 여러분은 그것에 대해 논쟁하거나 거부할 필요가 없다는 것입니다. 여러분은 자신의 가슴에 조율하고 여기에 실재가 있다는 것과 이제는 그것을 살펴볼 시간이라고 느낍니다.

행성 지구에 대한 단순한 현실은, 현재 어둠의 세력들은 자신들이 이 행성을 통제한다고 믿고 있다는 것입니다. 자, 더욱 깊은 현실은 그들이 지구를 통제하지 못한다는 것인데, 그 이유는 이 행성이 고립된 개체가 아니기 때문입니다. 이 행성은 전체 물질우주의 일부입니다. 우리가 설명했듯이, 전체 물질우주는 상향나선 안에 있습니다. 왜냐하면, 수많은 다른 행성의 거주민들이 자신의 행성을 상향나선으로 진입시켰기 때문입니다. 그리고 마하 초한께서 설명하셨듯이, 이것은 물론 행성 지구를 포함한 모든 물질우주를 위로 끌어올리는 성령의 힘(Holy Spirit)을 창조했습니다.

행성 지구는 우주의 전반적인 상향 운동에 뒤처져 있습니다. 이것이 어둠의 세력들에게 자신들이 이 행성을 지배하고 있다는 환영을 믿게 만듭니다. 그리고 그들은 아주 많은 사람을 죽음의 의식에 굴복하도록 만들었기 때문에, 실제로 광범위한 통제력을 가지고 있습니다.

이제, 무엇이 이러한 통제를 깨뜨릴 수 있을까요? 자, 그것은 개인들이 자신의 의식을 특정한 수준 너머로 가속하고, 그리스도 신성을 달성하여 과감하게 표현하기 시작하는 것입니다. 여러분이 예수의 삶에서 배울 수 있는 가장 큰 교훈은, 그가 규범과 대중의식을 넘어 자신의 의식을 가속했고 높은 수준의 그리스도 신성을 구현하고 실제로 그것을 과감하게 표현한 원형이라는 것입니다.

물론, 여러분은 예수에게 일어난 일을 보았을 것입니다. 그는 잔인하게 박해받았고, 결국 아주 잔인한 방법으로 살해되었습니다. 그 이유는 단 한 사람의 개인일지라도 그가 그리스도 신성을 달성하고 표현한다면, 이것은 어둠의 세력들이 이 행성에 대해서 가지고 있는 통제력을 약화시키기 때문입니다.

하지만, 이제 10,000명의 사람이 예수께서 표현한 그리스도 신성의 수준을 표현하고, 수백만 명이 조금 낮은 수준의 그리스도 신성을 표현했다고 상상해보세요. 그러면, 여러분은 이것이 어둠의 세력들에게 최악의 악몽이 된다는 사실을 알 수 있습니다. 그리고 예수께서 말씀하셨듯이, 현재 10,000명의 육화 중인 사람이 이번 생에서 높은 수준의 그리스도 신성을 구현할 잠재력을 가지고 있습니다. 이번 생에 그리스도 신성의 특정한 수준을 구현할 잠재력이 있는 사람이 수백만 명 이상 있습니다. 이들 중 많은 수가 이미 그리스도 신성을 표현하기 시작했지만, 더욱 많은 사람이 그리스도 신성을 표현하는 데 자신을 과감하게 완전히 가속하지 못하는 수준에 머물러 있습니다. 왜냐하면, 그들은 과거 생에서부터, 자신이 그렇게 할 때 일어날 일을 두려워하고 있기 때문입니다.

그들에게는 자신이 그리스도 신성을 표현하기 시작하는 순간 공격이 들어올 것이라는 내면의 앎이 있으며, 이러한 공격이 잔인하고 악의적이라는 것을 알고 있습니다. 그럼에도 불구하고, 여러분이 개인의 여정에서 이 지점에 도달했다면, 비록 어떤 공격이 올지라도, 그 공격은 여러분의 조건, 즉 여러분이 과거에 내린 결정들로 인해 받아들였던 상처와 조건들을 갖고 있으므로 여러분을 다치게 할 수 있다는 사실을 인식할 준비가 되어 있는 것입니다. 그러므로, 여러분이 기꺼이 그러한 상처와 결정들을 없애고자 한다면, 여러분은 그 공격에 투명하게 되고, 그들이 여러분을 향해 보내는 것이 무엇이든 여러분을 그냥 통과하게 될 것입니다.

어둠의 세력들의 제한된 힘

여기에서 나는 여러분에게 나와 동일한 감각(co-measurement)을 주겠습니다. 어둠의 세력들이 영적인 세계로부터 자신을 단절했음을 이해하겠습니까? 이것은 그들이 오직 물질계의 어떤 수준에 있는 에너지로만 작업을 할 수 있다는 의미입니다. 여러분이 하는 모든 일은 에너지로 행하는 것입니다. 여러분의 창조적인 능력과 여러분의 힘은 여러분이 접근할 수 있는 에너지의 양뿐만 아니라 접근할 수 있는 에너지의 진동 수준에 따라서도 결정됩니다.

우리는 물질우주에는 네 층이 있다고 설명했습니다. 자, 지구에서 인간의 신체는 어떤 역량 안에서만 작동할 수 있다는 것을 여러분은 알고 있습니다. 그리고 이것은 여러분의 신체가 단지 특정한 주파수 스펙트럼 내에 있는 에너지만을 사용할 수 있기 때문입니다. 감정층(emotional realm)에는 더 높은 수준의 주파수가 있습니다. 그럼에도 불구하고, 감정층에 있는 더욱 낮은 수준의 에너지는 멘탈층(mental realm)에 영향을 줄 힘이 없습니다. 또다시, 멘탈층에서 발견되는 주파수에도 한계점이 있으며, 이 주파수는 정체성층(identity realm)에 영향을 미칠 수 없습니다. 당연히, 물질우주의 네 층에 있는 어떤 것도 여러분의 아이앰 현존에게 영향을 줄 수 없습니다. 그것이 바로 여러분의 아이앰 현존은 지구상에서 여러분이 행하고 직면하고 경험했던 어떤 일로도 상처를 입지 않는 이유입니다.

여러분은 이제 아주 단순한 역학을 보게 됩니다. 여러분이 자신을 육체와 동일시하는 것을 멈춘다면(만약 여러분이 영적인 학생이면, 확실히 여러분은 육체와 자신을 동일시하기를 중단했습니다), 육체에 일어나는 일로 인해 자신이 본질적으로 다칠 수는 없을 것입니다. 물론, 여러분은 그 일로 인해 영향을 받겠지만, 여러분의 하위 존재인 생명흐름은 육체에 일어나는 어떤 것으로도 궁극적으로 상처를 입지는 않습니다. 여러분이 자신의 자아감을 감정과 동일시하지 않는 지점으로 가속하면, 감정층에서 여러분에게로 오는 어떤 에너지에 의해서도 절대로 여러분은 다칠 수 없습니다. 여러분이 자신을 더 이상 생각과 동일시하지 않는다면, 멘탈층에서 여러분에게로 조준될 수 있는 에너지로 인해 다칠 수 없습니다. 그리고 여러분이 자신을 더 이상 제한되고 분리된 인간과 동일시하지 않을 때, 여러분은 에테르층 또는 낮은 정체성층에 있는 세력들에 의해 다칠 수 없습니다.

알다시피, 이것은 여러분이 자신의 정체감을 어디에 맞추느냐에 관한 문제입니다. 지구상의 많은 사람은 완전히 육체에 집중하고 자신과 육체를 동일시합니다. 그러므로 그들의 육체가 죽거나 육체에 병이 생기면, 그들은 이 일로 영혼에 깊은 상처를 입습니다. 그들은 종종 죽음이나 질병에 대한 두려움을 가지고 육화하면서, 그 두려움을 이번 생에서 다음 생으로 지니고 갑니다.

물론, 자신의 감정과 완전히 동일시하는 사람들도 있으며, 그들은 평생 부정적인 감정이나 모욕 등을 회피하면서 살아갑니다. 또 다른 사람들은 자신을 지성과 매우 동일시하고, 그들은 평생을 자기 생각과 완전히 동일시하는 학자나 지식인으로 살아가면서, 언제나 지적인 논쟁에서 잘못된 것으로 입증되는 상황을 피하려고 하거나, 또는 그들의 우월성을 증명하기 위해서 다른 사람들이 잘못되었다는 것을 증명하려고 합니다.

올바른 정체감(sense of identity)

물론 영적인 학생으로서 여러분의 과제는, 여러분의 정체감을 높여서 자신을 육체와 동일시하지 않는 것입니다. 감정과의 동일시도 놓아버리는 것입니다. 생각과의 동일시도 놓아버리고, 결국엔 낮고 분리된 정체감을 놓아버리는 것입니다. 여러분은 자신을 아이앰 현존의 확장인 의식하는 자아(Conscious You), 순수의식으로 올바르게 인식하며, 따라서, 물질계에서 발견되는 낮은 에너지로 인해 상처를 입거나 영향조차 받지 않습니다.

여러분의 의식하는 자아는 물질계의 에너지로 만들어지지 않았습니다. 여러분이 이것을 의식적으로 인정할 때, 물질계에서 여러분에게 향하는 어떤 것으로도 상처를 입을 수 없습니다. 물론, 어둠의 세력들은 물질계 안에서만 존재할 수 있습니다. 그들은 오직 물질계의 에너지만을 여러분에게 사용할 수 있습니다. 따라서 여러분이 물질과 자신을 동일시하지 않는 지점에 도달하면, 그때 여러분은 투명하게 됩니다. 여러분은 예수께서 "이 세상의 지배자가 오더라도 내게서 가져갈 것이 아무것도 없다."라고 말씀하셨을 때 설명하신 요건을 충족하게 됩니다. 따라서, 그들이 무엇을 여러분에게 조준하든, 그들이 어떤 공격을 개시하든, 그것은 그냥 여러분을 통과해 지나갈 것입니다.

자, 나는 이것이 여러분이 앞으로 추구해야 할 목표라는 것을 알려주기 위해서 이 설명을 하고 있습니다. 물론, 나는 여러분이 아직 그 지점에 있지 않다는 것을 알고 있으며, 따라서 여러분은 영적인 보호를 기원해야 합니다. 여러분은 여전히 어둠의 세력들 공격에 취약하게 하는 특정한 상처와 자신을 동일시하고 있습니다. 그것이 영적인 보호를 기원하는 이유입니다. 여러분의 에너지장 주위로 고진동의 에너지 보호막을 만들어서 여러분을 향한 공격이 쉽게 들어올 수 없게 하는 것입니다. 그것은 오직 여러분이 자신의 에너지장 주위의 보호막에 구멍을 만들어내는 특정한 집착을 통해서만 들어올 수 있습니다. 지금 이 특정 단계에서 여러분이 다루어야 하는 것은 이러한 집착이며, 그것이야말로 여러분을 어둠의 세력들의 공격에 가장 취약하게 만드는 것입니다.

과거에 상처를 입은 이유

이제 여러분이 어떻게 처음에 상처를 입게 되었는지 설명하겠습니다. 우리가 말했듯이, 대부분의 여러분이 행성 지구에 처음 하강했을 때 이 지구 행성은 태초의 이상적인 상태가 아니었습니다. 오늘날 육화한 여러분 대부분은 이 행성이 더 낮은 수준으로 추락한 후에 내려왔습니다. 이 말은 여러분이 지구에 처음 내려왔을 때, 이미 지구상에는 타락한 존재들이 육화 중이었다는 뜻입니다.

당연히, 그들에게는 지구에 오는 어떤 생명흐름이라도 하향나선으로 끌어들이려는 목표가 있었습니다. 이것은 자유의지가 영혼을 하향나선으로 빠지게 해서 결국 길을 잃게 하므로 자유의지는 효과가 없다는 것을 증명함으로써, 그들이 결국 창조주에게 잘못이 있음을 증명하기를 바라는 방법이었기 때문입니다. 우리가 이전에 '어머니 지구 치유하기(Healing Mother Earth)'라는 책에서 설명했듯이, 이것이 그들의 총체적인 계획입니다.

내 말의 요점은, 여러분 대부분은 이미 타락한 존재들이 여기에 있을 때 처음으로 여기에 내려왔다는 것입니다. 여러분이 여기에 왔을 때, 이 행성을 높이겠다는 목적으로 긍정적인 선물을 표현하기 위해서 왔습니다. 하지만, 내가 설명했듯이 육화 중인 타락한 존재들은 그리스도 신성의 표현이 그들에게 위협이 된다고 보았기 때문에 그 선물을 전혀 원하지 않았습니다.

여러분이 여기 육화해서 창조력을 표현하기 시작하자, 그들은 여러분이 창조력을 차단하도록 결정하게 하려고 잔인하게 공격했습니다. 그들은 여러분이 어떻게든 창조적인 힘을 차단하겠다는 결정을 하게 만들려고 악의적으로 공격했습니다. 그들은 여러분에게 매우 악의적인 조롱이나 신체적인 공격을 가해서, 어떻게든 여러분에게 창조력을 제한하거나 차단하겠다고 결정하게 했습니다. 왜냐하면, 여러분은 이 부정적인 반응을 피하기를 바랐기 때문입니다.

사랑하는 이들이여, 여러분이 이러한 결정을 했던 것은 충분히 이해할만합니다. 여기에 육화했던 모든 상승 마스터도, 나도 그런 결정을 했었습니다. 지금껏 여기에 육화했던 다른 모든 상승 마스터도 마찬가지였습니다. 흔히 말하듯이 우리 모두가 어둠의 세력들의 잔인함으로 인해, 흔히 말하듯 충격을 받고는 쇼크 상태, 트라우마 상태에 빠졌습니다.

지금 이 시점에서, 지구상의 삶에 대한 자신의 가장 깊은 느낌과 반응을 접한다는 것이 여러분의 역량을 넘어서는 것일 수도 있습니다. 하지만, 여러분이 그렇게 할 수 있다면, 나는 여러분이 지구상의 삶에 대해서 가지고 있는 가장 깊은 느낌은, 자신의 창조적인 능력이 잔인하게 거부당함으로 인해 생긴 충격을 받은 느낌, 트라우마를 겪은 느낌이라고 확신할 수 있습니다. 이것이 여러분이 가진 가장 깊은 상처입니다.

 이 사실을 염두에 두는 것이 매우 중요하므로 이것을 알려 주는 것입니다. 나는 이 시점에서 여러분이 그 상처를 치유할 준비가 되어 있지 않다는 것을 알고 있는데, 이 시기는 훨씬 이후에 오기 때문입니다. 사실, 그것은 96번째 수준을 넘어야 옵니다. 하지만, 기본적으로 여러분이 지구상에서 받은 첫 번째 상처가 창조적인 능력에 대한 악의적인 거부였음을 아는 것이 중요합니다. 그리고 기본적으로, 그때 이후로 여러분이 받은 모든 상처는 단순히 이 원래 상처의 변형일 뿐입니다. 어떤 의미에서, 그 이후의 모든 상처는 자신의 창조력에 대한 그 최초의 거부에 대한 반응들이었습니다.

지금 당장 치유해야만 하는 상처

 여러분이 이것을 의식적으로 이해할 때, 무엇보다 여러분의 목표는 자신이 열린 문으로 존재하면서 창조력을 표현할 수 있는 지점으로 돌아가는 것임을 알 수 있습니다. 하지만, 여러분은 또한, 이러한 상처 일부를 다루어야 한다는 것도 알 수 있습니다. 다시 말하지만, 이 시점에서 가장 깊은 상처를 다룰 필요는 없습니다. 하지만, 지금 여러분을 잡아당기고 있는, 즉 여러분이 다음 단계를 밟지 못하도록 방해하고 있는 하나의 특정한 상처를 살펴보기 전까지는, 현재의 수준 너머로 자신을 가속할 수 없다는 사실을 정말 깨달아야 합니다.

이것은 여러분의 보트를 뒤에서 잡아당기는, 여러분이 지금 당장 살펴봐야 하는 닻입니다. 사랑하는 이들이여, 여기에 지름길은 없습니다. 여러분은 간단히 그 닻의 줄을 자를 수 없습니다. 여러분은 실제로 물속에 뛰어들어, 닻이 보일 때까지 닻의 줄을 따라서 물속으로 헤엄쳐 들어가야 합니다. 그리고 여러분이 닻을 보면, 그것이 어떤 결정을 기반으로 한 것이며, 그것은 마치 닻을 고정하고 있는 핀을 뽑는 것과 같다는 것을 깨닫습니다. 그 핀을 잡아당기면, 닻은 풀려납니다. 그러나 핀을 당기려면, 여러분은 반드시 자신이 했던 결정을 보고 그 결정을 다시 내리고, 다시 새로운 결정을 해야 합니다.

당연히, 이것이 여러분이 이번 단계로 올 때, 내가 내 은거처에서 여러분을 도울 내용입니다. 즉, 나는 여러분을 화면이 있는 방으로 데려갈 것이고, 이 방에서 여러분은 자신의 오라를 스캔할 수 있습니다. 여러분은 자신이 지금 다루고 있는 상처가 무엇인지, 종종 실제로 자신이 이번 생에서 강화하고 있는, 자신의 창조적인 표현을 방해하고 있는 한 가지 결정이 무엇인지 볼 수 있습니다.

자신의 이번 생애를 살펴봄으로써 실제로 여러분은 이것에 대한 어떤 느낌을 얻을 수 있습니다. 어쩌면 여러분은 자신의 창조력이 어떤 형태의 조롱이나 비난을 받아서 그러한 능력을 표현하지 않기로 결정했다는 것을 이미 기억하고 있거나 기억하게 될 수도 있을 것입니다. 나는 이것이 반드시 어떤 잔인한 공격이었다고 말하는 것은 아닙니다. 그것은 단순히 창조력이 어떤 기준에 따라서 어떻게 표현되어야 하는지 알고 있다고 생각했던 선의를 가진 사람들이었을 수도 있습니다. 그럼에도 불구하고, 여러분은 자신의 창조적인 표현, 창조적인 능력을 차단하게 만든 어떤 형태의 기준에 노출되었던 것입니다.

나는 여러분이 이것을 기꺼이 살펴보기를 바랍니다. 물론, 여러분이 이 담화를 공부하고 다른 담화들도 계속 공부하고, 디크리를 계속하며 밤에 내 은거처에 데려다 달라고 요청한다면, 나는 점진적으로 여러분을 도와줄 것입니다. 이것은 학생들 각자에게 개별적인 일이므로, 한 권의 책으로 나타낼 수는 없습니다. 나는 개인적으로 자신에게 해당하는 것을 접촉하도록 도울 것입니다. 이번 생에서 여러분의 창조력을 방해하고 창조적으로 표현하지 못하게 했던 결정은 무엇이었나요? 비록 어떤 지점에서 창조적으로 되기를 바라는 꿈을 가졌다고 해도, 여러분은 이렇게 생각했습니다: "오, 나는 그렇게 할 수 없어. 창조적으로 살아서는 먹고 살 수가 없어. 그러니까 더 나은 삶을 살기 위해서 다른 분야로 가야만 해."

사랑하는 이들이여, 나는 여러분이 직업을 포기하고 예술가가 되어야 한다고 말하는 것이 아닙니다. 하지만, 나는 여러분이 직업을 포기하고 예술가가 되어선 안 된다고 말하는 것도 아닙니다. 솔직히, 그것은 직업을 포기하고 외적인 무언가를 하는 문제가 아닙니다. 그것은 본래 여러분의 창조적인 표현을 심리적으로 제한했던 그 결정과 접촉하는 문제입니다. 왜냐하면, 여러분이 창조적으로 자신을 표현하기 위해서 예술가가 될 필요는 없기 때문입니다. 여러분은 겉보기에 평범한 직업을 가질 수 있지만, 여전히 그 직업을 통해서 어떤 창조적인 표현을 가져올 수 있습니다. 그렇다고 해도, 여러분이 창조력을 발휘하기 시작하면, 그 평범한 직업에서 나와서 창조적인 표현의 여지가 더 많은 직업으로 이동하는 것을 발견하기도 합니다.

자신의 꿈에 접촉하기

그럼에도 불구하고, 여기에서 내 요점은 이것입니다. 여러분이 기꺼이 이것을 살펴보려 한다면, 기꺼이 자신의 삶을 살펴보고자 한다면, 기꺼이 나의 도움과 지도를 청한다면, 그때 나는 기꺼이 여러분을 도와줄 것입니다. 여러분의 아이앰 현존이 여러분을 도울 것이며, 내 사랑하는 형제 힐라리온께서도, 여러분이 창조적으로 되려는 자신의 꿈이 무엇인지 인식하기 위해서 그의 은거처에 참여할 때, 여러분을 도울 것입니다. 여러분은 자신의 삶에서 어떤 사건이 어떻게 자신에게 그 꿈을 부정하게 했고, 그것을 비현실적이라고 여기게 했으며, 창조적인 표현을 차단하도록 결정하게 했는지에 대해 의식적으로 인식하게 될 수도 있습니다. 그러면, 여러분은 다음과 같이 말하는 지점에 올 수 있습니다: "나는 정말로 그런 결정을 내릴 필요가 없었고, 분명히 더 이상 그 결정을 고수할 필요가 없다. 따라서, 나는 창조적인 표현을 자유롭게 하겠다고 결정한다. 나는 기꺼이 나 자신을 표현할 것이다."

내가 말했듯이, 창조적인 표현은 단순히 그림을 그리거나 책을 쓰거나 시를 쓰거나 이런저런 것들을 하는 그런 문제가 아닙니다. 창조적으로 되는 방법은 많습니다. 삶이나 사회의 일부 측면을 개선하는 새로운 아이디어를 가져오는 것, 이것이 바로 창조성(creativity)입니다. 일을 더 낫게 하는 방식, 삶을 향상시키는 방식이야말로 창조성입니다.

여정의 이 시점에서, 여러분에게 내재된 창조성, 어떤 형태의 창조적인 표현을 하고자 하는 자신의 사랑에 접촉하는 것이 중요합니다. 다시 말하지만, 나는 여러분이 직업을 바꾸고 이것으로 생계를 유지해야 한다고 말하는 것이 아닙니다. 하지만, 적어도 그 꿈에 과감해지세요. 어떤 방식으로든 그것을 과감하게 표현해보세요. 과감히 창조적으로 되세요. 처음에는 그것이 사소한 방식일 수도 있겠지만, 그렇더라도 과감하게 창조적으로 되세요. 그리고 나서, 여러분이 자신의 창조성에 적용해야 한다고 생각하면서 마음속에 받아들였던 기준이 무엇인지를 기꺼이 살펴보세요. 왜냐하면, 이것은 타락한 존재들의 기준이기 때문입니다.

내가 말했듯이, 창조적인 표현은 새로운 무언가를 가져오는 것이기 때문에, 창조적인 표현에 적용될 수 있는 기준이란 없습니다. 또한, 어떻게 새로운 것이 어떤 기준에 의해 미리 정의되거나 제한될 수 있겠습니까? 여러분의 추론 능력을 사용해 볼 때, 이것이 분명하지 않습니까?

새로운 아이디어, 새로운 무언가가 들어오지 않았다면 어떻게 지구상의 삶이 개선될 수 있었겠습니까? 예를 들어, 중세 유럽의 봉건 사회에서 실제로 보았듯이, 새로운 것을 위한 공간이 없다면 여러분은 정체된 사회를 가지게 될 것입니다. 그 당시 수백 년이 넘도록, 생활 여건은 거의 개선되지 않았습니다. 그 당시는 창조력을 위한 여지가 거의 없었는데, 타락한 존재들이 가톨릭교회라는 외적인 도구와 귀족과 왕들을 통해 강요된 기준들로 인해 모든 것이 막혀 있었기 때문입니다. 그들은 이것이 일반 대중에게 주는 고통과 상관없이, 사회에서 자신들의 특권적인 지위를 유지하기를 원했습니다.

여러분의 창조적인 잠재력

그렇다면, 파워 엘리트들이 여러분의 창조적인 표현을 막도록 허용하지 않는, 영적이고 창조적인 엘리트의 일원이 기꺼이 되세요. 이것은 여러분의 소명입니다. 이것이 이번 생에서 여러분의 잠재력입니다. 그것이 여러분의 잠재력이 아니었다면, 여러분은 이 가르침을 발견하지 못했을 것입니다. 이 말을 읽거나 듣지도 못했을 것입니다.

나는 마스터 모어입니다. 나는 창조적인 표현이라는 첫 번째 광선의 초한입니다. 나는 여러분에게 이렇게 말하고 있습니다: "여러분은 이 행성에 성 저메인의 황금시대를 향한 커다란 도약을 가져올 엘리트의 일원이 될 잠재력이 있습니다." 이것이 여러분이 이 시기에 이곳에 육화하기로 선택한 이유입니다. 이것이 여러분이 과거 2000년 동안 이 행성에서 수많은 육화를 기꺼이 견뎠던 이유입니다: 물고기자리 시대(the Pisces age)에 그리스도 신성을 구현하는 사람의 모범, 그 전형을 보이신 예수님의 성취를 분명히 하기 위한 것이었습니다. 물고기자리 시대에서 물병자리 시대(the Aquarian Age)로 이동함에 따라, 이 행성에서 그리스도 신성을 표현하고 구현하는 사람이 수천 명이 된다는 것을 확실히 하기 위해서 여러분이 여기에 있는 것입니다.

이것이 이 책의 이면에 놓인 더 깊은 목적입니다. 이 책은 사람들이 자신의 창조적인 능력을 발휘하도록 도우며, 그들은 이 행성을 성 저메인의 마음과 우리 마스터들 모두의 마음속에 있는 황금시대 매트릭스로 높이기 위해 자신의 창조적인 능력을 표현할 수 있습니다. 왜냐하면, 지구를 황금시대로 높이려는 노력 안에서, 우리 모두는 하나이기 때문입니다. 그런 노력 안에서 여러분은 우리 모두와 하나이며, 나는 단지 여러분이 이러한 노력의 일부라는 의식적인 인식을 열도록 돕기 위해서 여기에 있습니다. 그것을 의식적으로 인식하게 됨으로써, 여러분은 자신의 창조적인 표현을 가속할 수 있습니다. 여러분은 창조적인 표현을 방해하는 상처들에 대한 치유를 가속할 수 있습니다.

사랑하는 이들이여, 학생들이 내 은거처에서 자신의 창조력을 발휘하고 과감하게 창조력을 표현할 때, 이것을 보는 것은 내 기쁨이며, 단지 내 은거처에서뿐만 아니라 깨어있는 의식에서 그렇게 할 때 나는 더욱 기쁩니다. 학생들이 지금껏 성장해 온 틀을 과감하게 넘어서서, 그들이 과감하게 뭔가 다른 것을 하고, 또한, 과감하게 그 이상이 되도록 뭔가를 표현하는 것을 볼 때, 거기에는 큰 기쁨이 있습니다.

성모 마리아의 도움을 요청하기

나는 오직 여러분 각자가 그 지점에 이르도록 도울 수 있기를 바랍니다. 하지만, 때로는 내가 여러분을 도울 수 있는 능력에도 한계가 있음을 인정해야만 합니다. 그리고 모든 훌륭한 장수들처럼, 나도 지원군을 모집합니다. 실제로 내 은거처에는 자신의 창조력에 가해진 특정한 상처를 극복하는 데 어려움을 겪는 학생들이 있습니다. 그러면 나는 지구를 위한 신성한 어머니의 대리자인 사랑하는 누이, 성모 마리아를 부릅니다.

아기 예수를 안고 있는 그녀의 그림에서 보았듯이, 그녀에게는 학생을 팔로 감싸 안고 치유할 능력이 있습니다. 물론, 여러분이 지구상에서 보는 그림이나 조각상은 성모 마리아의 진실하고 투명한 아름다움에 비교할 수 없습니다. 그럼에도 불구하고, 그녀가 여러분을 두 팔로 안을 때, 여러분은 신성한 어머니(Divine Mother)의 품에 완전히 자신을 내맡기는 것에, 여러분을 향한 어머니 신(Mother of God)의 조건 없는 사랑을 느끼는 데 완전히 자신을 내맡기는 것을 상상해볼 수 있습니다.

여러분의 에너지장을 꿰뚫는 치유의 빛을 느낄 수 있습니다. 그녀의 치유 에너지는 즉시 여러분이 다루고 있는 상처를 겨냥하고, 그 상처 속으로 치유 에너지를 방사합니다. 그러면 여러분은 강렬한 감정적 고통 없이 갑자기 그것을 살펴볼 수 있습니다. 여러분은 그것을 그녀의 무결한 비전으로 살펴볼 수 있으며, 그것이 정말이지 그냥 상처일 뿐이라는 것을 알 수 있습니다. 그것은 그냥 결정일 뿐입니다.

여러분이 그 결정을 내렸지만, 여러분은 그 결정 자체가 되지는 않았습니다. 마하 초한께서 설명하셨듯이, 그 결정이 영체(spirit)를 창조했지만, 여러분은 영체가 되지는 않았습니다. 따라서, 여러분은 영체의 인식 필터를 통해서 영원히 그 결정을 볼 필요는 없습니다. 왜냐하면, 당연히 이것이 여러분에게 고통을 일으키는 원인이기 때문입니다. 이것이 여러분으로 하여금 절대 그 결정을 되돌릴 수 없다고 생각하게 만드는 것입니다. 왜냐하면, 영체는 그 결정을 절대로 되돌릴 수 없기 때문입니다. 영체는 여러분의 창조력이 거부당한 본래의 충격적인 경험에서 오는 고통으로 인해 창조되었기 때문에, 영체는 오직 고통스러워하며 그 결정을 바라볼 수 있을 뿐입니다.

반면, 성모 마리아께서는 여러분이 그 고통 밖으로, 그 영체 밖으로 빠져나가 아주 간단한 실체를 볼 수 있게 도와주실 것입니다. 여러분의 창조성은 신에 의해 거부되지 않았습니다. 심지어 타락한 존재들에 의해서도 여러분의 창조력이 거부된 것도 아닙니다. 왜냐하면, 타락한 존재들은 그것이 무엇인지 볼 수 없었기 때문입니다. 그들은 그것이 무엇인지 볼 수 없었습니다. 그들은 단지 여러분의 창조적인 표현이 통제하고 있다는 그들의 느낌을 어지럽힌다는 것을 감지했고, 따라서 그들은 타락한 존재들이 반응할 수 있는 유일한 방식으로 반응했던 것뿐입니다.

사랑하는 이들이여, 어린 시절에 성난 개와 마주친 경험이 있습니까? 아마도 개는 줄에 매였거나, 울타리 너머에서 여러분을 향해 으르렁거리며 짖고 있었을 것입니다. 여러분은 온화한 목소리로 말해보려고 했을 수도 있지만, 그 개는 여러분에게 계속 으르렁거리며 짖습니다. 어떤 개는 말로 진정시킬 수 있지만, 어떤 개는 그렇게 할 수 없습니다. 이때가 바로 성난 개는 언제나 미친개처럼 짖는다는 사실을, 즉 여러분이 무슨 말을 하든 으르렁대며 짖는다는 사실을 알게 될 때입니다.

그렇다면, 여러분은 무엇을 해야 할까요? 여러분은 그냥 거기에서 떠나야 합니다. 그러나 미친개는 그냥 미친개일 뿐임을 알기 때문에, 여러분은 이 성난 개가 여러분의 창조적인 표현을 거부하고 있다고 느끼지 않을 것입니다. 타락한 존재들도 마찬가지입니다. 그들은 단지 미친개처럼 행동할 수 있을 뿐입니다. 누군가가 창조적인 어떤 것을 표현하고 있다고 감지할 때마다, 그들은 위협을 받는다고 느끼며, 늘 해왔던 일을 합니다. 창조적인 표현을 짓누르는 것 말입니다. 하지만, 거기에는 아무런 개인적인 요소도 없습니다. 그들은 심지어 여러분 존재와 창조적인 표현의 독특함을 알아보지도 못합니다. 왜냐하면, 그들은 오직 자신의 마음속에 만들어진 이미지만 볼 뿐, 여러분의 창조적인 표현의 실체와는 아무런 연관성도 가질 수 없기 때문입니다.

결과에서 창조성을 분리하기

여러분이 성모 마리아의 팔에 안겨서 이것을 보면, 자신이 했던 결정은, 여러분이 지금 물리적으로 육화 중이기 때문에, 타락한 존재들이 투사한 기준을 받아들여야 한다는 생각에 기반을 두고 있었음을 볼 수 있을 것입니다. 다른 말로 하면, 자신의 창조적인 표현을 여러분 자신인 순수의식을 통해서 보는 것이 아니라, 타락한 존재들이 자신을 거부한 그 필터를 통해서 자신의 창조적인 표현을 봐야 한다고 생각했습니다.

여러분은 왜 이렇게 믿게 되었는지 알고 있습니까? 그것은 사실 여러분이 지구상의 것들을 바꾸겠다는 의도를 가지고서 이곳에 육화했기 때문입니다. 여러분은 이 행성을 높은 상태로 끌어올리고, 변화를 가져오며, 긍정적인 선물을 가져오려는 바람으로 이곳에 왔습니다. 여러분이 이러한 의도를 가지고 여기에 온 것은 이해할만합니다. 그렇지 않다면 왜 이곳처럼 밀도가 높은 환경 속으로 내려가겠다고 자원했겠습니까?

내가 말했듯이, 실제로 여러분은 이 행성이 황금시대로 움직이는 것을 돕기 위해서 여기에 있습니다. 하지만, 여러분이 깨달아야 할 하나의 단순한 고려사항이 있습니다. 이 행성을 황금시대로 더 가깝게 데려가는 것은 여러분의 창조적인 노력에 대한 타락한 존재들과 죽음의 의식의 반응에 달린 것이 아니라는 사실입니다. 다른 특정 생명흐름들을 변화시키기 위해 여러분이 이곳에 있는 것이 아닙니다.

이전에 내가 다른 사람들의 마음을 변화시키려는 욕구를 극복해야 한다고 말하지 않았습니까? 여러분은 타락한 존재들의 마음을 변화시키려고 여기에 있는 것이 아닙니다. 여러분의 창조적인 표현의 성공 여부는 어떤 상황에서도 타락한 의식 상태에 빠진 사람들의 반응이나 그들의 인정이나 불인정에 달려 있지 않습니다. 왜냐하면, 그들은 언제나 창조력을 거부할 것이기 때문입니다.

여러분의 창조적인 표현의 성공은 오직 한 가지에 달려 있습니다. 즉, 표현되고 있는 바로 그 표현에 달려 있습니다. 창조력을 표현했다면, 여러분은 성공한 것입니다. 왜냐하면, 표현하는 그 자체가 성공이기 때문입니다. 어떤 경우에도 다른 사람들의 반응이 중요한 것이 아닙니다. 그리고 이것이 사랑하는 성모 마리아의 팔 안에 안겼을 때 여러분이 보는 것입니다. 이것은 무결한 비전, 무결한 관념입니다.

지구를 높이는 방법

무엇이 필연적으로 지구를 높이게 될까요? 자, 여러분이 어두운 방에 있는데 그 방 안의 빛을 증가시키고 싶다면, 어떻게 하겠습니까? 더 많은 빛을 가져오는 것으로 그렇게 합니다. 여러분이 더 많은 빛을 가져올 때마다, 어둠은 감소합니다. 어둠이란 빛의 부재이기 때문에, 다른 방법이 있을 수 없습니다. 알다시피, 여러분이 자신의 창조력을 표현할 때마다, 이 행성에 빛이 증가하도록 돕고 있으며, 이것이 이 행성을 황금시대로 더 가까이 데려갑니다.

하지만, 여러분이 어두운 방에서 빛을 증가시킬 때, 또한, 무엇을 보게 됩니까? 자, 처음에는 모든 것이 어렴풋하게 보이는 때가 있습니다. 하지만, 빛을 점점 더 증가시키면, 태양 빛이 직접 비치는 계단과 짙은 그림자가 드리운 영역 사이에는 큰 대비가 생깁니다. 빛과 어둠 사이에 뚜렷한 대조가 생깁니다.

이것이 여러분이 오늘날 행성 지구에서 보고 있는 것입니다. 이러한 이유에서 여러분이 타락한 존재들에게, 여전히 타락한 사고방식에 갇힌 사람들에게 잔인하게 공격을 받아왔던 것입니다. 이것이 여러분의 그리스도 신성을 공개적인 방식으로 표현하기 시작할 때 공격받게 되는 이유입니다. 하지만, 나는 아직은, 여러분의 그리스도 신성을 공개적인 방식으로 표현하라고 요청하지 않습니다. 나는 여러분이 자신의 창조적인 능력을 발휘하는 과정을 시작할 수 있도록, 단순히 여러분 자신을 위해서 그것을 표현하라고 요청하고 있습니다.

여러분이 주된 상처가 치유되는 지점에 도달하면, 여러분은 자신의 표현이 타락한 사고방식 속에 있는 자들의 거부를 토대로 평가되어선 안 된다는 사실을 알 수 있을 것입니다. 왜냐하면, 여러분을 잔인하게 공격하고 그것을 격렬하게 거부할 사람들이 있다는 사실에도 불구하고, 여러분에게는 자신의 창조적인 능력을 표현할 권리가 있기 때문입니다. 여러분은 지구에 대해 궁극적인 권한을 가진 어머니 신으로부터 여러분의 신성한 창조력을 표현할 수 있는 허락을 받았기 때문에, 진정한 자신이 되는 일을 계속할 수 있습니다. 여러분은 진정한 자신이 되고, 아이앰 현존에게서 오는 표현을 위한 열린 문이 되기 위한 승인을, 형상 세계의 궁극적인 권위자인 창조주에게 받았습니다.

사랑하는 이들이여, 여러분이 신과 어머니 신으로부터 승인을 받았다면, 어째서 자신을 신에게서 차단하고 어머니 신과 그녀의 아이들을 박해하고 거부한 그 타락한 존재들의 승인이 필요합니까? 왜 그들의 승인이 필요합니까? 그들의 승인이 필요하지 않다면, 여러분이 자신의 창조적인 표현이라는 선물을, 여러분이 주려고 이곳에 온 그 선물을, 여러분이 줄 수 있는 가장 최상의 잠재력인 그 선물을 이 행성에 주는 것을 왜 그들이 거부하고 막도록 허용합니까?

여러분의 의식하는 마음속에서 이것을 명심하기 시작하면, 이제 상처를 치유하기 시작할 수 있습니다. 여러분은 자신이 창조성을 표현하기 위해서 여기에 있다는, 자신의 참된 역할을 받아들일 수 있습니다. 여러분은 일곱 베일의 여정이라는 과정을 통과하기 위해 여기에 있으며, 이로써 여러분은 점차 그 이상의 표현, 나 자신이기도 한 그 이상(the MORE that I AM)의 표현을 위한 더욱더 넓은 열린 문이 될 수 있습니다.

7
힘과 평화

"그렇다면 이러한 무력감을 극복하기 위해서 여러분은 무엇을 할 수 있을까요? 자, 역설처럼 보일 수도 있지만, 진실로 무력감을 극복하는 방법은 한 가지뿐입니다. 그것은 첫 번째와 여섯 번째 광선의 조합을 사용하여 무력함과 더불어 완전히 평화롭게 있는 것입니다."

마스터 모어

나는 마스터 모어입니다. 나는 여러분이 지적으로 이해하는 것만이 아니라 실질적으로 첫 번째 광선의 특성과 진동을 경험하고 파악하도록 돕기 위해서 이 담화 시리즈의 다음 부분을 주려고 왔습니다.

물론, 첫 번째 광선의 기본 특성 중 하나는 힘입니다. 하지만, 내가 힘을 말할 때, 많은 학생은 즉시 지구에서 힘을 사용하는 방식과 연관 짓습니다. 그러므로 강하게 된다는 것이 진실로 무엇을 의미하는지 그것에 대해 조금 언급하겠습니다. 왜냐하면, 여러분이 지구를 살펴보면, 특히 역사를 살펴보면, 다른 사람들에게 엄청난 물리력을 행사할 수 있었던 어떤 강력한 사람들이 있었음을 알 것이기 때문입니다. 따라서, 여러분은 이런 유형의 독재 권력을 가진 사람들이 매우 강력했다는 기준을 설정했을 수도 있습니다. 그러나 비-이원적인(non-dualistic) 정의에 따르면, 이런 사람들은 전혀 강력하지 않았습니다.

사랑하는 이들이여, 여러분이 이것에 대한 비유를 원한다면 개미집을 살펴볼 수 있습니다. 개미집은 매우 계층적인 구조를 가졌다는 것을 알 수 있습니다. 말하자면, 먹이 사슬 또는 힘의 사슬의 꼭대기에는 한 마리의 개미만 있습니다. 다른 개미 중 일부는 일개미이고, 그 개미 대부분은 자신의 실질적인 의지나 마음이 없는 단순 일꾼일 뿐입니다. 그렇다면 여러분은 꼭대기에 있는 개미 한 마리가 개미집 안에서 매우 큰 힘을 가지고 있다는 사실을 알 수 있습니다. 하지만, 인간인 여러분은 삽을 들고서 몇 분 안에 개미집을 원상복구가 불가능할 정도로 완전히 흩어버릴 수 있습니다.

진정한 힘이란 무엇인가?

여러분이 상승 마스터의 관점으로 올라서면, 지구에서 소위 가장 강력하다는 사람들조차도 한낱 개미집 안의 우두머리 개미에 불과하고, 그들의 힘은 엘로힘(Elohim) 또는 지구에서 보이는 저급한 현상들이 존재하지 않는 다른 행성에서 볼 수 있는 힘에 비하면 아무것도 아니라는 사실을 알게 됩니다. 물질우주 내에는 또 다른 행성들이 존재하며, 이곳에 있는 그들이 지구에 나타난다면, 단지 손을 흔드는 행동만으로도 지구에서 조직된 가장 강력한 군대조차 쓸어버릴 수 있을 만큼 자신들의 마음의 힘을 개발한 사람들이 있습니다. 따라서 여러분이 강력하다고 부르는 것은 실제로 강력하지 않습니다. 아인슈타인의 유명한 상대성 이론으로 여러분이 알 수 있듯이, 적어도 물질우주 안에서는 모든 것이 상대적이기 때문에, 그것은 단지 특정한 맥락에서만 강력할 수 있습니다.

지구라는 개미집 안에서 다른 사람들을 지배하는 힘을 가진 것이 진정한 힘일까요? 아닙니다. 내가 즐겨 말하듯이, 만약 스승이 개미라면 그에게 주의하세요. 그러므로 물질우주 안에서 여러분이 가진 힘은 신의 창조력에 비하면 아무것도 아니라는 것을 이 예에서 배우도록 하세요.

이러한 설명을 하는 핵심은, 일곱 베일의 여정은 그 목적이 아이 앰 현존에서 오는 진정한 힘, 창조적인 힘을 여러분이 풀어내도록 돕고, 여러분의 현존은 여러분이 현존을 위한 열린 문이 되는 즉시 여러분을 통해 흐르기를 열망한다는 사실을 알도록 돕는 것입니다.

일곱 베일 여정의 목적은, 인간적인 기준으로 강력하다고 판단되는 지점까지 여러분을 끌어올리는 것이 아니라, 여러분이 실제로 신의 힘을 위한 열린 문이 되는 과정입니다. 그러나 알다시피, 신의 힘은 지구에서 자신을 표현하기를 바라지만, 인간의 기대와 기준에 따라 자신을 표현하지는 않을 것입니다. 그러므로 그러한 기대와 기준에 갇혀 있는 한, 여러분의 마음은 닫힌 문이 될 것입니다. 여러분은 무의식적으로 신의 창조력이 여러분을 통해 어떻게 표현될 수 있을지에 대해 조건을 부과하고 있는 것이며, 이것은 여러분의 차크라 안의 밸브를 닫아버리고 신의 힘이 흐르지 못하게 막게 될 것입니다. 왜냐하면, 물론 신의 힘은 전능하지만, 여러분의 자유의지를 침해하지는 않기 때문입니다.

특별한 힘을 갖는 꿈

내 은거처에서 종종 다루어야 하는 하나의 주제에 대해 언급하겠습니다. 그것은 많은 영적인 학생이 특별한 힘을 갖게 되는 꿈을 꾸는 것입니다. 이것은 꼭 물리적인 힘만은 아니며, 어떤 영적이거나 심령적인 힘일 수도 있습니다. 영적인 세계나 영적인 길, 또는 어떤 가르침의 가치나 스승의 존재에 대해, 혹은 심지어 상승 마스터들의 존재에 대해서 사람들을 이해시킬 수 있는 어떤 기적 같은 업적을 보여줄 수 있기를 바라는 많은 꿈일 수도 있습니다. 언젠가 우리 상승 마스터들이 어떤 물리적인 형태로, 부정할 수 없는 명백한 모습으로 나타나서 모든 사람이 마스터의 존재를 확신할 수 있고, 그리하여 사람들이 마스터를 알아본 초기 사람의 일부였던 이 학생들이 모두 옳았다고 여기게 되는 꿈을 꾸고 있습니다.

사랑하는 이들이여, 그러한 꿈과 기대들은 대부분 단순히 에고에서 나오는 것이며, 그것들은 심리학자들이 "과대망상(delusion of grandeur)"이라고 부르는 것으로서, 마치 "무일푼에서 벼락부자"가 되는 동화에서 보는 것처럼, 갑자기 상황이 변하기를 꿈꾸는 것입니다. 어떤 기적 같은 사건으로 인해 여러분에게 갑자기 변화가 일어나고, 이제 여러분은 특별한 존재나 우월한 존재로 인정받는다는 것입니다.

사랑하는 이들이여, 이것은 우리가 학생들과 함께 작업하는 방식이 아닙니다. 우리는 지구상의 기준에 따라 학생들을 특별한 능력이나 힘을 가진 어떤 우월한 상태로 높이고자 하는 바람이 없습니다. 우리는 학생들이 진정한 힘의 통로를 위한 열린 문이 되기를 바랍니다. 하지만, 진정한 힘은 지구상의 기준에 따라 여러분이 기대하는 방식으로 작동하지 않습니다. 따라서 나는 지금 이러한 과대망상, 이러한 꿈의 근본 원인을 살펴보는 작은 여행으로 여러분을 데려가고자 합니다.

솔직히 말하자면, 지구상의 대부분 영적이고 종교적인 사람들이 비영성적이고 비종교적인 사람들만큼 이러한 과대망상을 가지고 있습니다. 예를 들어, 소비에트 연방에서 얼마나 많은 사람이 세계 지배와 자기 우월성이라는 공산주의 꿈에 사로잡혔었는지 보세요. 나치즘에서 얼마나 많은 사람이 아리안 인종과 세계를 지배하는 독일인의 우월성에 대한 꿈에 사로잡혔었는지 보세요. 그리고 얼마나 많은 뉴에이지와 영성인들이 그들의 구루가 지구를 구할 유일한 존재로서 인정받기를 꿈꾸는지 살펴보세요. 또 얼마나 많은 종교인이 그들의 종교나 그들의 특정 종파나 교회가 유일한 것이라고 인정받게 되기를 꿈꾸는지 보세요. 아주 많은 크리스천이 예수가 돌아와서 그들의 특정한 교회를 진정한 그리스도의 교회로 인정해 주리라고 생각합니다. 예, 그것은 과대망상입니다. 사랑하는 이들이여.

이제, 내 학생들과 내 은거처에서 처음 몇 단계를 통과한 사람들은, 첫 번째 광선과 여섯 번째 광선이 결합한 이 여섯 번째 단계로 오게 됩니다. 이제, 그들은 이 과대망상을 살펴봐야 하고, 그것이 어디에서 왔는지를 살펴봐야 합니다. 그것들은 어디서 오는 것일까요?

무기력함을 느끼는 것

나는 이전에 여러분이 처음 지구에 오면, 타락한 존재들에 의해 잔인하고 의도적으로 거부당한다는 사실에 대해 말했습니다. 그들은 여러분의 창조적인 능력을 무시하고, 여러분이 이 창조적인 능력을 차단해버리도록 만들기 위해 할 수 있는 모든 일을 합니다. 이것의 근본적인 효과는 무엇일까요? 창조적인 능력을 차단하고 타락한 존재들의 기준이나 심지어 물리적인 힘에 굴복할 때, 여러분은 무엇을 느끼게 될까요? 무력감을 느끼게 됩니다. 여러분은 자신이 한 개인으로서, 타락한 존재들이 만든 권력 구조를 견뎌낼 수 없다고 느낍니다.

어떻게 한 인간이 소비에트 연방이나 나치 독일 또는 과거 많은 제국의 권력 구조를 견뎌낼 수 있겠습니까? 여기서 보다시피, 거부당한다는 느낌과 거의 쌍둥이 같은 무력감이 생겨납니다. 무력감을 느끼면서 많은 육화를 거쳐 감에 따라, 여러분은 자신의 외부의 어떤 기적 같은 힘이 개입해서 사태를 바로잡아 줄 것이라는 이러한 소망을 만들어냅니다. 이것이 이러한 과대망상의 근본적인 원인입니다.

당연히 이것은 외적인 구원자라고 하는 전체적인 환영을 만들어내면서 타락한 존재들이 매우 교활하게 일하는 방식입니다. 이것은 기독교에서 아주 명백하게 볼 수 있습니다. 그러나 예수는 만일 모든 사람이 그들 자신을 통해 신의 힘이 흐르도록 허용한다면, 그들에게도 예수 자신이 한 것과 똑같이 성취할 수 있는 잠재력이 있다는 본보기를 보여주기 위해 왔습니다. 이러한 이유에서 예수는 그를 믿거나 그가 보였던 의식 수준을 과감히 시범 보이려는 사람들도 그가 했던 일을 하게 된다고 말했던 것입니다. 하지만, 얼마나 많은 사람이 과감하게 그렇게 했을까요?

그렇지 못했습니다. 왜냐하면, 그들은 타락한 존재들에게 예수를 본보기가 아닌 예외로 보도록 강요되고 속아왔기 때문입니다. 이제 그들은, 자유의지의 법칙 때문에 예수는 하늘에 앉아서 사람들이 예수의 본보기로부터 배우고 신의 힘이 그들을 통해 흐르도록 해야 한다는 사실을 깨닫지 못한 채, 예수가 돌아와서 모든 것을 바로 잡아주기를 기다리고 있습니다.

그리스도의 재림은 예수가 어떤 부인할 수 없는 모습으로 지구에 돌아오는 것이 아니라, 수천 수백만 명의 사람들이 개인적으로 그리스도 신성을 표현하기 시작하는 것입니다. 이것이 그리스도의 재림입니다. 우리가 여러 책에서 설명했듯, 그것이 바로 여러분 내면에서 이루어지는 그리스도의 재림입니다.

그렇다면 이러한 무력감을 극복하기 위해서 여러분은 무엇을 할 수 있을까요? 자, 역설처럼 보일 수도 있지만, 진실로 무력감을 극복하는 방법은 한 가지뿐입니다. 그것은 첫 번째와 여섯 번째 광선의 조합을 사용하여 무력함과 더불어 완전히 평화롭게 있는 것입니다. 알다시피, 과거에 여러분은 이 무력감과 평화롭게 있었던 적이 없었습니다. 여러분은 자신의 창조적인 능력이 거부되었다고 느꼈습니다. 타락한 존재들과 대면하는 것에 대해 무력하다고 느꼈고, 그들의 명백한 힘의 오용은 분명히 잘못되었으며 정의롭지 않다고 느꼈습니다. 이것에 관한 결과가 무엇이었을까요? 그것은 여러분이 지구의 거짓 교사들이 내놓은 또 다른 거짓말을 믿게 되었다는 것입니다. 이것은 우리가 '어머니 지구 치유하기(Healing Mother Earth)'라는 책에서 훨씬 더 상세하게 폭로한 거짓말입니다. 여기서 그것을 요약해 주고자 합니다.

아무것도 잘못되지 않았다

이 거짓말의 핵심은, 타락한 존재들이 우주에 대한 신의 전반적인 계획에는 뭔가 잘못이 있다는 환영을 투사했다는 것입니다. 신의 설계에 결함이 있다는 것입니다. 그 결함이란 신이 여러분과 다른 모든 자기-인식하는 존재들에게 자유의지를 준 것을 말합니다. 왜냐하면, 자유의지는 여러분에게 이원성 의식으로 들어갈 기회를 주고, 그로 인해 잠재적으로 길을 잃게 만들기 때문입니다. 그들은 이것이 신이 저지른 실수였다고 투사하고 있습니다.

사실, 우리가 설명했듯이, 자기-인식에서 성장하는 유일한 방법은 온전히 자유의지를 가지는 것입니다. 삶의 목적이기도 한 신이 될 수 있는 유일한 방법은 자유의지를 가지고 그것을 행사하는 것이며, 과거에 했던 선택을 언제든지 되돌릴 수 있으므로 자유의지는 언제나 자유롭다는 사실을 깨닫는 것입니다. 선택을 바꿀 수 있는 여러분의 힘을 빼앗을 수 있는 어떤 선택도 여러분은 결코 할 수 없습니다.

하지만, 타락한 존재들은 뭔가가 잘못되었다고 투사하며, 그 잘못이란 이제 우주에 신의 힘을 전복시킬 수 있는 잠재력을 가진 악의 세력이 존재한다는 이원적인 관점을 투사하고 있습니다. 우리가 '어머니 지구 치유하기'라는 책에서 설명했듯이, 이것은 타락한 존재들 사이에 두 개의 분열이 있다는 사실에 의해서 강화됩니다. 한쪽은 사람들이 거의 알아채지 못하도록 속임수를 쓰고, 다른 한쪽은 명백하게 물리력을 사용해서 힘을 오용합니다.

이제 여러분은 물리적인 힘을 오용하고 있는 자들과 뭔가 잘못되었다는 환영을 가지고 이곳으로 온 뱀 같은 거짓 교사들 사이에서 진퇴양난에 빠졌습니다. 하지만, 여러분은 그것을 바로잡기 위해 이곳에 왔습니다. 여러분은 신이 혼자서는 할 수 없는 일을 하기 위해 여기에 왔으니 반드시 선과 악의 서사적 전투에 관여해야 합니다. 따라서 반드시 자신이 할 수 있는 어떤 힘이든 얻으려 해야 합니다. 그렇지 않다면 세상을 바로잡겠다는 목표에 빠진 어떤 타락한 존재들의 힘을 반드시 지지해야만 합니다.

사랑하는 이들이여, 이전의 소비에트 연방 시절에 많은 사람이 특별히 종교적이지는 않았지만, 실제로 그들은 마르크시즘의 가장 핵심인 이 "종교적인" 사상을 믿게 되었습니다. 다시 말해, 노동자 계급의 지배, 공산주의-사회주의자들의 천국은, 힘없는 대중인 그들이 반드시 공산주의 혁명을 지지함으로써 우주를 바로 잡는 일을 도와야 한다는 그 개념에 핵심을 두고 있습니다.

물론, 공산주의 혁명은 소수 엘리트가 이끌었으며, 그들은 결코 노동자 계급에게 권력을 넘겨줄 생각이 없었습니다. 소비에트 연방에서 그들의 지위가 위협받았을 당시 그들이 가진 권력으로 많은 사람을 죽이는 것을 보았듯이, 그들은 언제나 특권을 가진 엘리트가 되기를 원했습니다. 그렇게 함으로써 실제로 사람들을 고문하고 죽이는 일을 통해서 흘러나온 에너지를 그들 자신과 그들의 뒤에서 그들에게 외적인 힘을 주는 데몬의 힘을 강화하는 데 사용할 수 있었습니다.

서사적 투쟁

여기에서 내 요점은 단순합니다. 이러한 서사적 투쟁, 서사적 전투에는 많은 변형이 있습니다. 대부분의 종교에서도 발견할 수 있습니다. 많은 뉴에이지 가르침에서도 찾을 수 있습니다. 심지어 우리가 지난 세기에 주었던 이전의 상승 마스터 가르침 일부에서도 발견할 수 있습니다. 그 당시 우리는 사람들이 어떤 의식 수준에서 다음 수준으로 올라가도록 돕게끔 설계된 가르침을 주어야 했습니다. 그 의식 수준에서는 사람들이 서사적 투쟁을 다룰 수 없었기 때문에, 우리는 직접 서사적 사고방식에 도전할 수 없었습니다.

하지만, 여러분이 내 은거처의 처음 다섯 단계를 통과했다면, 서사적 투쟁과 그 이면의 서사적 사고방식을 살펴보는 데 필요한 추론 능력을 사용할 준비가 된 것입니다. 물론, 이런 일은 나 자신뿐만 아니라 마스터 나다(Nada)의 지도하에서도 일어납니다. 여러분이 사우디아라비아 위에 있는 그녀의 은거처로 가거나 그녀가 내 은거처로 올 것입니다. 우리는 이 서사적 사고방식을 살펴볼 준비가 된 학생들을 안내할 것입니다.

무엇보다 여러분은 내가 시작 시점에서 이야기했던 진정한 힘(true power)과 영적인 힘(spiritual power)의 차이를 이해해야 합니다. 여러분은 예수의 예를 살펴볼 수 있으며, 그가 확실히 보통 사람보다 초인적인 힘을 가졌다는 사실을 알 것입니다. 분명히, 그가 이런 힘을 가졌다면 체포되는 상황을 피할 수도 있었을 것입니다. 심지어 그가 십자가에 매달려서 말했듯, 아버지에게 천사들을 보내서 자유롭게 해달라고 간청할 수 있었고, 언제든지 감옥에서 탈출하거나 천사들을 불러 자신을 구하게 할 수도 있었습니다.

그런데 그는 왜 이런 힘을 사용하지 않았을까요? 그는 왜 자신이 박해받고 십자가형을 당하도록 허용했을까요? 왜냐하면, 신의 힘은 외부와 단절된 상태에서는(in a vacuum) 자신을 표현하지 않기 때문입니다. 그리고 내가 이전에 말했듯이, 신의 힘은 심지어 지구상의 어떤 조건들을 실현하려는 목적이 없습니다. 신의 힘은 행성 지구가 배움의 교실이라는 이 단순한 사실을 존중합니다.

지구상의 궁극적인 법칙은 자유의지의 법칙입니다. 신의 힘은 지구로 들어와서 황금시대를 향한 비전을 따라 인간 사회의 모든 것을 바꾸지는 않을 것입니다. 인류는 반드시 그들의 공동창조하는 힘을 사용해서 황금시대를 공동창조해야 하므로, 신의 힘은 인류에게 황금시대를 강요하지 않을 것입니다. 목적은 어떤 외적이고 물리적인 설계로 황금시대를 구현하는 것이 아닙니다. 목적은 바로 지구상에서 사람들이 의식을 높이도록 돕는 것입니다. 그것이 더 큰 목적입니다.

여러분은 영적인 통달을 성취했던 예수와 많은 다른 마스터들이 어떻게 자유의지의 법칙에 머리를 숙이면서도 사람들이 한 번의 거대한 도약으로 어떤 궁극적인 단계로 가는 것이 아니라 한 단계에서 다음 단계로 의식을 높일 수 있도록 돕기 위해, 그 상황에서 필요하고 적절한 일을 했는지를 살펴볼 수 있습니다.

2000년 전 예수는 단지 그 당시 대부분의 사람이 가졌던 의식 수준에 적합한 가르침만을 줄 수 있었다고 우리는 이전에 말했습니다. 그는 궁극적인 가르침을 주려고 오지 않았고, 궁극적인 가르침을 펼치지도 않았습니다. 2500년 전에 붓다도 그렇게 하지 않았습니다. 오늘날 우리도 궁극적인 가르침을 펼치려고 하지 않습니다. 우리는 언제나 한 단계에서 다음 단계로 오를 준비가 된 사람들을 도울 수 있는 가르침을 제시하지만, 학생들이 자신을 144단계까지 데려갈 수 있는 추진력과 지식을 가지고 계속 나아갈 수 있는 여정 위로 그들을 올려놓기를 바랍니다.

자유의지가 펼쳐지도록 하기

첫 번째 광선의 과정에서 이 여섯 번째 광선의 가르침을 받는 지점으로 올 때, 먼저 여러분은 반드시 자유의지가 어떻게 스스로 펼쳐지도록 허용되어야 하는지에 대한 그 원대한 비전을 보는 법을 배우는 지점에 도달해야 합니다. 영적인 학생으로서 여러분은 지구상의 어떤 것들은 그 최상의 잠재력에 부응하지 못한다는 사실을 알 수 있습니다. 그것은 많은 고통과 부정(不正)을 일으키고 있습니다. 엄청난 힘의 남용이 있습니다. 하지만, 알다시피, 이것이 영적인 학생으로서 여러분이 부정의 원인이라고 꼬리표를 단 사람들과 어떤 서사적 투쟁에 휘말리는 것이 옳다는 뜻은 아닙니다.

내가 이 구술문을 주고 있는 지금 이것에 대한 명백한 실례를 제시하자면, 지난 수년 동안 일부 아랍 국가들에서는 폭동이 일어났습니다. 그것은 아랍의 봄(Arab Spring)으로 불렸습니다. 하지만, 여러분이 이집트, 튀니지, 리비아 그리고 이제 시리아에서 볼 수 있듯이, 독재자를 타도하는 방식이 반드시 평화와 진보, 민주주의를 보장하지는 않습니다. 그 이유는 단순합니다. 그들이 서사적 사고방식을 초월하기 시작하고, 집단의식이 높아져야지만 민주주의와 평화를 가져올 수 있기 때문입니다.

　매우 부유한 미국에서 분명하게 증명되듯이, 나는 서사적 사고방식이 민주주의 국가에서는 존재할 수 없다고 말하는 것이 아닙니다. 내가 말하고 있는 것은, 최소한 제대로 작동하는 수준에서 한 국가에 민주주의가 실현되려면, 그 전에 여러분이 서사적 사고방식에서 벗어나 위로 올라가기 시작해야 한다는 것입니다. 확실히 아랍 국가들에서는 이러한 일이 일어나지 않았습니다. 공식은 비교적 단순합니다. 독재자를 폭력으로 타도한다면, 그것은 사람들이 서사적 사고방식에서 벗어나 오르기 시작하지 못했음을 보여주는 것입니다. 그리고 그것이 이 폭력 행위가 그 국가 내의 또 다른 그룹 사이에 더 큰 갈등의 기반을 조성하는 이유입니다.

　심지어 미국에서도 이것을 보지 못합니까? 미국은 여러 면에서 상승 마스터들에게 후원받은 헌법, 진실과 비이원적인 사상에 바탕을 둔 헌법을 가지고 있습니다. 그럼에도 불구하고, 미국은 유혈 혁명과 대영제국과의 폭력적인 싸움으로 탄생하였고, 이것은 미국이라는 국가를 거의 산산조각낼 뻔했던 남북전쟁의 발판이 되었습니다. 단지 일부 지도자와 많은 국민이 기꺼이 서사적 마음의 어떤 수준을 넘어서려고 했기 때문에, 연합이 유지되고 미국은 신 아래 하나의 국가로 생존할 수 있었던 것입니다.

역사에 관한 심층 연구

　마스터 나다와 내가 하는 일은, 학생들을 데리고 가서 스크린에 아카식 기록을 투사하는 우리의 능력을 사용하여 단지 그들에게 일어났던 사건만이 아니라 더 깊은 원인까지 보여주고 더 깊이 연구하는 것입니다. 우리는 타락한 천사와 거짓 교사들이 어떻게 이 많은 상황에 개입했는지를 보여줄 수 있습니다. 명백한 물리적 힘을 사용하는 존재와 속임수를 사용하는 존재라는 두 양극성이 어떤 상황에서 어떻게 작동하는지, 그리고 어떤 상황이든 사람들은 타락한 존재라는 권력 엘리트들에게 억압당하는 것이기에 어느 쪽이 이기든 전혀 중요하지 않은 상황들을 그들이 어떻게 조성하는지를 보여줍니다. 따라서 그것은 사실, 많은 경우, 단지 타락한 존재들의 두 파벌 간의 이원성 투쟁이었을 뿐이었고, 프랑스 혁명과 볼셰비키 혁명, 그리고 다른 특정한 사건들의 예에서 명확히 볼 수 있듯이, 어떤 상황이든 결국 타락한 존재들이 통제하게 되었습니다.

학생들이 이것을 볼 때, 무엇보다 먼저 그들은 그 상황으로 들어가서 즉시 그것을 변화시킬 수 있는 일종의 물리적인 힘을 갖기를 바라지 않는다는 사실을 깨닫기 시작할 수 있습니다. 만약 그들이 그와 같은 상황으로 들어가서 영적인 힘을 행사한다면, 그들의 영적인 힘은 사실상 타락한 존재들의 한 파벌을 지지하고 거기에 힘을 주게 된다는 사실을 깨닫습니다. 물론, 이것은 그들의 영적인 힘을 심각하게 오용하게 되고, 그것에 잘못된 권한을 부여하는 것이 될 것이며, 따라서 당연히 내 은거처의 이 지점까지 온 학생들은 그 누구라도 신의 목적에 대항하는 타락한 존재들을 지지하는 이러한 방식으로 영적인 힘을 사용하기를 바라지 않을 것입니다.

이제 학생들은 만약 그들이 엄청난 영적인 힘을 가지고 있더라도 여전히 지금 현재 가진 것과 같은 비전이 있다면, 실제로 그것은 그들에게 매우 위험한 일이라는 사실을 깨달을 수 있습니다. 왜냐하면, 그들이 힘을 가진다면, 그들 비전의 결핍이, 그들의 제한된 비전이 자신에게 그 힘을 오용하게 할 것이고, 그럼으로써 사실상 타락한 존재들에게 엄청난 양의 영적인 에너지를 주게 되며, 이것은 타락한 존재들이 지구에서 사람들을 단단하게 옭아매도록 허용하는 일이 될 것이기 때문입니다.

학생들이 이것을 알게 될 때, 그들이 지금 진정으로 공들여야 할 것은 상위 비전임을 깨닫게 됩니다. 그리고 나다는 학생들에게, 상위 비전을 갖는 열쇠와 진정으로 그리스도와 같은 봉사를 하기 위해 단계적인 향상을 이룰 수 있는 열쇠는 먼저 내면의 평화를 달성하는 것임을 능숙하게 설명하고 보여줍니다. 이것은 자유의지의 법칙을 살펴보고 어떻게 자유의지의 법칙이 자신을 펼쳐가고 반드시 스스로 펼쳐지도록 허용되어야 하는지를 살펴봄으로써 성취되는 것입니다.

여러분은 언제든, 심지어 오늘날에도 역사적으로 지구를 살펴볼 수 있고 지구의 특정 지역으로 갈 수 있으며, 일반 대중들이 소수 엘리트에게 심하게 억압받고 있다는 사실을 볼 수 있습니다. 사람들은 여전히 빈곤하고, 법정에는 정의가 없으며, 사람들에게 하고 싶은 것은 뭐든 할 수 있고 그 일이나 여러 다른 힘의 남용으로부터 도망칠 수 있는 군사 독재에 대중들은 노출되어 있습니다. 여러분은 사람들을 이것에서 해방시키고 싶은 욕구가 있을 것입니다. 사람들을 억압하는 파워 엘리트를 쓸어버리고 싶은 욕구를 가질 수도 있습니다.

영적인 여정의 본질적인 교훈

하지만, 더 깊이 살펴본다면, 이러한 일은 단지 사람들이 자신의 의식을 기꺼이 높이려 하지 않았기에 일어나는 것이라는 사실을 알게 됩니다. 그들은 기꺼이 자신의 무력감을 살펴보고, 다음과 같은 한 가지 단순한 사실을 인정하려고 하지 않았습니다: 육체적인 의미에서 무기력하다는 것은 여러분의 영적인 힘과는 전혀 관련이 없습니다. 왜냐하면, 영적인 힘은 내면에서 나오기 때문입니다. 여러분은 예수가 여러분의 내면에 있다고 말했던 그 왕국을 찾으러 내면으로 가기 위해서, 그리고 그 왕국에서 오는 힘을 표현하는 열린 문이 되기 위해서, 세속적인 권위자의 허락을 받을 필요는 없습니다.

여러분이 이것을 하지 못하도록 막을 수 있는 권위자는 지구상에 없습니다. 이것은 영적인 여정에서 배워야 하는 핵심적인 교훈입니다. 또한, 이것은, 여러분 자신처럼 억압당하고 있다고 여기는 사람들을 위한 것이기도 합니다. 마음을 열어 여러분의 아이앰 현존이 여러분을 통해 흐르게 하려고 어떤 권위자에게 허락을 받을 필요는 없습니다. 이것이 바로 나다와 내가 여러분이 완전히 파악하고 내면화하도록 도우려는 교훈입니다.

그렇게 하면, 여러분은 비록 사람들이 가장 악의적인 독재자에게 억압받고 있더라도, 그것은 여전히 단순한 한 가지 사실 때문이라는 것을 알 수 있습니다: 자유의지의 법칙은 사람들이 내면에서 배우지 못한다면 반드시 외부에서 배워야 한다고 명령합니다. 그들이 상승 마스터들의 지도로 배우지 못한다면, 그들은 반드시 고난의 학교에서 배워야 합니다. 그리고 고난의 학교에서 종종 사람들이 언제 돌아설 것인가의 문제는 오직 그들이 고난의 경험을 충분히 경험하고 기꺼이 자신을 살펴보면서 이렇게 말하기 전까지 얼마나 힘들어야 하는가의 문제일 뿐입니다. "이 상황을 변화시키기 위해 내가 할 수 있는 일이 있을까? 일어나야 할 변화는 항상 외부에 있다고 생각하는 대신 나 자신의 내면에서 바꿀 수 있는 뭔가가 있을까?"

자유의지를 펼치기

왜 여러분이 영적인 학생입니까? 왜 여러분은 내 은거처에 참석했습니까? 왜 여러분은 이것을 읽거나 이 가르침을 듣고 있습니까? 그 이유는 오래전에 기꺼이 여러분 자신의 내면에서 뭔가를 살펴보겠다고 결정을 했기 때문입니다. 그러므로 나다와 내가 이 자발성을 바탕으로 여러분이 행성 지구를 보고, 일어나는 모든 것을 살펴보며, 역사에서 일어났던 모든 일을 보면서 그것이 자유의지의 표현임을 아는 지점에 도달해야 한다는 것을 알도록 도와줄 수 있는 것입니다.

자신의 의식 상태의 반영이 아닌 어떤 일도 사람들에게는 일어날 수 없습니다. 어떤 국가의 사람들이 그들의 의식 상태를 특정한 수준 위로 높이면, 그 나라의 독재 정부는 반드시 더 높은 형태의 정부에게 자리를 양보해야 합니다.

한 명의 파워 엘리트가 이전보다 더 독재적인 또 다른 파워 엘리트에게 자리를 내어주는 것이 아니라, 전환이 일어나서 더 높은 형태의 정부가 실현될 것입니다. 초기에는 반드시 이상적인 형태의 정부는 아니겠지만, 더 높은 형태의 정부가 될 것입니다. 그런 후에, 사람들이 의식을 더욱 높이면 더욱더 높은 형태의 정부가 들어설 수 있고, 그 나선은 이상적인 황금시대를 향해 지속할 것입니다.

여러분이 이것을 보면, 지구를 살펴보고 자신에게 이렇게 말할 수 있습니다: "나는 자유의지를 펼치기 위한 신의 설계가 얼마나 절묘한지를 알겠어." 그러면, 여러분은 신의 설계에 뭔가 근본적인 결함이 있다는 서사적 사고방식의 환영을 살펴보고 이렇게 말할 수 있습니다: "나는 더 이상 너를 믿지 않겠다. 나는 네 뒤에 있는 비실재를 알고 있다." 그렇게 하면, 여러분은 일들이 존재하는 방식에 평화로울 수 있습니다.

그런 다음 여러분은 이제 처음 육화했을 때 타락한 존재들이 여러분의 창조적인 노력을 끌어내렸을 당시 거부당한 그 느낌을 살펴볼 수 있으므로 더욱 깊이 들어갈 수 있습니다. 타락한 존재들이 행성 지구에 대해 큰 통제력을 가지고 있었다는 사실과 그 당시의 여러분은 상대적으로 미성숙한 의식 상태에 있었다는 사실을 고려할 때, 이것은 여러 면에서 피할 수 없는 상황이었음 깨달을 수 있습니다.

우리는 여기서 여러분이 왜 하강했는지, 왜 많은 여러분이 실제로 타락한 존재들을 다룰 준비가 채 되기도 전에 하강했는지는 더 깊은 측면으로 들어갈 필요가 없는데, 그 세부적인 내용은 마이트레야의 '영적인 자유의 마스터키(Master Keys to Spiritual Freedom)' 책에 설명되어 있기 때문입니다. 하지만, 여기에서 내 요점은 이것입니다: 여러분이 실재를 알게 되면, 그것은 단지 필연적인 결과였다는 사실을 알게 됩니다. 처음 지구로 왔을 때 여러분이 느꼈던 그 심한 거부감은, 말하자면, 사업을 위해 필요한 비용이었던 것입니다.

이제 여러분은 조금 더 깊이 들어갈 수 있고, 자신이 가진 특정한 비전에 따라 실제로 지구의 것들을 변화시키고자 하는 바람을 가지고 여기에 왔다는 사실을 알 수 있습니다. 그런 다음, 여러분은 특히 나다의 인도로 그 비전에 의문을 제기하기 시작할 수 있습니다. 왜냐하면, 그녀는 여섯 번째 광선의 큰 추진력을 가지고 있어서, 진정한 봉사와 거짓 봉사, 완전한 내면의 평화에서 나오는 봉사와 평화의 결여, 즉 뭔가 잘못되었고 반드시 바로잡아야 한다는 느낌에서 나오는 봉사 간의 차이를 보도록 돕는 데는 전문가이기 때문입니다.

여러분의 아이앰 현존을 제한하지 마세요

내가 이 담화의 서두에서 타락한 존재들의 기준에 대해, 그리고 어떻게 그 기준을 창조성에 적용할 수 없는지에 대해 이야기하지 않았습니까? 그렇다면 여러분이 서사적 사고방식을 가지고 올 때와 미리 형성된 비전에 따라 뭔가를 변화시키기를 바랄 때는 아이앰 현존의 창조적인 힘을 위한 열린 문이 될 수 없다는 것을 볼 수 없습니까? 그 이유는 아이앰 현존이 여러분을 통해 표현할 수 있는 비전이나 표현해야 하는 비전 위에 여러분이 육화 중에 갖게 된 제한된 관점에 기초한 비전을 겹쳐놓고 있기 때문입니다.

그때가 바로 지구와 같이 밀도 높은 행성에 육화할 때는 제한된 관점을 갖고 시작하는 것이 절대적으로 불가피하다는 사실을 깨달을 수 있는 때입니다. 그러므로 이와 같은 행성에서, 여러분의 공동창조 능력의 표현을 배우는 과정은 실제로 이중적인 방식이라는 것은 단순히 피할 수 없는 사실이라고 말할 수 있습니다. 한편으로 여러분은 반드시 창조적인 에너지와 일곱 광선의 특성, 그리고 그것들을 어떻게 표현하는지를 배워야 합니다. 하지만, 다른 한편으로 창조적인 형태로 일곱 광선을 표현하는 것을 실제로 배우는 방법은 지구상의 타락한 존재들로 인한 일곱 광선의 왜곡이 만들어낸 잘못된 개념을 극복하는 것입니다.

어떤 의미에서, 여러분이 사는 지구와 같은 행성에서는, 이전에도 우리가 말했듯, 이상적인 시나리오를 마주하지 못합니다. 여러분은 제한된 비전으로 시작하여 의식의 96단계에서 완전하게 열린 문이 될 때까지, 반드시 여러 단계와 층을 거쳐 그 비전을 정화해야 하는 시나리오를 마주하고 있습니다. 타락한 의식의 어떤 측면들, 그리고 신의 설계에 오류가 있다는 근본적인 믿음과 서사적 사고방식을 통해 그들이 만들어낸 창조성에 대한 기준을 여러분이 포기하는

96단계까지 말입니다.

　완전히 평화로울 수 있기 전까지 여러분은 진정한 봉사를 할 수 없습니다. 물론 나다와 나는 여러분이 내 은거처의 여섯 번째 단계에서 완전히 평화로울 수 있으리라고 기대하지 않습니다. 하지만, 우리는 여러분이 서사적 사고방식을 극복하는 것, 평화롭게 있으면서 두려움과 분노, 증오와 불안한 상태가 아닌 평화로운 상태에서 봉사하는 것의 중요성을 최소한 이해하기 시작하는 기반을 다질 수 있기를 진실로 기대합니다.

여정 상의 중대한 전환점

　사랑하는 이들이여, 우리는 사람들이 상승 마스터의 가르침을 찾고 나서 타락한 천사들에 대해, 또는 그들이 보는 방식대로 지구에 어떤 특정한 타락한 천사들이 나타난 것에 대해 증오감을 가지고서 디크리를 하는 데 몰입하는 것을 보아왔습니다. 그렇게 함으로써 그들의 디크리는 실제로 어느 정도 빛을 오용할 수도 있습니다. 물론, 이것은 우리가 계속해서 보고자 하는 방식이 아닙니다. 왜냐하면, 그것은 학생들에게 카르마를 만들게 되고, 비록 우리가 사람들이 불순한 마음으로 낭송하는 디크리를 통해 흐르는 힘을 막음으로써 카르마를 제한할 수 있다 하더라도, 어떤 의미에서 그것은 우리에게도 카르마를 만들게 되기 때문입니다.

　당연히 여러분은 이것이 내 은거처에서 행해지는 교육의 상당히 중요한 단계임을 알 것입니다. 왜냐하면, 서사적 사고방식에 대해 의문을 제기할 수 없거나 제기하려고도 하지 않는 학생들은 단순히 내 은거처에서 이번 단계를 넘어 올라갈 수 없기 때문입니다. 실제로 일부 학생들은 고난의 학교로 돌아가야 하는 지점에 이르게 되는데, 그들은 서사적 사고방식을 토대로 다른 누군가와 투쟁한다는 것이 어떤 것인지를 다시 한번 경험해야 하기 때문입니다. 그들은 이 서사적 투쟁을 초월해서 성장하고자 하는 자신들의 바람을 진실로 인식할 만큼 충분한 경험을 하지 못했습니다.

아마도 여러분은 다음과 같은 간단한 진리를 깨닫기 시작할 것입니다: 물론 여러분은 96단계까지 올라가는 어느 지점에서든 일곱 베일의 여정을 그만둘 수 있지만, 특히 내 은거처의 처음 일곱 단계는 가장 중요합니다. 여기 각 단계에서, 학생들은 실제로 여정을 그만두고 고난의 학교로 돌아가겠다는 결정을 내릴 수 있습니다.

여섯 번째 단계는 대부분의 학생은 아니지만, 분명히 상당수의 많은 학생이 서사적 사고방식에 기꺼이 의문을 제기하지 않음으로써, 고난의 학교로 다시 돌아가 어떤 서사적인 불의에 대항해 싸우겠다고 결정하는 단계라고 나는 말해야 하겠습니다. 그래서, 일이 잘되면, 그들은 한 번 또는 몇 번의 생애 후에 내 은거처로 돌아올 수 있습니다. 하지만, 그들이 돌아왔을 때, 그들은 우리의 지도에 다시 한번 마음을 열 수 있기 전에 작업해야만 하는 상당한 카르마를 갖고 있습니다.

권력 놀이에 갇힌 학생들

내 은거처로 온 학생 중에는 지구에서 실제로 강력한 지위를 차지한 오래된 추진력을 가진 학생들이 있습니다. 많은 수는 아닙니다. 영적인 여정에 열려 있는 대부분의 학생은 이전의 많은 생에서 지구상의 권력 놀이에는 참여하지 않기로 결정했습니다. 따라서 그들은 종종 억압받는 신분을 받아들였습니다. 또는 어쩌면 사회로부터 물러나 영적인 질서를 추구해 왔을 것입니다. 하지만, 몇 번의 육화에서 내가 그랬듯이, 지구상에서 권력을 누리는 삶에 관여해 온 사람들이 있습니다. 따라서 그들은, 나 자신도 그랬듯이, 거의 불가피하게 이러한 권력 투쟁들에 말려들게 되었습니다.

물론, 이 학생들은 이제 같은 교훈을 배워야 하므로 각기 다른 과제를 제시하지만, 이러한 권력 투쟁에 관여한 것에 대해, 또는 많은 경우 오용한 권력을 가진 것에 대해, 자신을 비난하는 지점으로 가지 않으면서 그것을 배워야만 합니다. 토머스 모어로 육화했을 당시, 나는 권력을 남용했고 내가 신성모독이라고 간주했다는 이유로 실제로 사람들을 처형했었다고 이전에 언급한 바 있습니다. 그 육화 후에 내가 직면했던 가장 어려운 도전은 사람들을 처형했던 내 행위를, 나를 포기하게 할 만큼 나 자신에게 너무 실망감을 느끼지 않으면서, 내가 권력을 남용했다는 것을 인정하는 것이었다고 단언할 수 있습니다.

나는 이것을 인정할 수 있었습니다. 왜냐하면, 그 육화에서 여러분이 볼 수 있듯이, 또한, 나는 왕에게 대항해 권력을 행사하기를 거부하면서 왕이 나를 박해하고 처형하도록 허용했기 때문입니다. 이로써, 나는 권력의 오용에 대해 의문을 제기하는 과정을 시작했다는 것을 보여주었습니다. 하지만, 나 자신에게 이것을 질문하는 것은 여전히 내게 커다란 도전이었습니다. 왜냐하면, 언제나 자신이 어떻게 권력을 남용하는지를 보는 것보다 다른 사람들이 어떻게 권력을 오용하는지를 보기가 더 쉽기 때문입니다.

한편, 나다와 나는 최근의 육화에서 강력한 지위를 가졌던 학생들과 함께 작업하기 위한 특별한 도구들을 고안했습니다. 이로써 우리는 집단의식의 고양과 황금시대를 가져옴에 있어서 실제로 상승 마스터들의 명분을 더 발전시키는 것은 서사적 투쟁에서 힘을 행사하는 것이 아니라는 보편적인 교훈을 그들이 보도록 도와줄 수 있습니다.

이것은 배우기에 몹시 어려운 교훈이 될 수도 있지만, 학생들이 이 지점으로 온다면, 분명 우리에게는 학생들이 이것을 통과하도록 도울 수 있는 도구들과 경험이 있습니다. 하지만, 어쩌면 이번 생에서도 오용된 권력에 대한 타성뿐만 아니라 자신이 잘못했음을 기꺼이 인정하려 들지 않는 그러한 자만심을 갖고 오는 사람들도 소수 있습니다. 물론 여러분은 지구상에서 이 두 가지 특성이 종종 함께 한다는 것을 볼 수 있으며, 가장 강력한 권력을 가진 존재들은 타락한 존재들이 투사한 또 다른 환영, 즉 권력의 지위를 유지하기 위해서는 항상 옳아야 한다는 또 다른 환영의 먹잇감으로 전락했음을 알 수 있습니다.

이러한 사고방식을 극복하는 것은 특별한 도전이고, 특별한 입문이며, 이것이 예수께서 파워 엘리트들이 예수 자신을 박해하고 굴욕하도록 허용했던 이유 중 하나입니다. 이것은 단지 그들의 심판을 가져오기 위한 것만은 아니었습니다. 이것은 예수가 자신과 그의 영적인 스승 모두에게 자신이 이 자만심을 놓아버렸음을 실제로 증명한 것이었습니다. 따라서, 타락한 천사들과 육화 중인 타락한 존재들이 여러분을 비난하고 조롱하며 굴욕감을 주도록 기꺼이 허용하고, 그들이 모든 것을 거짓으로 말하는 것을 허용하는 일은 실로 입문의 일부라고 나는 장담할 수 있습니다.

만약 자신이 이번 생에서 사람들로부터 이런 유형의 조롱과 박해를 받았다고 생각한다면, 힘을 내세요. 왜냐하면, 여러분이 이것을 보고 무집착의 상태로 있는 것을 배울 수 있다면, 이것이 단지 자유의지의 법칙이 펼쳐지는 방식임을 깨닫는다면, 여러분은 개인적인 여정에서 중요한 진전을 이룬 것이기 때문입니다. 여러분은 기꺼이 자유의지의 법칙이 스스로 펼쳐지게 한 것이며, 이로써 여러분을 조롱하고 있는 자들은 왜 그들이 다른 사람들을 조롱하고 싶어 하는지를 알 기회를 제공받았고, 그들 자신의 의식 상태에 의문을 갖기 시작했습니다. 하지만, 여러분 또한, 여러분이 조롱당하는 방식을 심각하게 받아들이지 않고 다른 사람들의 조롱이 여러분의 신성한 계획의 성취와 창조적인 에너지의 표현을 멈추도록 허용하지 않는 더 높은 의식 상태로 올라가고자 했기에 자신이 기꺼이 조롱을 당했다는 사실을 증명할 기회를 얻었던 것입니다.

이것은 대단히 중요한 입문이며, 따라서 나다와 나는 여러분이 세상의 조롱에 무집착으로 대처하는 방법을 배울 수 있다는 것을 알도록 도울 것입니다. 여러분은 실제로 여러분의 삶을 비개인화(de-personalize)하는 것을 배울 수 있습니다. 나는 지금 조금 앞서 나가고 있는데, 이것이 나의 다음 단계 교육이 될 것이기 때문입니다. 여러분에게 일어나는 모든 일을 개인적으로 다 받아들인다면, 어떻게 여러분이 자유를 성취할 수 있겠습니까? 그렇게 될 수가 없습니다. 그리고 바로 이 지점이 성 저메인과 내가 사람들을 다음 수준으로 높이도록 도울 수 있는 어떤 방법을 창안한 지점입니다. 따라서 나는 여러분에게 이 단계의 가르침을 주기 위해 돌아올 것입니다.

8
힘과 자유

"창조적인 결정이란 무엇을 의미할까요? 여러분이 이전에는 하지 않았던 방식으로 자유롭게 반응하는 것을 나는 창조적인 결정이라고 말합니다. 영체가 여러분의 반응을 통제하도록 허용하지 않으면서, 여러분이 어떻게 반응하고 싶은가를 토대로 반응하는 데 자유로운 것입니다."

마스터 모어

나는 마스터 모어이며, 나는 자유롭습니다. 여러분은 나와 함께 자유롭게 있을 수 있습니까? 그것은 여러분이 자신에게 물어볼 수도 있는 질문입니다. 그렇게 하면 여러분은 나의 이전 담화들을 공부한 이 시점에서도 한 걸음 물러서야 할 이유를 찾을 수 있을 것이며, 다음과 같은 질문을 생각해볼 수 있을 것입니다: "과연 나는 마스터 모어와 함께 하는 것에 자유로울 수 있을까?"

다르즐링의 내 은거처 주변에 있는 정원으로 나와 함께 걸어 들어간다고 상상해보세요. 우리는 외딴곳을 발견하고 그곳에 앉아 있으며, 여기에는 오직 우리 둘만 있습니다. 여러분이 말하고 싶은 무엇이든 우리는 이야기를 나눌 수 있습니다. 여러분은 그 상황에서 얼마나 자유롭다고 느낍니까?

삶에서 자신의 걱정이 무엇인지, 자신의 성장에 대한 우려와 자신의 의식 상태에 대한 고민을 나와 함께 자유로이 나눌 수 있습니까? 여러분은 자신이 가지고 있는 어떤 의문이든 자유롭게 질문할 수 있나요? 아니면 답을 듣기가 두려워서 묻기를 두려워하는 질문들이 있나요?

알다시피, 나는 첫 번째 광선의 은거처를 관리하고 있으며, 이 첫 번째 광선은 영적인 존재들이 상승 마스터와 초한들의 직접적인 인도하에 더 높은 여정을 모색할 준비가 되었을 때 가장 먼저 오는 곳이라고 내가 설명했습니다. 이 말은 여러분이 내 은거처에 오기 위해 48단계 의식에 있을 필요는 없다는 뜻입니다. 여러분은 자신이 오랫동안 반복해 온 똑같은 낡은 패턴을 반복하는 것 그 이상을 진지하게 원하는 전환점에 도달해야 합니다.

여러분은 얼마나 자유롭나요?

여러분이 그 이상이 되기를 원할 때, 자신의 정묘체로 내 은거처에 참여할 수 있습니다. 그러면 나는 여러분의 현재 의식 수준과 그 의식 수준을 초월하려는 자발적 의지에 따라 여러분을 도울 것입니다. 어떤 의미에서는, 여러분을 도울 수 있는 내 능력을 결정짓는 것은, 여러분이 자신의 현재 의식 상태와 현재 인식 필터, 그리고 삶을 바라보는 방식에서 한 걸음 물러나는 것에 얼마나 자유로운가에 달려 있다고 말할 수 있습니다. 여러분은 얼마나 기꺼이 한 걸음 뒤로 물러나서, 의식 내에서 자신이 어느 지점에 있는지를 살펴보며 "나는 더 이상 여기 있고 싶지 않아, 나는 더 높이 올라가고 싶어"라고 인식할 수 있습니까?

삶을 바라보는 방식에 대해 기꺼이 의문을 제기할 수 있느냐의 관점에서 본다면, 이곳에 오는 많은 학생에게는 거의 자유가 없습니다. 그들은 종종 하나의 패턴에 깊이 갇혀 있다고 느끼곤 합니다. 삶을 바라볼 수 있는 오직 하나의 특정한 방식만이 있을 뿐이라고 말이지요. 그들은 자신이 삶을 바라보는 지금의 방식은 그저 삶을 바라보는 하나의 방식일 뿐이며, 더 높은 의식 상태로 올라갈 기회를 얻게 되는 것은 여러 다른 방식들을 고려해 봄으로써만 가능하다는 사실을 깨달을 수 없거나 기꺼이 알려고도 하지 않습니다. 만약 여러분이 삶에 대해 의문을 제기하지 않은 채 지금의 방식대로 계속해서 삶을 바라본다면, 그 이상으로 오를 수 없습니다. 그렇지 않습니까? 이것은 그토록 단순합니다. 그렇지 않나요?

한 걸음 물러나 자신의 현재 의식 상태를 살펴보고, 나에게 이렇게 요청하는 것에 여러분은 얼마나 자유롭다고 느낍니까: "마스터 모어, 내 의식이 지금 어디에 있는지 보여주세요. 내가 더 높은 다음 단계로 오르지 못하도록 지금 나를 가로막고 있는 것이 무엇인지 보여주세요."

여러분의 반응 패턴

여러분은 삶에서 일어나는 모든 일을 자신이 얼마나 개인적으로 받아들이냐가 이것을 결정짓는다는 사실을 깨달을 수 있을 것입니다. 삶을 기꺼이 살펴보고, 다른 사람들이 무슨 말을 하거나 무언가를 하면, 그것을 여러분이 매우 개인적으로 받아들이는 상황을 눈여겨보세요. 여러분은 그들이 개인적으로 여러분을 공격하고, 조롱하고, 끌어내리며, 당혹스럽게 하고 화나게 하려고 한다고 느낍니다.

그래서, 여러분은 볼 의지만 있다면 분명하게 볼 수 있는 어떤 반응 패턴으로 들어갑니다.

그렇다면, 이러한 반응들이 어디서 오는지를 자문해 보세요. 이 반응 패턴은 어디에서 나올까요? 그런 다음, 그것이 하나의 단순한 곳에서 나온다는 것을 인식하세요: 그것은 여러분이 자신의 하위 존재로 들어오도록 허용했거나, 하위 존재 안에서 창조했던 영체들로부터 나오는 것입니다.

여러분이 자신이 의식하는 자아임을 알 때, 자신이 짧게나마 순수의식을 경험했음을 알 때, 순수의식인 이 의식하는 자아는 지구상의 일들을 개인적으로 받아들일 수 없다는 사실을 여러분은 알 수 있습니다. 왜냐하면, 의식하는 자아는 자신이 육체가 아니고, 저급한 마음이 아니며, 영체가 아니라는 것도 알고 있기 때문입니다. 그렇다면 어째서 여러분은 무언가를 개인적으로 받아들입니까? 알다시피, 의식하는 자아는 아무것도 개인적으로 받아들이지 않습니다. 오직 어떤 영체의 필터를 통해서 상황을 바라볼 때만 어떤 것을 개인적으로 받아들이는 것입니다.

이전에 성 저메인께서 '생명의 강과 함께 흐르기'라는 책에서 언급했듯이, 그의 주된 은거처는 상징의 동굴(the Cave of Symbols)로 불립니다. 그에게는 여러분을 방해하고 제한하고 있는 상징을 볼 수 있도록 돕는 능력이 있습니다. 하지만, 이 가르침은 마하 초한의 영체의 창조(the creation of spirits)에 대한 가르침 이전에 주어졌던 것입니다. 따라서, 사실상 제일선은 영체라는 사실을 여러분은 알고 있습니다. 물론, 영체는 특정한 사고 매트릭스에서 창조되었고, 이 매트릭스는 단지 상징에 불과하므로 성 저메인이 상징이라고 칭했던 것입니다. 그것은 실재가 아닙니다. 그것은 단지 마음속에서 창조된 사고 매트릭스일 뿐입니다. 그리고 그것은 제한적이고 선별적인 인생관에 기초해서 창조된 것입니다.

따라서, 특정한 영체가 창조될 때, 그것은 이 특정한 삶의 관점을 토대로, 즉 이 상징을 기초로 창조된 것입니다. 그리고 이것은 여기 지구에서 여러분에게 일어났던 어떤 일 때문에 받아들였거나, 어떤 상황에 대처하기 위해 창조하기로 선택했던 삶의 관점이었습니다.

공격받는 상황 다루기

내가 이전에 무엇이라고 말했습니까? 이 행성은 많은 타락한 존재와 타락한 의식에 갇힌 존재들이 육화 중인 어둠의 행성입니다. 그들은 오직 자신을 분리된 존재로 여기며, 다른 사람들과 경쟁하고 항상 자신을 다른 사람과 대립하는 것으로 보며, 또한, 언제나 다른 사람들을 끌어내려서 우월감을 느끼고자 합니다. 그 때문에 그들은 여러분이 어떤 유형의 창조성, 어떤 유형의 영성을 나타낼 때면 위협을 느끼게 되고, 따라서 여러분을 끌어내리려고 합니다. 그러므로 여러분이 지구에 육화해서 과감하게 창조적인 추진력을 표현하는 그 순간부터 조롱당하고 억압받고 물리적, 감정적, 멘탈, 심지어 정체성 수준에서까지 다양한 방법으로 공격을 받았던 것입니다.

최선의 의도를 가지고 천진한 아이처럼 느끼며 이곳에 온 새로운 생명흐름이었던 여러분이, 어느 날 갑자기 여러분의 창조적인 추진력을 표현하지 못하게 하려고 여러분을 비난하며 입을 틀어막고 파괴하려는 단 하나의 욕망만을 가진 어른들에게 무참히 공격을 당했다면, 여러분은 무엇을 하게 되었을까요?

여러분은 이 상황을 어떻게 대처해야 할지를 몰랐기 때문에, 그것에 대처할 수 있는 영체를 창조했던 것입니다. 이 영체는 그 당시 여러분이 가지고 있었던 제한된 자아감에 기초해서 창조되었기에, 여러분은 자신의 아이앰 현존이 그 상황을 보는 것과 같은 명료함으로 그 상황을 바라볼 수가 없었습니다. 여러분은 자신이 순수의식인 의식하는 자아이므로 지구상의 어떤 것에도 반응할 필요가 없고 단지 현존이 반응하도록 허용할 수 있을 뿐이라는 사실을 잊어버렸던 것입니다.

여러분은 현재의 자기-인식 수준을 바탕으로 지구상의 것들에 반응해야만 한다고 믿게 되었습니다. 그래서 여러분은 반응하게 되었지만, 반응하는 방법을 잘 알지 못했고, 자신은 이 공격에 반응하기를 원하지 않았으며, 이러한 공격에 대처할 건설적이거나 합리적인 방법은 없다고 생각했기 때문에, 자신을 대신해서 반응할 영체를 창조하게 되었습니다. 그 영체는 여러분의 의식 수준을 바탕으로 창조되었는데, 즉 그 당시 여러분이 가지고 있던 자아를 통해 삶을 바라보는 방식을 기초로 창조되었습니다. 따라서 그것은 본질적으로 제한된 영체입니다. 그것은 어떤 상황에 반응할 수 있는 단지 제한된 선택권만을 가졌습니다.

일단 영체가 창조되면, 그것은 자신을 창조하고 규정한 그 매트릭스에 갇히게 됩니다. 영체는 매트릭스를 초월하려는 자기-인식이 없으므로, 같은 패턴에 기초해서 똑같은 방식으로 이런 상황에 계속 반응할 수 있을 뿐입니다. 영체는 단지 이 패턴을 점점 더 극단적으로 몰고 갈 수만 있을 뿐입니다. 그 패턴이 분노라면, 여러분은 자신에게 대항하거나 방해하는 어떤 것에 끊임없이 화를 내고 몰아세울 준비가 될 때까지 점점 더 화를 낼 수밖에 없습니다.

여러분을 대신해서 반응하는 영체를 보기

내 은거처에 온 학생들이 이런 패턴에 사로잡혀 있더라도 그들이 내가 이전 담화에서 설명한 여섯 단계를 기꺼이 통과하고자 한다면,

나는 그들을 상징의 동굴에 있는 성 저메인의 은거처로 데려갈 것입니다. 그곳에서 우리는 사람들에게, 그들이 어떤 것을 개인적으로 받아들일 때 반응하는 것이 실제로 어떤 영체인지를 화면을 통해 시각적으로 보여줄 수 있습니다.

물론, 그것이 항상 분노는 아닙니다. 대개 그것은 다른 감정들입니다. 많은 영적인 사람은 그들이 다른 이들에게 받아들여지지 않는다고 느끼는 다양한 상황에서, 당황하거나 조롱당한다는 깊은 느낌이 있습니다. 우리가 학생들에게 보여줄 수 있는 것은, 무엇보다도 그들의 반응은 자신이 어떻게 반응할지를 선택하는 창조적인 반응이 아니라는 점입니다. 그들은 특정한 상황에서 그냥 자동으로 반응하고 있을 뿐이며, 본질적으로 자기-인식을 포기하면서 완전히 자신은 뒤로 물러나 영체가 그들의 반응을 대신하도록 허용하고 있는 것입니다.

우리는 그들에게 이 영체가 어떻게 반응하는지 보여줄 수 있습니다. 우리는 그들에게 그 영체가 어떻게 생겼는지 보여줄 수 있는데, 대체로 좋은 모습은 아닙니다. 우리는 이 영체가 어떻게 반응하는지 볼 수 있고, 영체가 반응할 때 사람들에게서 무엇이 오는지 보여줄 수 있습니다. 우리는 그들에게서 오는 것이 창조적인 반응이 아니라는 것을 보여줄 수 있습니다. 왜냐하면, 누군가가 여러분을 공격하거나 조롱하거나 끌어내릴 때마다, 그것은 그 다른 사람의 창조적인 반응은 아니기 때문입니다.

다른 사람들 역시 영체가 그들의 마음을 점령하도록 허용했고, 따라서 여러분을 공격하는 것은 이러한 공격적인 영체입니다. 이제 여러분은 자신의 공격적인 영체로 반응하거나, 그 공격에 굴복하고 그것을 내면으로 가져와서 다양한 방식으로 대처하는 수동적인 자아로 반응합니다. 자신을 방어하지 못하고 반격하지 못한 것에 대해서 자신을 비난하거나 어리석다고 느끼며, 조롱당하고 당황스러운 느낌과 분노를 느끼면서 말입니다.

알다시피, 여러분이 일단 성 저메인의 은거처에서 이 스크린을 보게 되면, 반응하는 것도 영체이지만 공격하는 것 또한 영체라는 사실을 알 수 있습니다. 공격하는 영체가 하나 있고, 그 공격에 반응하는 또 다른 영체가 있습니다. 여러분이 내 은거처에서 처음 여섯 단계를 거쳤다면, 서로를 공격하거나 다른 영체의 공격에서 자신을 방어하는 영체들에 의해 자신의 삶과 주의력이 소모되도록 허용하는 것은 완전히 무의미하다는 사실을 알 준비가 된 것입니다. 여러분은 이것이 어떻게 여러분의 삶과 주의력을 집어삼키는지 볼 수 있으며, 이제 학생들은 다음과 같이 결정하고 말할 수 있습니다: "그만! 나는 더 이상 이런 영체들에게 내 자유를 빼앗기는 것을 용납하지 않겠다."

그렇게 하면, 여러분은 자신이 지금 다루고 있는 영체, 여러분의 삶을 움직이는 영체, 삶이나 특정한 상황에 대한 여러분의 반응을 통제하도록 허용한 주요한 영체를 살펴볼 수 있는 다음 단계를 밟을 수 있습니다. 이 영체에게서 실제로 자유로워지는 유일한 방법은, 이 영체가 더 이상 특정 유형의 상황에서 여러분의 반응을 지배하지 않기를 바란다고 결정하는 것입니다. 왜냐하면, 사실상 여러분은 이러한 상황에 어떻게 반응할지에 대해 창조적인 결정을 내리는 데 자신의 의지와 힘을 사용하고 있기 때문입니다.

창조적인 결정을 하기

창조적인 결정이란 무엇을 의미할까요? 여러분이 이전에는 하지 않았던 방식으로 자유롭게 반응하는 것을 나는 창조적인 결정이라고 말합니다. 영체가 여러분의 반응을 통제하도록 허용하지 않으면서, 여러분이 어떻게 반응하고 싶은가를 토대로 반응하는 데 자유로운 것입니다. 여러분은 기꺼이 이렇게 말하는 결정을 합니다: "예, 나는 내가 영체를 창조했다는 사실을 압니다. 나는 과거에 이런 상황에서 여러 번 특정한 방식으로 반응했음을 압니다. 하지만, 내가 왜 과거에 반응했던 방식에 지금도 매여 있어야 하나요? 이것은 자유의지가 아닙니다. 내가 선택하고 싶지 않아서 영체에게 내 반응을 대신하도록 허용할 때, 나는 내 의지력을 발휘했던 것이 아닙니다. 따라서, 나는 내 의지력을 되찾겠습니다. 나는 내 의지력을 되찾고 기꺼이 선택하겠습니다. 왜냐하면, 내가 많은 생애 전에 창조한 그 영체는 그 당시의 자아감, 그 당시의 의식 상태에 기초해서 창조되었다는 것을 깨달았기 때문입니다. 그러나 나는 성장했습니다. 나는 내 자아감을 확장했습니다. 그러므로, 이제 나는 과거에 했던 방식보다 더 성숙하고, 더 의식적이며, 더 깨어있는 방식으로 반응할 수 있고, 기꺼이 그렇게 반응하겠습니다."

이제 알겠습니까? 자유는 결정을 내리지 않음으로 인해 잃을 수 있습니다. 하지만, 자유는 의식적이고, 의도적이며, 신중한 결정을 내리지 않는다면 쟁취할 수도 없습니다. 여러분은 자유를 외부로부터 오는 어떤 것도 자신을 방해하지 않는, 뭔가 수동적인 것으로 생각할 수 있을 것입니다. 하지만, 그것은 자유가 아닙니다.

자유는 적극적인 힘입니다. 자유롭기 위해서는 힘이 필요하고, 오로지 의지를 통해서만 힘을 방출할 수 있습니다. 단지 수동적인 상태로 머물거나 아무도 자신을 공격하지 않을 상황을 그저 바라기만 하는 것으로는 자유로울 수 없습니다. 왜냐하면, 그런 지점은 적어도 가까운 미래에는 지구에 나타나지 않을 것이기 때문입니다. 여전히 너무나 많은 타락한 의식을 가진 존재들이 육화 중이며, 그들은 여러분을 공격할 것입니다. 그들의 삶은 난폭하고 공격적인 매트릭스, 즉 특정 매트릭스에 의해 창조된 영체에 의해 점령당했습니다. 그들은 현재 다른 어떤 방식으로 삶을 끌어갈 수 없습니다.

여러분이 이것을 볼 때, 이때가 바로 여러분의 삶을 객관화하기 시작할 수 있는 때입니다. 왜냐하면, 여러분은 여러분을 공격하거나 조롱하는 이 사람들이 실제로는 여러분을 개인적으로 조롱하는 것은 아님을 깨닫기 때문입니다. 그들은 그들의 의식을 지배하고 있는 영체의 필터를 통해 여러분을 보고 있으므로, 실제로 그들은 여러분을 보고 있지 않습니다. 그 영체가 보는 것은 그 영체를 규정한 매트릭스에 기초합니다. 사실, 그 영체가 보는 것은 매트릭스입니다. 그것은 여러분이 누구인지 그 실재를 보지 못합니다. 그것은 여러분의 실재를 볼 능력이 없습니다. 그것이 여러분을, 여러분의 에너지장을, 심지어 여러분의 삶을 움직이는 영체를 마주했을 때, 단지 그 영체의 마음속에 창조된 패턴을 볼 뿐입니다.

알다시피, 다른 사람 속에 있는 영체는 여러분을 보고 있는 것이 아닙니다. 그 다른 사람은 의식적이지 않고 깨어있지 않습니다. 만약 그들이 영적인 존재로서의 진정한 자신을 완전히 인식한다면, 그 누구도 여러분을 공격하거나 비웃거나 끌어내릴 수 없습니다. 왜냐하면, 그때 그들은 여러분이 영적인 존재라는 사실 또한, 인식할 것이기 때문입니다. 그리고 왜 한 명의 영적인 존재가 다른 영적인 존재를 끌어내리려고 하겠습니까? 그러나 하나의 영체는 실제로 다른 영체나 다른 영적인 존재를 끌어내리려고 할 것인데, 그 영체는 여러분이 영적인 존재라는 사실을 보지 못하기 때문입니다. 내가 말했듯이, 영체는 여러분의 참모습을 마주하고 있는 자신의 인식 필터가 자신의 마음속에 만들어낸 신기루만을 볼 수 있을 뿐입니다.

여러분의 삶을 객관화하기(depersonalizing)

이것을 알고 깨닫고 보기 시작할 때, 여러분은 다음과 같이 말할 수 있습니다: "영체가 실제로는 나를 개인적으로 공격하는 것이 아니라면, 나는 왜 그것을 개인적으로 받아들이는 것일까? 나와 같은 상황에 다른 누군가가 있고 그 사람이 나와 같은 행동을 한다면, 영체들은 그 사람 역시 공격할 것이다. 따라서 그것은 실제로 나에 대한 공격이 아니다. 그렇다면 나는 왜 내가 개인적으로 공격을 받았다고 느끼고 있을까?"

그렇게 하면 여러분은 순수의식, 의식하는 자아인 여러분이 개인적으로 공격받고 있는 것이 아니라는 사실을 깨달을 수 있습니다. 개인적으로 공격당하고 있다고 느끼는 것은 그 상황을 바라보고 있는 그 영체입니다. 그리고 어떤 의미에서는 그 영체가 개인적으로 또 다른 영체에게 공격받고 있는 것이라고 말할 수도 있습니다. 또는 여러분의 영체는 개인적으로 공격받았다고 느끼고, 이런 유형의 상황에 대해 개인적이고 특정한 방식으로 이 상황으로 대처하기 위해 창조되었다고 말할 수도 있습니다. 하지만, 여러분이 영체가 아님을 깨닫는다면, 여러분은 영체가 느끼는 위협을 느끼지 않아도 된다는 사실을 알 수 있습니다. 따라서 비록 영체가 그것을 개인적으로 받아들인다고 하더라도, 여러분은 그것을 개인적으로 받아들일 필요가 없습니다.

이 상황에 반응하고 있는 "나"는 무엇일까요? 이 질문을 하는 나와 같은가요? 여러분에게 상황에 반응하고 있는 것이 어떤 나인지를 자문할 수 있는 능력이 있음을 깨달을 때, 여러분은 의식하는 자아라고 부르는 내가 존재한다는 것과 단지 영체일 뿐인 내가 있다는 것, 그리고 영체라고 생각하는 나에게는 실체가 없다는 것을 깨닫게 됩니다. 영체에게는 실재의 요소가 없습니다. 그러므로 여러분은 이 영체가 반응하는 방식에 구속되지 않는다는 것을 알 수 있습니다. 여러분은 매트릭스에 의해 구속되지 않습니다. 여러분은 매트릭스를 살펴보겠다는 창조적인 결정을 하고, 매트릭스가 어떻게 여러분을 제한하는지 살펴보면서 이렇게 말할 수 있습니다: "나는 이 매트릭스를 통해 이 상황을 보고 싶지 않다. 나는 그것을 좀 더 창조적인 방식으로 보고 싶다. 나는 이 상황을 더 높은 관점에서 좀 더 자유롭게 살펴보고 더 높은 비전으로 반응하기를 원한다."

　이것이 여러분이 자유를, 의지의 자유를, 바로 여러분의 힘을 표현할 자유를 얻기 시작하는 방법입니다. 여러분이 창조한 영체들은 무엇을 하고 있습니까? 그 영체들은 여러분의 힘을 제한하고 있습니다. 그것은 본질적으로, 여러분은 어떤 상황에서든 창조적인 방식으로 반응할 수 없고, 영체를 통해서만 반응해야 하므로 언제나 반응해왔던 방식대로 반응해야 한다고 말합니다. 이것은 여러분의 창조력을 표현하는 것이 아닙니다. 여러분이 더 많은 영체를 창조할수록, 여러분은 아이엠 현존으로부터 자신을 통해 흐르는 창조력의 양을 실제로 더 많이 제한할 것입니다. 여러분이 그 영체들을 더 키워서 완전히 삶을 장악하지 못하게 하려고 여러분의 아이엠 현존은 은총으로서 이렇게 합니다.

천진함을 잃어버리는 것

　물론, 여러분을 공격하고 있는 영체들은 창조적인 영체가 아닙니다. 그것은 애초에 여러분 창조력의 표현을 막기 위해 타락한 존재들이 창조한 것입니다. 타락한 존재들은, 만약 그들이 충분히 잔인하고 부당한 방식으로 신성하고 천진난만한 사람들을 공격한다면, 일정 비율의, 사실상 매우 많은 비율의 천진한 사람들이 처음에 아주 큰 공포감을 겪고 충격을 받아서, 자신이 받은 그 공격을 만들어낸 것과 비슷한 의식 수준으로 공격에 반응해야 한다고 생각하게 됨으로써 그들의 천진함이 속아 넘어가리라는 것을 경험으로 알고 있었습니다. 그리하여 천진난만한 이들은 이 공격하는 영체들에게 같은 의식 수준에서 반응하는 영체를 창조해야만 한다고 생각하게 되었습니다.

　어떤 의미에서, 여기에는 교묘한 메커니즘이 있습니다. 여러분이 천진한 상태에 있을 때는, 낮은 의식 수준에서 공격을 되돌려줄 방법이 없습니다. 어떤 수준의 에너지로 공격을 무력화하거나 막지 않고서는 낮은 수준에서 공격을 되돌려 보낼 수 없습니다. 왜냐하면, 모든 행동에는 반응이 따르기 때문입니다. 이것이 상승하지 못한 구체의 법칙입니다. 그러므로 특정한 진동 수준에서 여러분에게 불리한 행위가 가해질 때, 여러분은 그 공격과 똑같은 진동 수준과 의식 수준의 반응으로 거기에 대응해야 한다고 생각하는 함정에 빠지기 쉽습니다. 그리고 이것이 여러분의 신성한 천진무구함을 잃게 만듭니다.

　그렇다면 나는 지금 무엇을 말하고 있습니까? 천진함을 유지하려면, 여러분은 타락한 존재들이 계속해서 여러분을 공격하도록 허용해야 한다고 말하고 있을까요? 진정으로 나는 그렇게 말하고 있지 않습니다. 만일 여러분이 투명해서 그들의 공격이 여러분을 그냥 통과하게 한다면, 그들이 여러분에게 좋지 않은 행동을 하는 것이 무슨 상관이 있을까요? 궁극적인 천진함이란 투명성입니다. 다시 말해, 만약 여러분의 내면에 그 공격과 상호 작용할 수 있는 동일한 진동이 아무것도 없다면, 타락한 의식에서 나온 무엇이든지 그것이 여러분을 향할 때 그냥 여러분을 통과해 지나가게 됩니다.

　그러므로 더 깊은 진실은 어둠의 세력들과 타락한 존재들이 여러분을 그들에게 반응하도록 강요할 수 없다는 것입니다. 여러분은 같은 수준으로 반응할지 결정해야 합니다. 그들은 여러분이 이 수준에서 반응하는 것이 필요하다거나 심지어 더 높은 명분에 의해 정당하다고 생각하도록 속이는 데는 아주 지능적입니다. 예를 들어, 선한 크리스천들이 예루살렘을 해방하기 위해 무슬림 신앙을 가진 남자, 여자, 아이들을 죽이는 것이 정당하다고 생각하면서 십자군 전쟁에 나가도록 만들 수 있었듯이 말입니다. 실제로 십자군 전쟁은 타락한 존재들과 어둠의 영체들이 사람들을 끝없는 갈등으로 끌어들여서 영체에게 먹이를 주고, 사람들이 그리스도 신성을 실현하지 못하게 하려고 만든 하나의 커다란 투쟁이었습니다.

여러분이 영원히 계속될 수 있는 이러한 행동-반응 패턴으로 끌려 들어간다면, 이것은 자유가 아닙니다. 여러분이 내 은거처의 일곱 번째 단계에 오면, 나는 여러분이 이것을 보도록 돕습니다. 일부는 이것을 보지 못할 것입니다. 그러면 그들은 반드시 내 은거처를 떠나 고난의 학교로 돌아가야 합니다. 또 다른 이들은 너무 겁을 먹어서 한동안 수프 대기 줄로 돌아가서 치유를 받아야 합니다.

심지어 일부는 자신이 창조한 영체를 흘끗 보기도 하는데, 그것은 실제로 상처를 만들어내기도 합니다. 그들은 이것을 보는 것에 큰 반응을 하게 되고, 그것이 새로운 영체를 만들어냅니다. 따라서 그들은 내 은거처의 첫 번째 단계로 되돌아가서, 치유를 받으며 다시 올라옵니다. 또는 다른 초한들의 은거처 중 한 곳으로 가는데, 그곳에서 그들은 그 수준에서 자신을 붙잡고 있는 영체를 침착하게 살펴보고, 다음과 같이 말할 수 있기 전까지 치유나 사랑, 그들이 필요한 무엇이든지 도움을 받을 수 있습니다: "너의 시간은 끝났다. 너는 더 이상 내 삶을 통제하지 못할 것이다. 너는 이 특정한 유형의 상황에 대한 내 반응을 통제하지 못할 것이며, 따라서 나는 기꺼이 여기에 어떻게 반응할지 의식적으로 결정할 것이다."

관계를 바꾸기

사랑하는 이들이여, 많은 학생이 내가 여기에서 언급한 내용에 대해 깨닫지 못하면서 내 은거처로 옵니다. 내가 이렇게 말하는 이유 중 하나는, 여러분이 입문에 대한 어떤 의식적인 기억을 유지하도록 도와서, 일상생활에서도 그것을 더 쉽게 구현할 수 있게 하는 것입니다. 하지만, 아직 많은 학생이 그것이 어디에서 왔는지 의식적으로 인식하지 못한 채 이미 입문을 시작했다고 말할 수도 있습니다. 또 내 은거처에 와서 일곱 번째 수준의 입문을 성공적으로 통과하면서 나타나는 효과는, 학생들이 특정한 상황에 대해 자신의 반응을 의도적으로 바꾸기 시작한다는 것입니다.

이것은 종종 부모, 배우자, 좋은 친구, 아이같이 특정한 사람과의 관계에서 일어납니다. 직장에 있는 사람들일 수도 있습니다. 그들은 때로는 수년, 심지어 수십 년간 여러분이 다루기 힘들다고 여겼던 사람들일 수 있지만, 이제 갑자기 여러분은 이런 똑같은 낡은 패턴에 기초한 관계를 지속하고 싶지 않다고 깨달습니다.

별안간 여러분은 다른 사람이 변할 가능성은 거의 없음을 깨닫게 됩니다. 따라서 관계의 역학이 바뀌려면 누가 바뀌어야 하겠습니까? 내가 더 많이 의식하고 있으므로 내가 바뀌어야 합니다. 내가 더 많이 깨어있습니다. 나는 기꺼이 더 많은 결정을 내리고자 합니다. 따라서 여러분은 문득 관계를 살펴보고 이렇게 말할 수 있습니다: "음, 내가 바라는 대로 관계가 바뀌려면, 그 역학을 바꾸기 위해 뭔가를 해야만 하는 사람은 바로 나다. 이 말은 내가 반드시 나의 반응을 바꾸어야 하고, 다른 사람을 대하는 방식을 바꾸어야 한다는 의미이다."

사랑하는 이들이여, 여러분이 이 지점에 이르면, 다른 사람을 대하는 방식을 의식적이고 의도적으로 바꾸기로 선택할 때는 다음 두

가지 중 하나가 일어난다는 것을 알 수 있습니다: 다른 사람이 놀라서 그 역시 변하기 시작하거나, 그 사람이 변하지 않고 이전과 같은 방식으로 계속 반응한다면, 많은 경우, 여러분은 그냥 그 관계에서 벗어나 이런 유형의 사람과는 마주치지 않는 다른 상황으로 간다는 것을 알게 됩니다.

자, 때로는 관계를 유지해야 할 특별한 이유가 있습니다. 이는 자식이나 배우자 그리고 부모인 경우에 특히 그럴 수 있습니다. 그런 경우, 만약 다른 사람이 변하지 않더라도, 여러분이 상당히 많이 변해서 다른 사람의 행동이 더 이상 여러분을 괴롭히지 않을 것입니다. 왜냐하면, 여러분은 그것을 더 이상 개인적으로 받아들이지 않기 때문입니다. 이것은 여러분이 그 사람과의 관계를 지속할 수 있다는 뜻이긴 하지만, 여러분은 그 사람에게서 다소 물러나 최소한의 접촉만을 하는 경우도 종종 있습니다. 여러분이 그들과 접촉해야 할 때는 객관화된(depersonalized) 반응을 유지할 수 있습니다. 여러분은 그 사람이 어떤 패턴에 빠져 있다는 것을 알기에, 그 사람이 수십 년 동안 해왔던 방식처럼 장황하게 말을 늘어놓는 일들을 그냥 놔둘 수 있습니다.

만약 그 사람이 부모나 아이라면, 여러분은 그 사람을 사랑하고, 그가 누구인지 받아들이며, 그들이 남은 생애 동안 어쩌면 변할 수 없을지도 모른다는 점을 받아들입니다. 그리고 비록 상대방과 가까운 관계라 할지라도 다른 사람을 변하도록 강요하는 것이 여러분의 일이 아니라는 것을 깨닫게 됩니다. 여러분은 있는 그대로의 자신이 되도록 허용할 수 있습니다. 여러분은 자유의지의 법칙을 수용하기에, 다른 사람들도 있는 그대로의 자신이 되도록 허용할 수 있습니다.

여러분은 자신의 반응을 바꿈으로써 자유의지를 실행해 왔다는 것을 인정합니다. 여러분은 뱀의 마음에 속아 다른 사람을 바꾸는 것이 어떻게든 자신의 책임이라고 생각하는 것을 허용하지 않음으로써 자유의지를 계속 행사할 것입니다. 여러분은 상대방이 이러한 낡은 패턴을 계속 반복하도록 허용할 수 있는데, 그 사람은 기꺼이 자신의 자유의지를 행사하려 하지 않기 때문입니다. 하지만, 여러분은 다른 사람에게 객관화된 방식으로 반응함으로써 자유의지를 여전히 행사하고 있는 것입니다.

여러분은 이것을 개인적인 일로 받아들이지 않습니다. 여러분은 자유를 유지합니다. 그리고 때로는 자신의 성장을 위해서, 다른 사람에 대해 객관화된 반응을 오래 유지하는 것이 필요합니다. 왜냐하면, 그것이 여러분 존재의 네 하위체에 점차 이 객관화된 반응을 정박하기 때문입니다. 그러면 여러분은 평생 반복할 수도 있는 낡은 패턴으로 되돌아가지 않으면서, 그 사람을 상대하며 다룰 수 있다는 것을 입증하는 지점에 이르게 됩니다.

비인격화와 인간성 말살[1]

다시 말하지만, 외부의 상황과 그 상황의 결과에 무집착으로 있으세요. 이것이 자유를 향한 필수적인 단계 중 하나입니다. 뱀과 뱀의 마음을 가진 자들이 이러한 행위-반응의 패턴으로 들어가도록 부추기는 주요한 방법의 하나는, 반드시 얻어야만 하는 어떤 특정한 물리적 결과가 있다고 여러분이 믿도록 만드는 것입니다. 그들은 종종 특정한 결과가 구현되기를 요구하는 어떤 탁월한 명분이 있다는 서사적인 사고방식으로 이렇게 합니다.

사랑하는 이들이여, 어떻게 히틀러가 독일 국민 대부분을 기만해

---

[1] Depersonalization and Dehumanization

서, 근본적으로 아리안족의 순수 혈통을 지키는 것이 필수적이라고 생각하게 했나요? 어떻게 세계 공산주의 창시자들이 공산주의 낙원을 가져오기 위해서는 실제로 다른 사람들을 죽이거나 고문하는 것이 정당하다고 믿도록 많은 사람을 속였습니까?

자신의 영성과 연결된 사람이 타인을 죽이거나 고문할 수 있다고 생각합니까? 그렇게 될 수가 없습니다. 그것은 단지 그 사람이 영체가 자신의 반응을 지배하도록 허용했을 때만 일어날 수 있는 일입니다. 그런데 사람들은 왜 그렇게 할까요? 왜냐하면, 그들은 더 위대한 서사적 명분을 위해서는 어떤 결과가 절대적으로 필요하고, 따라서 인간으로서는 차마 할 수 없는 일을 저지르는 것도 필요하다고 확신하기 때문입니다. 그래서 그들은 그들의 반응과 행동을 영체가 지배하게 허용함으로써 자신을 비인간화합니다. 그들은 그 행위를 비인간화할 수 있고, 자신들이 또 다른 인간을 고문하거나 죽이고 있다는 사실을 보지 못합니다. 그들은 죽임을 당하거나 가스실 안으로 떠밀려 들어가는 사람들이 어느 정도는 인간 이하이거나 인간이 아니라고 생각합니다.

알다시피, 여기서 내가 말하고 있는 것은 여러분의 삶을 객관화할 필요가 있다는 점입니다. 그러나 여러분의 삶을 객관화한다는 것은 또한, 여러분이 자신과 다른 사람들의 인간성을 말살하는 지점까지 지나치게 멀리 나갈 수도 있습니다. 모든 것을 자기 일로 받아들이는 개인적인 반응과 다른 사람을 인간으로 생각하지 않고 인간성을 말살하는 반응, 양쪽 모두가 영체로부터 비롯된다는 사실을 깨달아야 합니다.

여러분이 이것을 지각하기 시작한다면, 진정으로 이 행위-반응 패턴에서 자신을 자유롭게 할 수 있습니다. 여러분이 공격당하고 있다는 것과 어떤 패턴에 빠지도록 강요당하고 있다는 것을 알아채지 못하도록 명백한 물리력과 속임수를 통해 공격하고 있는 이 두 가지 유형의 타락한 존재들로부터, 여러분은 자유로워질 수 있습니다.

여러분이 내 은거처의 일곱 번째 수준에 있다면, 이것을 추론하는 것은 여러분의 의식 수준을 넘어서는 일이 아닙니다. 여러분에게는 힘이 어떻게 오용됐는지를 볼 수 있고, 인간이 힘을 오용하게 만드는 핵심은 사람들이 어떤 일을 실제로 자기 일로 여기면서도 동시에 자신이 타인에게 한 일은 객관화하는 상황에 자신을 두는 것이라는 사실을 추론할 수 있는 능력이 있습니다. 일례로, 제2차 세계대전 동안 독일인들은 유대인들이 독일과 독일인들에게 하고 있다고 믿었던 것을 개인적으로 받아들였습니다. 하지만, 그들은 역시 유대인들을 비인간화했기 때문에 진실로 인간을 죽이고 있다고 생각하지 않았습니다.

이원적인 극단

이러한 반응을 이해하겠습니까? 이원성의 의식에는 항상 두 극단, 두 극성이 있습니다. 그러므로 이 의식에 갇히려면 양쪽 모두가 필요합니다. 다른 사람이 하고 있다고 생각되는 어떤 일을 자신에게 하는 일로서 반응하고, 그러면서도 자신이 그들에게 하는 일은 객관화할 때, 여러분은 완전히 갇히게 됩니다. 왜냐하면, 여러분은 자신이 그들에게 한 일을 개인적인 공격이라고 느낄 권리가 그들에게는 없다고 생각하기 때문입니다. 어찌 됐든 그들은 나쁜 사람들이니까요.

따라서, 여러분이 그들에게 폭력을 행사할 때, 그것은 그들이 여러분에게 폭력을 가했을 때 여러분이 생각한 만큼 잘못이라는 사실을 깨닫지 못합니다. 이것을 깨닫는다면, 이것은 사람들이 다음과 같이 깨달아 이러한 반응에서 빠져나올 수 있게 하는 더 높은 수준의 추론이 될 수 있습니다: "나 역시도 그들에게 폭력을 사용하면서, 그들이 나에게 폭력을 사용하는 방식을 계속 비난할 수는 없다. 이것은 위선이다."

여기가 바로 여러분의 추론 능력이 여러분을 이러한 반응 패턴에서 빠져나오게 도울 수 있는 지점입니다. 그러나 영체를 통해 상황을 바라본다면 그렇게 할 수 없는데, 영체는 매트릭스 너머로 추론할 수 없음을 알고 있기 때문입니다. 그 영체는 비인간화되었으며, 많은 영체가 특정한 이들의 인간성을 말살하는 사고 매트릭스를 기반으로 창조되었습니다. 그것은 이 매트릭스를 깨뜨릴 수 없습니다. 그것은 창조적으로 사고할 수 없습니다.

그러므로, 여러분이 그 영체와 자신을 완전히 동일시하고, 그 영체를 통해 상황을 바라보는 한, 자신이 하는 일이 위선이라는 것을 알 수 없습니다. 예를 들어, 훌륭한 크리스천이라고 주장하면서 무슬림 여성과 어린이를 죽이는 것은 그리스도의 모든 계율에 완전히 반하는 것임을 볼 수 없습니다.

이제 여러분이 자신의 영성과 접촉한다면, 이것을 볼 수 있습니다. 그러나 여러분이 영체가 자신의 삶을 끌고 가도록 허용함으로써 여러분 자신의 인간성을 말살할 때는 이것을 볼 수 없습니다. 왜냐하면, 여러분은 사실상 더는 영적인 존재가 아니기 때문입니다. 여러분은 다른 인간들로부터 위협을 느낌으로써 반응하는 인간이 되었습니다.

오직 여러분이 자신의 영성인 상위 인간성에 대한 인식으로 돌아갈 때만, 여러분은 자신의 행위를 살펴보면서, 만약 자신이 그리스도의 계율을 훼손하고 있다면 훌륭한 크리스천이라는 주장을 용납할 수 없다는 것을 추론하기 시작할 수 있습니다. 혹은, 만약 여러분이 다른 인간을 차별하고 조롱하고 끌어내리고 고문하고 죽이고 있다면, 어떤 좋은 명분에 의해서라도 자신더러 그 일을 하도록 허용할 수 없습니다. 그들 역시 영적인 존재이고, 영적인 존재는 다른 영적인 존재들을 비인간적인 방법으로 다룰 수 없기 때문입니다. 그것은 정말 불가능합니다.

죄의 딜레마(catch-22)

이것은 성 저메인과 내가 여러분이 내 은거처의 일곱 번째 단계에 있을 때 성취하도록 노력하는 것입니다. 우리는 여러분이 행위-반응의 패턴에서 완전히 자유로워지도록 도우려는 것이 아니라, 여러분이 다른 사람뿐 아니라 자기 자신에게도 비인간적인 반응으로 반응하게끔 만드는 특정한 영체를 의식적으로 인식하는 지점으로 데려가고자 하는 것입니다. 그런 다음, 우리는 이 영체를 보는 것이 어떤 것인지 경험하게 하고, 그것이 여러분이 아니라는 것과 비실재라는 것을 알게 합니다. 그리하여 애초에 그 영체를 창조했다는 사실에 죄책감을 느끼는 반응으로 들어가지 않으면서도 그 영체를 완전히 놓아버리는 결정을 하도록 도울 것입니다.

이것은 종종 우리에게 큰 도전인데, 그 이유는 비인간적인 방식으로 타인을 대해왔음을 인식하게 된 학생들이 많기 때문입니다. 과거의 생에서 그들이 창조했던 또 다른 영체가 이러한 인식에 대한 반응을 지배하도록 허용하지 않으면서, 자신의 잘못을 인정하기란 매우 어려운 일입니다. 많은 경우, 그들은 자책감과 자기 비난으로 반응하는 영체로 재빨리 들어가는데, 그 영체는 이러한 매트릭스를 기초로 창조되었기 때문입니다.

타락한 존재들은 여러분이 비인간적인 방식으로 반응하는 하나의 영체를 만들고, 비인간적인 방식으로 반응한 것에 대해 자신을 책망하는 또 다른 영체도 만드는, 이와 같은 딜레마(catch-22)를 창조하는 데에는 전문가들입니다. 이것의 영향은 첫 번째 영체를 알아채는 것이 지극히 어렵다는 것인데, 그 이유는 다른 영체가 여러분의 반응을 통제하고 여러분에 대해 나쁘게 느끼게 하여서 여러분이 첫 번째 것을 다룰 수 없게 만들 것이기 때문입니다.

여러분이 일곱 번째 단계에 도달하고 다른 여섯 단계를 통과했다면, 여러분은 우리와 다른 초한들에게서 충분한 도움과 지원, 사랑을 받아 온 것이기에 여러분은 우리의 손을 잡고 그 두 영체를 살펴보면서 자기 비난은 신에게서 오지 않았다는 사실을 알 수 있습니다. 왜냐하면, 여러분의 아이앰 현존은 여러분이 지구상에서 행한 어떤 일로도 여러분을 비난하지 않기 때문입니다. 여러분의 아이앰 현존은 그것이 모두 비실재라는 것을 압니다. 그것은 모두 지구라는 우주 모래 상자(cosmic sandbox)의 일부입니다. 그러므로 지구에서는 실재인 어떤 영원한 일이 일어날 수 없습니다. 만약 그것이 영원하지도 않고 실재도 아니라면, 어째서 여러분은 자신의 생명흐름 일부로서 그것을 지닌 것입니까? 여러분이 지닌 것은 무엇입니까? 여러분이 지닌 것은 여러분 존재 안의 영체입니다.

아카식 레코드(Akashic record) 삭제하기

이때 우리는 여러분을 다시 나의 은거처로 데려올 수 있으며, 여러분은 아카식 레코드로 들어가서 자기-비난이라는 영체를 창조한 상황과 행위-반응 패턴 속에 계속해서 여러분을 가두는 영체를 창조한 상황을 들여다보는 경험을 할 수 있습니다. 여러분이 일곱 광선 디크리의 추진력을 가졌을 때(이 지점에서 이 추진력을 구축했을 수도 있고, 아직 그렇지 않을 수도 있습니다), 그 추진력을 아카식 레코드로 들어가는 데 사용할 수 있습니다. 그런 다음, 거의 레이저와 같은 정밀함으로, 레이저 빔과 같은 광선을 매우 집중함으로써 아카식 레코드에서 원래의 기록을 지울 수 있습니다.

아카식 레코드에서 뭔가가 지워졌을 때, 여러분은 신께서 "내가 그들의 죄를 더는 기억하지 않겠노라"라고 말씀하신 요건을 자신이 충족시켰다는 사실을 알 것입니다. 그때가 바로 자신이 과거에 저지른 실수를 비난하는 데 끊임없이 이용하면서 이러한 상황을 여러분의 기억체(memory body) 속에 있는 그 영체의 사고 매트릭스를 여러분이 물리칠 수 있는, 아니 사실상 산산조각낼 수 있는 때입니다. 여러분이 과거에 선택하게 했던 그 의식을 초월한다면, 여러분은 자신의 하위 존재에 그 기억이 있을 이유가 없습니다. 그 의식 수준을 초월하는 긍정적인 교훈은 이제 여러분의 원인체(causal body) 일부가 되기 때문입니다.

이해하겠습니까? 여러분의 원인체는 부정적인 기억을 저장하지 않습니다. 그것은 학습한 교훈, 배우게 된 긍정적인 교훈만을 저장합니다. 그리고 그때 기록은 더 이상 존재하지 않으며, 이것이 일곱 번째 수준에서 우리가 여러분에게 주려는 최상의 경험입니다. 성 저메인과 나는 여러분이 과거의 부정적인 상황에서 완전히 자유로울 수 있다는 내면의 앎, 직접적인 경험이 있습니다. 여러분이 저지른 소위 실수라는 것을 완전히 초월해서, 긍정적이고 생명과 성장을 촉진하는 경험으로 바꾸는 것이 가능한 일입니다.

이것을 의식적으로 깨닫지 못할 수도 있겠지만, 여러분 중 일부는 이 지점에서 자신의 삶을 뒤돌아보면, 심지어 아이였을 때도 어떤 낙관주의, 즉 삶을 가볍게 대할 수 있는 어떤 능력, 정말로 나쁜 것은 아무것도 없고, 자신에게 정말로 나쁜 일이 일어날 이유가 없으며, 되돌릴 수 없는 정말 나쁜 어떤 실수를 자신이 결코 할 수 없다는 어떤 내면의 느낌이 있었음을 알 수 있을 것입니다. 그것은 반드시 여러분이 실수를 저지르지 않았다는 것이 아니라, 여러분이 저지를 수 있는 어떤 실수든 다시 좋은 것으로 되돌릴 수 있고, 초월할 수 있으며, 잊어버릴 수 있다는 감각입니다.

또한, 여러분은 자신을 책망하는 경향이 있음을 알아챌 수 있을 것입니다. 왜냐하면, 많은 영적인 학생은 잘하고 싶은 욕망이 있어서 자신이 실수했을 때 자신을 책망하는 경향이 있기 때문입니다. 그러나 나는 더 깊은 길에 대해 말하고 있습니다. 물론 이러한 반응은 단지 영체에 불과한 것이지만, 나는 여러분이 알고 있는 더 깊은 곳에 대해 말하고 있는 것입니다. 왜냐하면, 여러분인 의식하는 자아는 아이앰 현존과 연결되어 있기 때문입니다. 따라서 여러분은 아이앰 현존의 수준에서, 지구상의 일어나는 모든 것이 긍정적인 경험으로 전환될 수 있음을 알고 있습니다.

삶은 상향나선이 될 수 있습니다

여러분이 이러한 내면의 감각을 더 많이 인식하게 될 때 - 물론, 당연히 나는 이 외적인 가르침을 줌으로써 여러분이 인식할 수 있도록 노력하고 있습니다 - 심지어 이 행성에 있는 지금도 지구상의 삶은 완전히 긍정적인 경험이 될 수 있다는 사실을 더 많이 인식하게 됩니다. 긍정적인 배움의 경험에서 또 다른 긍정적인 배움의 경험으로 나아가고, 계속해서 상향나선 속에서 자신을 초월해 나가는 것을 유지해 나가는 것입니다. 실제로, 내가 여러분을 두 번째 광선의 초한인 로드 란토(Lord Lanto)의 은거처로 보내기 전에 치르는 내 은거처에서의 졸업식은, 오직 여러분이 여기에 자신을 확고히 정박할 때, 즉 삶은 긍정적인 경험이 될 수 있다는 어떤 느낌과 경험을 가질 때만 거행될 것입니다. 이것은 삶을 힘들게 했던 과거의 모든 영체나 모든 패턴으로부터 여러분의 잠재의식과 마음의 네 층을 정화했다는 의미는 아닙니다. 그것은 여러분 존재의 어떤 수준에서, 삶이 긍정적으로 될 수 있다는 경험에 기초한 내면의 앎을 가진다는 뜻입니다. 물론 우리 일곱 초한과 마하 초한은 여러분이 96단계에 이를 때까지 삶이 상향나선이라는 앎에 완전히 정박하기를 희망합니다. 여러분은 계속 자신을 초월해 나감에 있어서 어떠한 뱀의 유혹도 여러분을 이 상향나선에서 벗어나게 할 수 없도록 말입니다. 왜냐하면, 마침내 여러분은 일곱 광선의 여정에서 뱀이 여러분에게 무엇을 던지든 그것은 여러분의 진전과 자기-초월을 멈추게 할 수 없음을 경험했기 때문입니다.

  학생이 그 수준에 도달하고, 그들이 내 은거처에서 졸업할 수 있을 때, 그것은 내게 크나큰 기쁨입니다. 나는 그때 란토를 초대해서 그 학생의 손을 잡고 가게 합니다. 그리고는 여러분이 란토와 함께 내 은거처로부터 그의 은거처까지 빛의 다리 위를 걸어가는 장면을, 마치 영화에서 영웅이 석양 속으로 사라지듯 여러분이 걸어가는 장면을 바라봅니다. 여러분은 란토와 함께 빛을 향해 가고 있고, 나는 뒤로 물러서서 때로는 내가 첫 번째 광선의 초한으로서 내 소임을 다했음을 아는 기쁨의 눈물을 흘립니다. 나는 내 은거처에서 학생들을 최대한 멀리까지 데려갔고, 그 학생이 다음 단계로 넘어가는 상황을 사랑스럽고 즐겁게 바라봤습니다.

  나는 첫 번째 은거처의 초한이기 때문입니다. 나는 학생을 상승 지점까지 데려가는 단 한 명의 초한이 아니라는 것을 알고 있습니다. 나는 첫 번째 초한입니다. 나는 일종의 가장 궂은 역할을 하는 초한이며, 분명히 여러분은 내 은거처를 통과하는 동안 어느 정도 정화되었습니다. 그리고 이것은 여러분이 란토의 은거처에서 여러분을 기다리고 있는 더 높은 가르침에 준비가 되었다는 의미입니다.

나는 첫 번째 광선의 초한이 되기로 선택했습니다. 나는 나의 직책과 도전과 그에 수반되는 어려움에 대해 완전히 평화롭습니다. 나는 힘과 의지의 첫 번째 광선과 완전히 사랑에 빠졌습니다. 그러나 사실, 나는 창조적인 추진력과 사랑에 빠진 것이며, 내게는 생명 흐름들이 그들의 창조적인 힘을 풀어낼 수 있도록 도움을 주어서 그들이 예수가 죽음의 결정(Death decisions)이라 불렀던, 실제로는 결정이 아니라 비-결정인 그러한 기계적인 결정 대신, 기꺼이 창조적인 결정을 내릴 수 있도록 도움을 주는 것보다 더 큰 기쁨은 없습니다.

이제, 이것으로 충분히 주었습니다. 그러나 나는 첫 번째 광선에 대해 약간 더 언급하기 위해 돌아올 것입니다. 실제로 약간의 언급보다 더 많은 내용이 있습니다. 왜냐하면, 물질 수준, 즉 깨어있는 의식 수준에서 검토될 수 있는 형태로 제공하고 싶은 첫 번째 광선의 특성이 아직 남아 있기 때문입니다. 나는 마스터 모어이며, 나는 영원히 그 이상입니다.

9
신의 들숨과 날숨

"선택의 본질은 여러분이 무한한 수의 가능성에서 선별하는 것이지만, 여러분은 몇 가지에 초점을 두고 그것을 실행하기 위한 선택을 합니다."

마스터 모어

나는 마스터 모어입니다. 나는 여러분에게 첫 번째 광선이 진실로 무엇인지 그에 대한 느낌을 전해 주려고 왔습니다. 이것은 여러분이 48단계에서, 즉 첫 번째 광선의 은거처에서 일곱 개의 입문을 거쳐 올라가는 일곱 베일의 여정을 시작할 때 보는 것과는 다릅니다. 나는 여러분에게 상승한 존재와 더 나아가 창조주 자신의 관점에서 볼 때, 첫 번째 광선이 진실로 무엇인지에 대한 느낌을 전해 주고자 합니다.

물질계의 수준들

여러분은 생명이 계층 구조로 되어 있다는 것을 알아야 합니다. 대부분의 사람은, 육체와 감각으로 인지할 수 있는 물질계에 초점이 맞추어진 현재의 의식 수준에서 출발합니다. 그러나 만약 여러분이 이 가르침에 열려 있는 영적인 사람이라면, 당연히 다른 세계와 다른 차원이 있음을 알 것입니다. 여러분은 자신의 느낌을 발견하는 감정층이 있음을 압니다. 감정은 밀도가 높지 않고 물질보다 더 쉽게 변한다는 사실로 알 수 있듯이, 감정층은 물질층보다 높은 진동을 가지고 있습니다.

이제 감정층 너머로 가면, 생각이 있는 멘탈층에 이릅니다. 생각은 감정보다 더 빠르고 더 쉽게 변합니다. 분노와 같은 느낌이 궤도에 올라 특정한 진동수로 특성이 주어지면, 그 느낌을 바꾸는 것은 종종 그 느낌에 선행하는 생각을 바꾸기보다 더 어렵습니다. 일단 여러분이 한 사람에게 화가 나면, 그 사람이 한 일이나 하지 않은 것에 대해 생각하는 것보다, 그 분노를 변화시키기가 더 어려운 것입니다.

물론, 여러분은 멘탈층을 넘어 자신의 정체성을 발견하는 에테르층으로 들어갈 수 있습니다. 그리고 이곳에서 일단 여러분이 의식하는 마음과 감정, 멘탈 마음의 필터를 통해서 보지 않고 정체성의 수준에 자신을 조율한다면, 여러분의 정체성이 실제로 훨씬 더 쉽게 바뀔 수 있다는 사실 또한 발견하게 됩니다. 여러분이 정체성층으로 자신을 투사하는 의식하는 자아(Conscious You)의 능력을 사용한다면, 자신의 정체성을 바꾸기가 더 쉽습니다. 사실, 여러분은 즉각적으로, 자신이 물질 존재인 인간이라는 믿음에서 영적인 존재이며 순수의식이라는 사실을 알고 경험하도록 전환할 수 있습니다.

마찬가지로, 여러분은 잠재적으로 즉시 자신을 육화한 존재가 아닌 영적인 존재와 동일시하는 전환을 이룰 수도 있습니다. 나는 여러분의 현재 의식 수준에서 그러한 전환을 단번에 이루기가 어렵다는 것을 인정합니다. 하지만, 여러분은 의식의 144단계를 향한 여정을 올라가면서, 의식적으로 자신의 정체성을 전환하는 과정에 대한 통달을 배우게 됩니다. 그리고 여러분이 144단계에 도달했을 때, 그 지점에서 상승한 상태로의 전환은 단지 작은 전환, 작은 걸음일 뿐입니다.

영적인 영역의 수준들

여러분이 계속해서 올라간다면, 상승한 후에 영적인 세계로 들어갑니다. 처음에 여러분은 진동면에서 물질계와 가장 비슷한 세계로 들어갑니다. 다시 말하지만, 영적인 세계에는 많은 수준이 있습니다. 어떻게 여러분은 그 수준들을 통과할까요? 한 번 더 말하겠지만, 충분히 경험하고 그 이상의 것을 원할 때까지 특정한 자아감들을 경험함으로써 그렇게 합니다. 그렇게 해서 더 높은 자아감으로 전환합니다.

어쩌면 여러분은 자신을 새로운 상승 마스터로 보기 시작할 수 있고, 지구에 머무르면서 상승하지 못한 다른 존재들을 돕기로 선택할 수도 있습니다. 또는 다른 유형의 봉사와 경험을 할 수 있는 또 다른 상승 영역으로 옮겨 가기로 선택할 수도 있습니다. 그렇게 하면 여러분은 더 높은 수준을 향해 성장하게 됩니다. 여러분은 고등한 사무국 중 한 곳에서 봉사할 수 있는 지점에 이를 것입니다. 나아가 대천사나 엘로힘 또는 신이나 여신의 직책을 맡을 자격을 가질 수도 있으며, 그렇게 해서 하나의 신의 마음이라는 계층 구조 내에서 더 상위 직무를 수행할 수도 있습니다.

우리는 여러분에게 친숙할 수도 있는 가르침을 주었습니다. 즉 우주에는 각기 다른 여러 구체가 존재한다는 것과 창조주는 처음 한 개의 구체를 창조하였고, 이후 창조주의 자기-인식하는 확장들이 그 구체를 상승 지점으로 이끌었을 때, 새로운 구체가 탄생했다는 내용입니다. 그리고 이 과정은 일곱 단계를 거쳐 계속되었으며, 이전의 여섯 구체는 지금 모두 상승했지만, 여러분은 아직 상승하지 못한 일곱 번째 구체에 있습니다.

상승 상태로 올라가는 여정을 시작할 때, 여러분은 가장 먼저 영적인 영역의 낮은 수준으로 들어가게 되는데, 그것은 가장 최근에 상승한 여섯 번째 구체에 해당합니다. 그 구체에도 계층 구조가 있습니다. 여러분은 여섯 번째 구체의 가장 높은 수준에 도달할 때까지 그 구체의 구조를 통해서 자신의 여정을 올라갈 수 있습니다. 그렇게 해서 여러분은 계속 초월할 수 있으며, 이 형태의 세계를 자신의 존재로부터 창조한, 창조주 의식 수준을 획득할 수 있는 첫 번째 구체에 도달할 때까지 이 과정을 계속해 나아갈 수 있습니다.

이것은 여러분의 장기적인 잠재력이며, 창조주의 확장인 자기-인식하는 존재들에게 열려 있는 길입니다. 이것은 반드시 현재 지구상에 육화한 모든 인간 존재를 의미하지는 않지만, 대다수를 의미합니다. 창조주의 관점에서 볼 때, 창조물인 형태의 세계는 어떻게 보일까요? 왜 창조주는 무언가를 창조하게 되었을까요? 왜 창조주는 창조의 과정을 시작했을까요?

창조주의 창조 이유

첫 번째 광선이 가장 처음의 광선인 이유는, 창조주가 이 형태의 세계를 창조하는 과정을 시작하게 만든 기본적인 비전과 바람과 추진력을 담고 있기 때문입니다. 그것은 지구상의 언어로 쉽게 표현될 수 없는 것이며, 그것이 우리가 첫 번째 광선을 신의 힘의 광선, 신의 의지의 광선 또는 창조적인 추진력의 광선 등 다양한 방식으로 묘사하는 이유입니다.

그러나 진실로, 또한 이 첫 번째 광선을 그 이상이 되고자 하는 바람이라고 말할 수 있는데, 창조주는 완벽하게 자립하고, 완벽하게 자급자족하는 상태에 있기 때문입니다. 창조주의 의식을 성취한 존재는, 지구상의 여러분이 거의 영원이라 할 수 있는 매우 긴 시간 동안 아무것도 창조하지 않은 채, 참으로 완전히 만족한 상태로 있을 수 있습니다. 창조주에게는 창조해야 할 의무와 책임이 없습니다.

그런데 왜 창조주는 창조하기로 결정하고, 그 창조물이 자기 성취에 도달하는 과정을 통과할 때까지 자신의 창조물과 자신을 본질적으로 연결해 놓았을까요? 창조주는 그 이상이 되고자 하는 사랑과 그 이상이 되려는 추진력으로 이렇게 했습니다. 여러분은 지구의 의식 수준으로 이렇게 말할 수 있습니다: "자, 이 추진력이 어디서 왔지? 그것은 어디에서 출발했을까? 누가 이 모든 것을 시작했지? 그런데 누가 그 첫 번째 창조주를 창조했지?" 이러한 질문들은 선형적인 마음으로 물을 수 있지만, 선형적인 마음으로 답을 할 수는 없습니다. 나는 선형적인 마음에 들어맞는 답을 줄 수 없는데, 모든 것이 시작과 끝을 가지지는 않는다는 사실을 선형적인 마음은 가늠할 수 없기 때문입니다.

여러분의 형태의 세계는 창조주가 다음과 같이 말했던 하나의 시작점을 가지고 있습니다: "나는 창조할 것이다. 나는 그 이상이 될 것이다. 나는 표현할 것이다." 앞의 물음에 대한 해답은, 창조주의 모든 자기-인식하는 확장이 창조주 의식에 도달할 때 논리적인 결론을 얻게 될 것입니다. 하지만, 생명 그 자체의 과정은 시작도 없었고 끝도 없을 것입니다. 그것은 영원하고, 항상 초월하며, 한계가 없습니다.

이것은 선형적인 마음으로 이해하기 불가능한 것입니다. 하지만, 창조력에는 한계가 없습니다. 이것은 여러분이, 마음속 어딘가에서 숙고해야 할 중요한 개념입니다. 왜냐하면, 이것이 첫 번째 광선의 가르침에서 배워야 할 교훈들을 충분히 통합하도록 돕기 때문이며, 또한 다른 초한들로부터 배울 교훈들을 통합할 수 있도록 돕기 때문입니다.

창조적인 한계는 없습니다

사랑하는 이들이여, 진실로 창조력에는 한계가 없습니다. 이것이 왜 그럴까요? 어째서 첫 번째 광선이 종종 의지의 광선으로 불릴까요? 왜냐하면, 창조력이나 창조는 창조하려는 의지와 함께 시작되기 때문입니다. 그리고 창조력을 추진하는 힘은 그 이상이 되고자 하는 의지이며, 그 이상인 뭔가를 창조하고자 하는 의지입니다. 여러분은 자유의지를 부여받았기 때문에 공동창조 과정의 일부를 담당합니다. 많은 경우 지금 48단계를 넘었거나 48단계를 향하고 있는 내 은거처의 학생들이 가장 이해하기 힘들어하는 것 중의 하나는, 바로 자유의지가 자유롭다는 사실입니다.

내게는 충실히 상승 마스터의 가르침들을 학습해 왔고, 우리의 디크리들을 30~40년 또는 그 이상 수행해 온 사랑스러운 학생들이 있습니다. 그러나 그 중의 다수는 여전히 자유의지가 항상 자유롭다는 사실을 이해하는 데 어려움을 겪고 있습니다. 이에 대한 여러분의 이해를 돕기 위해, 창조주 의식을 지닌 한 창조주가 "나는 창조할 것이다."라고 결정한 그 상황을 한 번 생각해보라고 요청합니다.

우리가 '영원한 나를 찾아가는 여정(The Power of Self)'에서 설명했듯이, 창조주는 맨 처음 어떤 분리된 형태도 존재하지 않는 전체성에서 그 자신을 떼어내기 위해, 자신의 주변에 구체 형태의 경계를 만듭니다. 그리고 자신을 그 빈 공간의 중심에 있는 특이점에 집중함으로써 허공을 창조한 다음, 우리가 첫 번째 구체라고 묘사한 것을 허공 안에 투사합니다. 이 구체는 특정한 구조와 형태를 가지게 되고, 거기에는 새롭게 창조된 창조주의 자기-인식하는 확장들을 위한 무대가 마련됩니다.

이것이 왜 그럴까요? 그 이유는 여러분이 창조주의 의식 수준에 도달하지 못한 새로운 존재일 때, 자신에게 열려 있는 모든 창조적인 가능성을 다룰 수가 없기 때문입니다. 여러분은 창조를 어디서부터 시작해야 할지 모르기 때문에, 창조주와 같은 상황에 놓여서 창조하는 일은 그야말로 불가능합니다. 이제 창조주가 특이점으로 자신을 철수하고, 첫 번째 구체에 마터 빛을 투사하여 구체 안에 구조물을 창조하고 있는, 창조주가 직면한 이 상황을 생각해보세요.

이 구체에는 분명한 것은 아무것도 없습니다. 어떤 형태도 없습니다. 이것을 생각해보세요. 창조주는 이 순간 이전까지는 어떤 것도 창조하지 않았습니다. "나는 창조할 것이다."라는 선택 외에 창조주는 이전에 어떤 선택도 하지 않았습니다. 그것은 특정한 형태를 만들고 설계하고 고안하는 것에 관해 어떤 선택도 하지 않았다는 뜻입니다. 이것은 여러분의 창조주가 바로 그 첫 번째 구체를 창조했을 때, 모든 가능성이 열려 있었다는 뜻이기도 합니다. 창조주는 이 구체를 전적으로 그가 원하는 어떤 방식으로든 창조할 수 있었습니다. 거기에 창조주의 선택을 제한하는 이전의 선택 같은 것은 없었습니다.

창조의 역학

사랑하는 이들이여, 분석하는 마음을 고요하게 하고, 여기 앉아서 이 구술문을 듣거나 읽는 동안 자신을 바라보고 있는 의식하는 자아에 초점을 맞추어 보세요. 여러분에게는 정신적으로 자신의 밖으로 나가서 자신이 실제로 여기에 앉아 이 말을 받아들이고 있다는 것을 인식할 수 있는 능력이 있음을 알아채도록 노력해 보세요. 이것이 우리가 순수의식 또는 의식하는 자아라 불렀던 여러분 존재의 일부입니다. 여러분은 자신이 어떤 활동에 참여하고 있다는 것을 정신적으로 알 수 있습니다. 여러분이 이 순수의식을 인식할 때, 창조주가 마주했던 것과 동일한 감각(co-measurement)을 갖게 됩니다. 모든 선택은 열려 있었습니다. 어떤 식으로든 다음 선택의 방향을 설정할 수 있는 이전의 선택은 없었습니다.

이제 창조주가 그 자신의 마음으로 그의 관심을 특정한 설계나 특정한 원리와 아이디어에 집중하기로 선택했을 때 무슨 일이 일어났을지를 상상해보세요. 여러분은 그 역학을 볼 수 있습니다. 그렇지 않나요? 창조주가 하고 있었던 일은 형태의 세계를 창조하는 것이었습니다. 이 세계는 차이에 의해 구별되는 다른 형상들이 존재하는 세상입니다. 이 말은 에고가 모든 것을 분리된 것으로 보듯이 반드시 그 형상들이 분리되어 있다는 뜻은 아니지만, 창조주가 차이점을 가진 형상들을 창조하고 있었다는 의미입니다.

그 첫 번째 구체에서 창조될 수도 있었던 무한한 수의 서로 다른 형태들이 있습니다. 그런데도, 차별화된 뭔가를 창조한다는 바로 그 역학 때문에, 모든 가능성을 구현하는 형태들을 창조하기는 불가능했습니다. 다른 말로 하자면, 창조주가 한꺼번에 모든 것을 창조할 수는 없었다는 뜻입니다. 창조주는 선별해야 했고, 선택해야 했으며, 무한한 가능성을 일정한 범위로 한정해야만 했습니다.

이는 창조주가 창조의 과정을 시작했을 때, 그는 자신이 여러분의 독특한 형태의 세계를 위한 토대로써 사용하기를 원했던 특정한 범위의 가능성으로 초점을 맞출 때까지, 무한한 수의 가능성에서 점차 자신을 좁혀 나가야 했다는 의미합니다. 일단 창조주가 가능성의 범위를 좁히는 선택을 하고 나면, 그 최초의 선택은 그 시점 이후에 창조주가 설계한 모든 것과 설계된 구체 내에서 창조주의 자기-인식하는 확장들이 앞으로 설계할 모든 것을 위한 무대를 설정하게 되고, 매트릭스를 설정합니다.

공동창조를 위한 매트릭스 설정하기

선택의 본질은 여러분이 무한한 수의 가능성에서 선별하는 것이지만, 여러분은 몇 가지에 초점을 두고 그것을 실행하기 위한 선택을 합니다. 그것은 여러분이 창조적인 노력을 하면서 무한한 가능성을 가진다는 말은 아닙니다. 왜냐하면, 여러분은 창조주의 최초 결정으로 설정된 틀 안에서뿐만 아니라, 첫 번째 구체에서 시작하여 두 번째 구체로 이어지는 공동창조하는 존재들의 전체 계층 구조에 의해 설정된 틀 안에서 창조하고 있기 때문입니다.

알다시피, 첫 번째 구체가 상승했을 때, 어떤 매트릭스를 설정했습니다. 그리고 첫 번째 구체의 존재들이 두 번째 구체의 구조를 창조했을 때, 그들은 첫 번째 구체가 설정한 매트릭스 내에서 선택했습니다. 따라서 두 번째 구체의 공동창조자들은 오직 그 범위 내에서만 선택할 수 있었습니다. 여러분은 이제 계층의 서로 다른 수준들이 어떻게 작용하는지를 알 것입니다. 창조주로부터 내려오는 단계마다, 여러분은 창조적 선택이 가능한 범위와 가능성의 범위를 어떤 의미에서 좁혀 나가고 있는 것입니다.

이전의 상승한 여섯 구체의 계층을 따라서 지금 여러분이 초점을 맞추고 있는 이 상승하지 못한 구체까지 내려오면, 여러분은 자신이 그 계층 구조 내에서 선택하고 있다는 것을 알 수 있습니다. 어떤 의미에서, 계층의 각 단계는 선택할 수 있는 잠재적이고 창의적인 선택의 범위를 좁혔다고 할 수 있습니다.

지구와 같은 행성에 이르게 되면, 그 원래의 설계에서 엘로힘은 지구를 위해, 이 행성의 설계를 위해, 이 행성에서 생명이 어떻게 펼쳐질 것인가에 대해 특정한 계획적 선택을 했다는 사실을 알게 될 것입니다. 그리고 그 선택은 확실히 창조주까지 이어지는 전체 창조적인 계층의 계층 구조 내에 있었습니다. 일곱 엘로힘들은 행성을 창조하는 데 있어서 아주 많은 가능성을 가지고 있었지만, 그들은 다시 선택의 범위를 좁혀 나갔습니다.

날숨과 들숨

이제 여러분은 무한한 가능성을 지닌 창조주의 위치에서 점차 창조적 가능성이 좁아지는 계층 구조 내의 각기 다른 수준을 통과해가는 이러한 창조적인 과정을, 즉 이 전체적인 구조를 창조주가 숨을 내쉬는 신의 날숨(out-breath of God)으로 볼 수 있습니다. 창조주가 내쉬고 있는 것은 창조적인 추진력 그 자체입니다.

하지만, 날숨이 일어나면, 창조적 가능성과 창조적 가능성의 범위는, 창조 과정 내에서 가장 최근의 단계, 즉 가장 협소한 지점인 비상승 구체에 도달할 때까지 점차 좁혀집니다. 그리고 이것이 지구에 48단계로 육화할 때 여러분이 마주하는 상황입니다.

여러분은 지금까지 공동창조의 계층적 과정을 통해 창조된, 가장 밀도가 높고 가장 좁은 환경에서 자신의 공동창조 노력을 시작했습니다. 이상적인 시나리오일 때, 의식의 48단계에서 여러분이 구현해야 할 원래의 임무는, 이 제한된 범위의 창조적 선택들로 시작해서 점차 여러분의 자아감을 확장해가는 신의 들숨 과정을 시작하는 일입니다.

여러분의 자아감을 확장한다는 것은 무슨 뜻일까요? 여러분이 48단계에 있을 때, 여러분은 창조적인 선택의 범위, 여러분의 창조성을 표현할 수 있는 방식의 어떤 범주를 볼 수 있습니다. 여러분이 그 수준에서 창조력을 표현하고 이를 통해 배울 때, 다음과 같이 자문하기 시작하는 시기가 옵니다: "하지만, 이것이 진정으로 나의 유일한 선택일까? 이것이 진정으로 내 창조적인 추진력, 내 창조력의 한계일까?"

그리고 여러분은 이렇게 깨닫습니다: "맞아, 이러한 선택권은 현재의 내 자아감 수준에서 갖는 창조적인 선택의 한계일 뿐이야." 그리고 이때가 바로 의식적으로 또는 무의식적으로, 여러분이 자신의 핵심인 순수의식에 닿아있다는 사실과 연결될 수 있는 때입니다. 여러분은 지구와 같이 밀도 높은 환경에서 자신을 표현하기 위해서 어떤 특정한 자아감이 필요합니다. 이것이 마하 초한이, 여러분을 표현할 자아감 또는 어떤 특정한 영체를 창조할 필요가 있다고 말한 이유입니다.

그러나 신의 들숨의 전체적인 핵심은, 여러분에게 자신이 외면의 자아가 아니라는 직관적인 느낌이 있다는 것입니다. 여러분은 영체가 아닙니다. 여러분은 육체가 아닙니다. 멘탈체가 아닙니다. 감정체가 아닙니다. 정체성체가 아닙니다. 여러분은 이것들보다 더 큽니다. 여러분은 순수의식입니다. 따라서 여러분은 더 높은 자아감으로 옮겨 가서, 이제 더 광범위한 창조적인 선택권을 열어 볼 수 있습니다. 여러분이 48단계보다 49단계에서 더 많이 공동창조할 수 있는 이유는 이전 수준에서 볼 수 있었던 것보다 더 많은 선택 가능성을 볼 수 있기 때문입니다.

모든 가능성은 열려 있습니다

본질적으로 그리고 원칙적으로는 현재의 여러분에게 모든 창조적인 선택권이 열려 있기는 하지만, 지금은 여러분이 이러한 선택들을 생각해 낼 수 없는 상태라고 말할 수 있습니다. 비록 여러분이 그것들을 생각해 낼 수 있다고 하더라도, 여러분은 자신에게 그것을 구현할 힘이 있다는 사실을 믿지 못할 것입니다. 신의 들숨은, 여러분이 점점 더 많은 선택권을 보기 시작하고, 이러한 선택권을 사용할 수 있음을 믿고 받아들일 때까지, 점차 자기-인식을 높이는 과정이라고 할 수 있습니다. 여러분은 그것을 표현할 수 있습니다. 그것을 구현할 수 있습니다.

간단한 예를 하나 들자면, 예수는 물질을 지배하는 마음의 통달 가능성을 볼 수 있는 지점까지 자신의 자기-인식을 높였습니다. 그는 자신을 통해, 그의 외면의 자아와 형태를 통해, 신이 물을 포도주로 변화시킬 수 있다는 것을 믿었습니다. 그는 이것이 가능하다는 것을 받아들였기에, 기꺼이 신의 힘이 그를 통해 흐르게 했습니다.

지금 여러분의 자아감은 자신을 통해 흐르는 신의 힘을 얼마나 수용할 수 있을지와 신의 힘이 자신을 통해 무엇을 할 수 있다고 받아들일 수 있는지를 결정합니다. 그리고 전체적인 신의 들숨 과정이란, 창조주를 통해 표현되는 창조력이 창조주에게만 국한되는 것이 아님을 깨닫는 과정에 마침내 여러분이 도달할 때까지, 점차 여러 계층 구조의 단계를 통과해 가면서 자아감을 높이는 것입니다. 그것이 생명 그 자체의 창조력이며, 그것은 충분한 의식 수준과 충분한 자아감을 가진 어떤 존재를 통해서도 표현될 수가 있습니다. 따라서 여러분은 창조주 의식을 성취하고, 창조주가 될 수 있으며, 여러분의 창조주가 했던 것과는 다른 선택, 여러 가능성의 또 다른 선택을 할 수 있는 자신만의 형태의 세계를 창조할 잠재력을 갖게 되는 것입니다.

창조력의 시험

내가 이런 다소 추상적인 가르침을 주면서 여러분에게 알려주고자 하는 것은 과연 무엇일까요? 원칙적으로, 그것은 여러분이 자기-인식 수준의 어느 지점에서든, 도전과 시험, 우리가 여러 다른 이름으로 부를 수 있는 것들에 직면하리라는 것입니다. 그것을 뱀의 의식, 악마, 사탄, 이 세상의 지배자, 마라(Mara) 등 원하는 어떤 것으로든 부를 수 있습니다. 그러나 이것은 다음과 같은 간단한 시험입니다: 여러분은 자신의 이전 선택들이 미래의 선택들을 제한하도록 허용하겠습니까?

이것에 대해 생각해보세요. 이상적인 시나리오와 지금 여러분이 지구에서 맞닥뜨린 상황의 차이점에 대해 우리가 말해 준 내용과 관련지어 생각해보세요. 우리는 여러분이 48단계에서 시작해서 선택하고, 자신의 창조적 능력을 표현하는 것이 가능하다고 말했습니다. 그러면서도 그것이 정말로 여러분 자신과 삶의 어떤 부분도 제한하지 않는 방식으로 그렇게 할 수 있다고 말했습니다. 여러분은 자신이 신과 연결된 존재이며, 자신을 포함하여 모든 생명을 끌어올리고 싶은 느낌에서 이렇게 할 수 있습니다. 따라서 여러분의 창조적인 힘을 모든 생명을 들어올리는 방식으로 표현하는 것이 가능합니다. 이 말은 여러분이 많은 영적 가르침에서 카르마라고 부르는 것을 만들지 않는다는 의미입니다. 여러분에게는 미래에 여러분을 제한할 수도 있는 과거 선택의 찌꺼기가 남아 있지 않습니다.

그렇다면, 의식의 48단계 아래로 추락한 분리 의식에 빠진 존재들에게는 무슨 일이 일어난 것일까요? "자, 그들은 창조적인 선택을 더 많이 제한함으로써 날숨을 더 많이 내쉰 것"이라고 말할 수도 있겠지만, 그것이 단지 신의 날숨의 일부일까요? 아닙니다. 사랑하는 이들이여, 그렇지 않습니다. 이것은 날숨의 일부가 아닙니다. 이것은 사람들이 자유의지를 사용해서 신의 날숨에서 그들 자신을 분리한 완전히 다른 과정입니다.

  신이 날숨 안에서 행한 것 또는 창조적인 계층이 날숨 안에서 행한 것은, 지구상에서 행해질 수 있는 창조적인 선택의 범위에 대해 어떤 매트릭스를 설정한 것입니다. 내가 말했던 것처럼, 엘로힘은 이 원래의 행성을 위한 최초의 매트릭스를 설정했는데, 그것은 오늘날 여러분이 보는 것보다 훨씬 더 순수한 것이었습니다. 거기에는 이곳에 첫 번째로 육화한 존재들을 위한 창조적인 선택들의 범위가 있었습니다.

날숨을 떠나기

  지금, 엘로힘이 창조적인 선택들의 범위를 설정했다고 내가 한 말에 주목하세요. 그 말에서 '선택'이란, 모든 생명을 높이도록 돕고 결국에는 지구 행성을 엘로힘이 창조했던 수준, 즉 엘로힘이 품었던 낮은 범위에서 엘로힘이 품었던 최고의 수준으로 높여나가는 선택을 의미합니다. 그 단계에서 지구는 더 높은 수준으로 상승하게 되고, 결국 그 구체의 나머지 부분과 함께 상승할 수 있습니다.

  그러나 자유의지의 본질 때문에, 육화한 존재들은 엘로힘이 창조했던 것을 토대로 쌓아가는 이 창조적인 과정에 참여하지 않겠다고 선택할 수도 있습니다. 그들은 자신들이 그 과정에서 분리되도록 선택할 수 있습니다. 그들은 그 과정에 반하는 선택을 할 수도 있습니다. 그들은 자신의 창조적인 선택 범위를 정할 수 있는 신처럼 될 것이라는 뱀의 거짓말을 믿는 쪽을 선택할 수도 있습니다. 그들은 심지어 이것이 그들의 창조적인 자유를 획득하는 방법이고, 신과 공동창조하는 것을 진실로 돕는 것이라는 거짓말을 믿기로 선택할 수도 있습니다.

온갖 종류의 거짓말이 있습니다. 이 선택을 정당화하는 온갖 종류의 교묘한 유혹이 있습니다. 그러나 진실은 이것이 날숨의 일부가 아니라는 것입니다. 그 이유는 간단합니다: 날숨의 과정은 계속해서 더 좁은 범위의 창조적인 선택들로 한정해 나가지만, 비록 이 선택 범위를 아무리 낮췄더라도, 여러분은 거기서 항상 상향으로 오를 수 있습니다. 여러분이 행한 어떤 창조적인 선택이든 그것은 여러분과 전체를 위로 끌어올리게 됩니다. 따라서, 심지어 날숨의 가장 낮은 지점에서도, 그 전체적인 목적은 자기-인식하는 존재들이 들숨의 과정을 시작하도록 돕는 것입니다.

그러나 여러분이 창조적인 과정과 자신을 분리하면, 더는 들숨으로 이어지는 날숨의 일부가 되지 못합니다. 여러분은 그 과정에서 자신을 분리했다면, 그 말은 이제 여러분이 들숨을 시작할 수 없다는 뜻입니다. 시작할 수는 있겠지만, 오직 이전의 선택을 되돌려야만 그렇게 할 수 있습니다. 또 여러분이 분리 의식, 이원성 의식에서 선택한다면, 그러한 선택은 들숨으로의 전환을 불가능하게 할 것입니다. 그 선택들은 여러분을 분리에 가두고, 여러분은 실제로 자신의 미래 선택권을 제한하게 될 카르마나 결과물을 만드는 선택을 계속하게 될 것입니다.

아마도 여러분은 질병이나 사고, 또 다른 무엇이든 그것이 카르마로 되돌아왔을 때, 그것에 대해 무언가를 하기에는 자신이 너무 무력하다고 느낀다는 것을 경험상 알고 있을 것입니다. 그 상황을 벗어나기 위해 아무것도 할 수 없다는 느낌이 들 수 있습니다. 여러분에겐 창조적인 선택권이 없습니다. 여러분은 단지 이것을 참고 기다리면서 그것이 어떻게 전개될지 지켜볼 뿐입니다. 그러나 이것은 오직 여러분이 제한된 선택을 하고, 분리를 선택하는 자아감과 영체 내부에서 그 상황을 바라볼 때만 그렇게 보인다는 인식일 뿐입니다.

카르마에 대한 선형적인 관점

만약 여러분이 순수의식으로 전환할 수만 있다면, 가장 어려운 카르마의 상황에서도 자신이 선택권을 가지고 있음을 알 수 있습니다. 비록 외부의 물리적 환경을 단기간에 변화시킬 수는 없을지라도, 여러분은 항상 그 환경에 반응하는 방식을 바꿀 수 있습니다. 여러분은 자신의 마음 상태를 바꿀 수 있습니다.

여러분이 기꺼이 분리된 자아, 분리된 영체, 죽음의 의식에서 전환하고자 한다면, 이러한 선택은 항상 여러분에게 열려 있습니다. 여러분도 알다시피, 죽음의 의식은 여러분을 들숨으로 되돌아가도록 인도하지 못합니다. 그것은 오직 여러분을 결국엔 자멸하는 상태인 하향나선으로 이끌 뿐입니다. 여러분이 들숨으로 전환하여 더 많은 창조적인 선택 방안을 가지는 방향으로 돌아가기 위해서는, 자신이 순수의식이고 분리된 자아보다 더 크다는 사실을 깨달아야 합니다.

순수의식과 분리된 존재라는 느낌의 본질적인 차이는 무엇일까요? 분리 감각, 분리된 자아에 초점을 맞추고 있을 때, 여러분은 외부의 상황, 카르마, 다른 사람, 신, 운명, 불운이, 심지어 과거의 선택조차 자신의 현재 가능한 선택을 제한하고 있다고 느낍니다.

이것은 무엇을 의미할까요? 그것은 많은 사람이 이러한 선형적 사고에 갇히게 된다는 뜻입니다. 만약 여러분이 지구상의 영적인 사람들을 솔직하게 바라본다면, 그중 많은 사람이 이러한 선형적 사고에 사로잡혀 있음을 알 것입니다. 그들은 이렇게 생각합니다: "그래, 나는 이전과 과거 생에서 카르마를 창조했다는 것을 알고 있어. 그런데 어떻게 여기서 벗어나지?" 그러고는 선형적인 마음으로, 이 카르마 과정으로 자신을 들어가게 한 그 선택을 했던 시점과 상황으로 사실상 돌아가야 한다고 생각합니다. 거기로 돌아가서 뭔가를 변화시켜야만 비로소 그 선택에서 자유로워진다고 생각합니다.

유명한 문학작품이나 영화를 본다면, 사람들이 물리적으로 과거로 돌아갈 수 있는 타임머신을 발명하고자 하는 꿈을 오래도록 꾸었음을 알 수 있습니다. 달리 말하면, 여러분이 기계 안으로 들어가서 특정한 시대의 목적지를 설정하면, 윙윙거리는 온갖 종류의 소음들이 발생하고, 잠시 후 여러분은 그 기계의 문을 열고 내립니다. 그러면 이제 여러분은 현재의 육체로 있으면서 선사시대로 거슬러 올라가 있거나, 어쩌면 중세 사람들이나 공룡 또는 사람들이 상상하는 무엇이든 그 주변을 돌아다니는 상황 속에 있게 된다는 것입니다.

하지만, 이것을 논리적으로 생각해본다면, 여러분의 현재 몸을 가지고서 과거로 돌아가는 목적이 무엇입니까? 여러분이 지금으로부터 열 번의 생애 전에 행한 카르마 선택들은 여러분의 현재의 육체로 한 것이 아니었습니다. 그것들은 여러분이 다른 육체로 있을 때 행한 것입니다. 설령 여러분의 몸이 500년 전으로 옮겨질 수 있다고 할지라도, 어떻게 현재의 육체가 다른 육체로 있을 때 했던 선택을 바꿀 수 있겠습니까? 다시 말하지만, 나는 단지 여러분이 선형적인 마음으로 추론하는 이 비논리적인 방식을 보여주기 위해서, 선형적인 마음을 사용하려고 노력할 뿐입니다.

선형적인 생각을 초월하기

당연히, 여러분이 순수의식으로 전환해서, 자신의 과거와 과거의 카르마에서 벗어나기 위해 선형적인 과정을 거쳐야 한다고 생각하는 것은 무의미하다고 깨닫는 것이 훨씬 낫습니다. 여러분은 기술과 과학이 어떻게 여러분에게 선형적인 진화과정이 존재한다는 이러한 개념을 심어줬는지 알고 있습니까? 여러분은 지구상에서 볼 수 있는 현재의 모든 종은 가계도와 같이 이 거대한 구조상에 모두 놓일 수 있다고 생각하면서 자랐고, 현재 종의 수준에는 엄청난 다양성이 있음을 알 수 있습니다. 그러나 그 가계도의 하위 단계로 내려가면, 현재의 다양성은 더 단순했던 이전 단계의 표현이라는 것을 알 수 있습니다. 따라서 많은 가지와 잎에서 좀 더 큰 가지에 도달합니다. 마침내 나무의 몸통으로 이어지고 뿌리로 들어갑니다. 어쩌면 이곳에서 지구상의 삶을 하나의 세포로 시작한 단일 사건이 일어났을 것입니다.

이것은 과학이 여러분에게 준 이미지이며, 선형적 마음으로 구축된 이미지입니다. 그것은 현재의 종들이 실질적으로 어떻게 창조되었는가 하는 문제와는 아무런 관계가 없습니다. 그 이유는 현재의 많은 종이 공통된 조상을 가지고 있지 않기 때문입니다. 그들은 동시에 창조되었습니다. 과학자들도 이것을 캄브리아기 대폭발(the Cambrian explosion)이라고 부르는 것으로 보기도 했는데, 이때 매우 짧은 기간 안에 무수히 많은 종이 출현했습니다. 여기서 내가 말하려는 것은, 사랑하는 이들이여, 여러분이 과거에서 자유로워지는 방법을 고려한다면, 과거의 육화를 전적으로 선형적인 과정으로 바라볼 수는 없다는 것입니다. 500년 전에 했던 선택의 결과를 바꾸기 위해, 어떻게든 그곳으로 돌아가서 물리적인 변화를 도모해야 한다고 생각할 수는 없다는 것입니다. 이것은 삶이 작동하는 방식이 아닙니다.

나는 우리가 매우 선형적인 방식으로 해석될 수 있는 어떤 가르침들을 주어왔음을 인정합니다. 그랬던 이유는 단지 사람들이 보다 구형적(spherical)이고 비선형적인(non-linear) 가르침을 받아들일 준비가 되어 있지 않았기 때문이었습니다. 그러나 여러분이 일곱 베일의 길을 올라간다면, 다른 초한들은 점차 더 구형적인 사고방식으로 여러분을 인도할 것입니다. 내가 여기에서 여러분에게 이 가르침을 줌으로써, 이러한 전환을 위한 초기 자극을 줄 수 있기를 희망합니다.

여러분의 카르마 보트

이제 여러분이 방향을 돌리는 데 쓸 수 있는 작은 손잡이가 달린 키(rudder)가 있는 작은 배 안에 있다고 상상해보세요. 여러분은 바다 한가운데에 작은 배 안에 앉아 있습니다. 바다는 완전하게 고요합니다. 바람도 없습니다. 바다는 마치 거울과 같습니다. 지금 보트 안에 앉아 있는 동안, 여러분은 자신이 전혀 움직이지 않으며, 배는 정지해 있다고 생각할지도 모릅니다. 그러나 여러분은 바다에는 해류가 있다는 것을 알고 있고, 따라서 비록 여러분이 완전히 고요한 바다 한가운데 앉아 있더라도, 배는 바다의 해류와 함께 움직이므로 배는 정지된 것이 아니라는 것을 알 것입니다. 따라서 여러분은 여전히 움직이고 있습니다.

하지만, 여러분은 물결(파도)에 따라 움직이는 것이 아니므로 배를 조종할 수가 없습니다. 달리 말해서, 배의 키를 조종해서 실제로 배를 돌리려면, 그 배는 주변을 둘러싸고 있는 바닷물과 관련해서 속도나 방향 면에서 뭔가 다르게 움직이고 있어야 한다는 것입니다. 그렇지 않다면, 원하는 방향으로 키를 돌릴 수는 있겠지만, 배는 방향을 틀지 않을 것입니다. 왜냐하면, 비록 배가 해류를 따라 움직인다고 하더라도, 배가 물결을 따라 움직이지는 않기 때문입니다.

나는 이 이미지를 다른 상황으로 가져가 보고 싶습니다. 여러분이 여전히 같은 배 안에 앉아 있고, 이제는 강 위에 있다고 생각해보시기 바랍니다. 배가 강둑을 따라 움직이는 것을 볼 수 있으므로, 강에는 물살이 있음을 알 것입니다. 따라서 배가 강의 거센 물살을 따라 표류하고 있을 때, 여러분은 키의 각도를 변경함으로써 배가 흘러내려 가는 각도를 바꿀 수 있으므로, 키가 실제로 영향을 미친다는 사실을 알게 됩니다. 그리고 이것은 여러분이 배의 방향을 바꾸는 일이 가능하다는 의미이며, 어떤 강기슭으로 이동할 수도 있습니다.

이제 강을 따라 표류해 내려가고 있는데, 배가 절벽을 향해 곧장 가고 있다고 생각해보세요. 여러분은 계속 그 방향으로 가면 절벽에 부딪힌다는 것을 압니다. 당연히 여러분은 키를 돌리려고 하겠지만, 키가 고정된 것을 발견합니다. 키를 돌릴 수 없는 상황입니다.

이것은 무엇을 상징할까요? 그것은 과거 삶에서 어떤 특정한 의식 수준으로 여러분이 했던 선택들을 상징하고 있습니다. 이것은 보통 우리가 카르마라고 부르는 것을 만들어냈습니다. 이 카르마의 귀결이 지금 도래하고 있으며, 이것은 생명의 강(River of Life)을 따라 흐르고 있는 여러분의 배가 지금 절벽을 향하고 있다는 의미입니다.

이제 여러분은 자신에게 이렇게 물을 수 있습니다: "언제부터 내가 키를 이 각도로 잡고 절벽으로 가도록 선택했을까?" 여러분이 되돌아볼 수 있다면, 20마일 상류 지점에서 키를 어떤 특정 방향으로 돌리는 선택을 했었고, 그것이 지금 여러분이 탄 배가 절벽으로 향하게 하는 원인임을 알 수 있습니다. 그때 이렇게 추론할 수 있습니다: "나는 방향타의 각도를 바꿨던 지점까지 이 물살을 거슬러 노를 저어야 해, 그런 다음 절벽에서 벗어나도록 다른 방향으로 바꿔야겠다."

사랑하는 이들이여, 이것은 선형적인 마음이 생각하는 방식입니다. 이것은 여러분이 분리 의식 속에 있을 때 생각하는 방식입니다. 왜냐하면, 여러분은 자신이 분리된 자아로 선택했던 결과를 바꾸기 위해서, 그 분리된 자아로 또 다른 선택을 해야만 한다고 생각하기 때문입니다. 그러나 여러분의 키가 고정된 이유는, 여러분이 본래의 선택을 하게 했던 의식 상태를 여전히 초월하지 않았기 때문입니다.

생명은 나아가는 것입니다

여기서 내가 말하려는 내용은 이것입니다: 생명의 강에서 경로를 바꿀 수 있는 유일한 방법은, 여러분의 키를 현재 각도로 고정하게끔 선택했던 그 의식 상태를 초월하는 것입니다. 여러분이 그 의식 수준을 초월했을 때, 자신이 다른 선택권들을 가지고 있으며, 따라서 키가 고정되어 있지 않다는 것을 알 수 있습니다. 그리고 그것은 여러분이 이제 키를 적어도 약간 다른 각도로 바꿀 수 있다는 의미입니다. 그리고 여러분이 충분하게 키를 바꿀 수 있다면, 절벽을 피할 수도 있습니다. 그것은 거의 죽을 뻔한 경험일 수 있겠지만, 절벽을 피할 수 있을 만큼 충분히 키를 바꿀 수 있습니다. 그리고 내가 이전에 설명했듯, 이것은 여러분이 자신의 의식을 충분히 변화시킴으로써 카르마가 돌아오는 것을 피할 수 있습니다. 지구의 카르마 귀환을 감독하는 존재들이 이렇게 말할 수 있다는 의미입니다: "이 사람은 그의 교훈을 배웠으므로 카르마가 물리적으로 돌아오는 교훈을 배울 필요가 없다."

내가 여기서 주려는 더욱 깊은 핵심을 알겠습니까? 여러분은 배에 앉아 있고, 방향을 바꾸기를 원하지만, 키는 고정된 것처럼 보입니다. 그러나 키는 오직 여러분이 제한된 관점, 제한된 자아감, 제한된 앎으로 그 상황을 바라보기 때문에 고정되어 있을 뿐입니다. 여러분은 카르마를 만든 원래의 선택을 하게 한 특정한 영체를 통해 그 상황을 바라보고 있습니다.

그러므로 여러분은 키를 돌릴 수 없다고 생각하는 것입니다. 여러분은 각도를 바꿀 수 있는 선택들을 볼 수가 없습니다. 여러분은 의식의 각도를 바꿀 수 없으므로, 생명의 강의 물살에 따라 어떻게 움직일 것인가에 대해서 각도의 힘을 바꿀 수 없는 것입니다.

여러분은 항상 자아감을 변화시킬 수 있습니다

여러분이 여기서 숙고할 수 있는 여러 가지 사안이 있습니다. 여러분은 한 개인이며, 현재 지구상에 육화해 있다는 사실을 숙고할 수 있습니다. 그러므로 여러분은 지구상에 육화한 모든 개인과 심지어 감정, 멘탈, 하위 에테르층에서 지구와 연결된 모든 이들에 의해 창조된 집단의식의 일부입니다. 여러분은 이 전체 중 일부이며, 누구도 고립된 섬일 수는 없습니다.

이것이 집단의식의 흐름처럼 보일 수 있습니다. 그것은 반드시 가장 순수한 형태의 생명의 강은 아니지만, 확실히 집단의식의 흐름입니다. 그리고 한 개인으로서, 여러분에게는 그 흐름을 거슬러 여러분의 배를 노 저어 올라갈 힘이 없습니다. 그리고 사실, 그렇게 시도하는 노력은 헛수고입니다. 수년에 걸쳐 많은 사람이 그 강을 댐으로 막거나 그 흐름을 통제하고 싶다는 자신만만함에 빠져들었으며, 여러분은 이런 일을 시도한 독재자들이 어떻게 자신을 자리매김했는지 보았습니다. 결국, 그들의 통치는 그들이 얼마나 강력했는지와 상관없이 전복되었습니다. 그들의 시대는 끝났습니다. 시간은 그들에게서 떠났습니다.

여러분은 분리 의식 속에 있을 수 있고, 그 속에서 계속 머물 수 있으며, 물살을 거슬러 노를 저어야 하고, 그 흐름을 통제해야 하며, 그 강을 댐으로 막아야 한다고 생각할 수도 있습니다. 아니면 육화해 있는 한, 이 흐름과 함께 흘러가는 것이라고 단순히 받아들일 수도 있습니다.

여러분이 할 수 있는 것은 강에서 여러분이 가고 싶은 방향으로 갈 수 있도록 키의 각도를 바꾸는 것입니다. 달리 말하자면, 여러분은 이상적인 행성에 있지 않습니다. 예, 집단의식은 여러분의 창조적인 선택권을 제한하고 있습니다. 현재 여러분은 절대적으로 자신이 원하는 무엇이든 할 수 없으며, 여러분이 원하는 대로 선택할 수도 없습니다. 그러나 여러분이 어느 시점에서든 할 수 있는 것은, 이전에 해왔던 것과는 다른 무언가를 하기로 선택하는 것입니다. 여러분은 그 이상을 선택할 수 있습니다. 여러분은 이 선택권을 항상 가지고 있습니다.

내가 말하려는 것은, 비록 여러분이 날숨과 들숨의 창조적인 흐름에서 자신을 분리하고 죽음의 의식의 막다른 골목으로 들어갔을지라도, 결코 그것들 위로 올라설 수 없다는 의미에서 죽음의 의식에서 한 선택들로 인해 계속 제한받지는 않는다는 것입니다. 여러분은 그것들 위로 오르는 선택을 할 수 있습니다. 이것을 숙고해 보세요. 왜냐하면, 과거의 선택에서 자유로워지고자 하는 사람들에게 이것은 필수적인 가르침이기 때문입니다.

여러분이 분리된 영체 안에서 죽음의 의식에 초점을 맞출 때, 여러분은 과거 선택에 의해 제한될 것입니다. 달리 말하자면, 여러분의 과거 선택들은 엘로힘이 지구를 설계했을 때 보다 여러분의 창조적인 선택권을 훨씬 더 많이 제한했습니다. 인류의 집단적인 선택들은 엘로힘의 본래 설계보다 육화 중인 인간들의 창조적인 선택권을 훨씬 더 제한했습니다.

여러분이 분리된 자아에 초점을 맞추고 있는 한, 여러분은 그 분리된 자아를 초월하는 선택을 함으로써 여전히 자유의지를 행사할 수 있다는 진실을 볼 수가 없습니다. 거짓 교사들, 어둠의 힘들, 여러분의 에고는 여러분이 과거의 선택에 묶여 있다는 단순한 거짓말을 믿기를 바랍니다. 일단 여러분이 금지된 과일을 먹는 선택을 했다면, 여러분은 영원한 죄를 지은 것이므로 오직 외부의 구원자만이 여러분을 구원할 수 있다는 것입니다.

하지만, 여러분의 분리된 자아 외부에 있는 외적인 구원자는 의식하는 자아인 순수의식이며, 그것은 "맞아, 나는 분리된 자아로 들어갔지, 나는 그 분리된 자아를 통해 삶을 바라보았지만, 그 분리된 자아가 되지는 않겠어. 나는 그것에 묶이지 않겠어. 나는 그것에게서 벗어날 수 있어. 나는 그 분리된 자아보다 더 크게 되도록 선택할 수 있어." 여러분이 그 이상이 되도록 선택할 때, 적어도 지금 볼 수 있는 것보다 더 많은 선택권을 보게 됩니다. 그것은 여러분이 키의 각도를 적어도 1~2도 바꿀 수 있다는 의미입니다.

커다란 성과를 내는 작은 변화들

만약 여러분이 바다에서 배를 타본 적이 있다면, 여러분이 멀리 항해할 때 키를 단지 1~2도 바꾸는 것만으로도 도착 지점에 큰 차이를 만든다는 것을 알 것입니다. 여러분이 더 멀리 나아갈수록, 키를 단지 1도만 변경하더라도 도달하는 목적 지점은 크게 차이가 날 것입니다.

심지어 지금도 여러분에게는 전에 선택했던 것 이상의 뭔가를 할 수 있는 선택권이 있습니다. 그리고 매우 작은 변화라도 여러분의 경로를 크게 바꾸게 될 것이며, 장기적으로 볼 때 여러분은 매우 다른 장소에 도달하게 될 것입니다. 그리고 이것이 비록 아주 작은 선택일지라도 여러분의 미래에 극적이고 긍정적인 결과를 가져올 수 있는 이유입니다.

일단 여러분이 그 이상이 되겠다고 선택한다면, 여러분은 그것 이상이 되도록, 다른 수준으로 관점을 바꾸도록 선택할 수 있습니다. 여러분은 죽음의 의식에서 진정으로 벗어날 때까지 이렇게 계속할 수 있으며, 그런 다음 삶의 들숨으로 들어갈 수 있습니다. 그 지점은 여러분이 더 이상 하나됨에서 멀어질 수 없는 곳이며, 마하초한이 성령(Holy Spirit)이라 불렀던 그 흐름, 다시 하나됨으로 돌아가는 흐름의 일부입니다. 그것은 하나됨으로 가까이 다가가기를 선택한 모든 구체 내의 모든 자기-인식하는 존재들이 창조했던 상향 추진력입니다. 이것은 우리가 생명의 강, 진정한 생명의 강이라고 불렀던 것이고, 이것은 어떤 신화적인 가르침에서 보듯, 죽음의 세계로 여러분을 이끄는 지하에 있는 강의 흐름이 아닙니다.

나는 여러분에게 현재 수준에서 파악할 수 있는 능력을 넘어서는 가르침을 주었음을 알지만, 그럼에도 불구하고 이것은 진정한 나의 일부입니다. 왜냐하면, 내가 마스터 모어(MORE)가 아니던가요? 어떻게 내가 여러분이 파악할 수 있는 것보다 더 많이 줄 수 없겠습니까? 여러분은 오직 여러분이 파악할 수 있는 수준보다 그 이상을 주어야만 더 많은 것을 파악할 수 있게 됩니다. 그리고 이것은 창조적 과정 그 자체입니다.

나는 여러분의 관심에 감사하며, 이 메신저와 우리가 이전에 준 가르침들을 받아들이고 구현하고 내면화함으로써 내가 이 가르침을 주는 일을 가능하게 한 모든 이들에게 감사를 표합니다. 그리하여 사람들이 그들의 의식과 집단의식을 끌어올림에 따라, 우리 상승 마스터들은 점점 더 많은 진보된 가르침들을 드러낼 수 있는 점진적인 계시의 과정을 진전시켜 나갑니다.

진실로, 여러분은 일곱 광선에 관한 이 가르침을 꽤 기본적인 것으로 생각할 것입니다. 그러나 지금 주고 있는 이 일곱 광선에 대한 가르침은, 5년 또는 10년, 30년 전에는 집단의식이 아직 거기에 미치지 못했기 때문에 나올 수가 없었습니다. 어떤 형태로든 상승 마스터 가르침들을 받아들이고 그들의 의식과 집단의식을 끌어올리는 데 이 가르침들을 활용했던 많은 사람 덕분에, 집단의식은 이제 거기에 도달했습니다. 그리고 이것에 대해 여러분은 나의 변함없고, 영속하며, 끊임없이 확장하고, 끊임없이 초월하는 감사를 받고 있습니다.

왜냐하면, 나는 모어이기 때문입니다.

10
헤라클레스의 창조적인 흐름

안내: 여러분의 창조력을 펼치는 기원문입니다. 엘로힘 헤라클레스를 통해서 첫 번째 광선의 긍정적인 특성을 요청합니다.

I AM THAT I AM, 예수 그리스도의 이름으로 나의 아이앰 현존이, 무한히 초월해 가는 내 미래의 현존을 통해 흐르며, 완전한 권능으로 이 기원을 해 주시기를 요청합니다. 나는 헤라클레스와 아마조니아와 다른 엘로힘께 첫 번째 광선에 대한 내 표현이 완벽한 알파와 오메가 균형 이루도록 요청합니다. 나의 창조적인 자유를 방해하는 모든 것을 보고 초월하도록 도와주세요:
(여기에 개인적인 요청을 추가하세요)

신은 아버지이자 어머니입니다
신은 아버지이자 어머니시며,
다른 한편이 없이는 완전한 하나가 아닙니다.

균형을 이룬 당신의 통일성은 우리의 근원이며,
당신의 사랑은 우리의 여정을 인도합니다.
당신은 우리에게 풍요로운 삶을 주시며,

모든 투쟁의 감각에서 해방합니다.
우리는 생명의 흐름 안으로 들어가,
이 나쁜 꿈에서 깨어납니다.
우리는 진실로 생명이 하나임을 깨달으며
승리를 얻습니다.
우리는 성인들이 밟았던 길을 따라
신에게 되돌아왔습니다.
우리는 지상에서 신의 몸을 이루며
하늘에서 오는 충만한 축복과 함께
우리 행성을 사랑의 황금시대 안에서
다시 태어나게 합니다.
우리는 모든 사람을 해방하여
하나됨이야말로 실재임을 깨닫게 하고,
그 하나됨 안에서
영원토록 완전한 전체가 됩니다.
이제 지구는 진실로 치유되었고
모든 생명이 신의 완전함 안에 봉인되었습니다.

신은 아버지이자 어머니시며,
우리는 서로 안에서 신을 봅니다.

섹션 1

1. 오 헤라클레스여, 당신과 하나 되어, 나는 개체화된 존재이고 창조주의 자기-인식하는 확장이라는 사실에 대해 감사함으로 충만합니다.

오 헤라클레스 블루여, 당신은 모든 공간을,
무한한 권능과 은혜로 채워줍니다.

당신은 창조력의 열쇠이며,
무한 속으로 초월하는 의지를 구현합니다.

**오 헤라클레스 블루여, 당신과 하나 되어,
당신의 실재에 내 가슴을 엽니다.
당신의 불꽃 안에서 이제 명료하게,
자기 초월이 진정한 연금술임을 깨닫습니다.**

옴 바이로차나 옴 (3번 or 9번)

2. 오 헤라클레스여, 당신과 하나 되어, 나는 창조주께서 그 이상이 되려는 추진력에서 내 아이앰 현존이 탄생했음을 인정합니다.

오 헤라클레스 블루여, 나는 사랑으로,
소리를 높여 신께 무한한 찬양을 바칩니다.
무한히 정묘한 신의 활동 안에서,
각자의 역할을 하는 것에 감사합니다.

오 헤라클레스 블루여, 당신은 모든 생명을 치유하고,
푸른 불꽃의 봉인으로 감싸줍니다.
당신의 빛나는 푸른 불꽃은,
전체 실재를 향한 우리의 깊은 염원을 드러냅니다.

옴 바이로차나 옴 (3번 or 9번)

3. 오 헤라클레스여, 당신과 하나 되어, 나는 내 아이앰 현존이 신께서 주신 개체성을 물질계에 표현하기를 바랐기 때문에 의식하는 자아인 내가(I AM) 탄생했다는 사실을 인정합니다.

오 헤라클레스 블루여, 이제 내 삶에 맹세하나니,
이 행성이 인간의 투쟁을 초월하도록 돕겠습니다.
당신의 빛은 이원성의 거짓말을 관통하며,
나의 내적인 시력을 온전히 회복시킵니다.

오 헤라클레스 블루여, 내가 당신의 의지와 하나 되니,
내 존재의 공간이 당신의 푸른 화염으로 충만합니다.
당신의 권능이 나를 연마하니,
나는 모든 베일을 뚫고 모든 언덕에 오릅니다.

옴 바이로차나 옴 (3번 or 9번)

4. 오 헤라클레스여, 당신과 하나 되어, 나는 내 아이앰 현존의 개체성과 빛이 열린 문인 나를(I AM) 통해 비추면, 이 세상이 어떻게 변형되는지를 경험하려는 내면의 바람이 있음을 인정합니다.

오 헤라클레스 블루여, 당신 빛의 사원은,
우리 내면의 눈에 모든 것을 드러내 주며,
타오르는 불꽃이 지구에 빛을 방사하니,
우리 행성은 새롭게 다시 태어납니다.

오 헤라클레스 블루여, 당신은 모든 생명을 보호하며,
우리에게 항상 초월하는 힘을 부어 줍니다.
당신 안에서 자아는 끝없이 확장되며,
나는 신의 무한한 나선 안에서 상승합니다.

옴 바이로차나 옴 (3번 or 9번)

5. 오 헤라클레스여, 당신과 하나 되어, 나는 실제로 이 세상에서

자신을 표현할 의지가 있으며, 공동창조하는 능력을 실험할 의지가 있음을 인정합니다.

창조력으로 가속하소서. I AM은 실재하며,
창조력으로 가속하소서. 모든 생명은 치유됩니다.
창조력으로 가속하소서. I AM은 무한한 초월이며,
창조력으로 가속하소서. 모든 의지는 비상합니다.

창조력으로 가속하소서! (3X)
사랑하는 헤라클레스와 아마조니아.
창조력으로 가속하소서! (3X)
사랑하는 미카엘과 페이쓰(Faith).
창조력으로 가속하소서! (3X)
사랑하는 마스터 모어.
창조력으로 가속하소서! (3X)
사랑하는 I AM.

섹션 2

1. 오 헤라클레스여, 당신과 하나 되어, 나는 당신과 다른 엘로힘께서 우리의 공동창조하는 능력을 행사할 기반을 마련했다는 사실에 대해 감사를 표합니다.

오 헤라클레스 블루여, 당신은 모든 공간을,
무한한 권능과 은혜로 채워줍니다.
당신은 창조력의 열쇠이며,
무한 속으로 초월하는 의지를 구현합니다.

오 헤라클레스 블루여, 당신과 하나 되어,

당신의 실재에 내 가슴을 엽니다.
당신의 불꽃 안에서 이제 명료하게,
자기 초월이 진정한 연금술임을 깨닫습니다.

옴 라트나삼바바 트람 (3번 or 9번)

2. 오 헤라클레스여, 당신과 하나 되어, 나에게 공동창조하는 힘을 표현하겠다는 의지가 있음을 인정합니다.

오 헤라클레스 블루여, 나는 사랑으로,
소리를 높여 신께 무한한 찬양을 바칩니다.
무한히 정묘한 신의 활동 안에서,
각자의 역할을 하는 것에 감사합니다.

오 헤라클레스 블루여, 당신은 모든 생명을 치유하고,
푸른 불꽃의 봉인으로 감싸줍니다.
당신의 빛나는 푸른 불꽃은,
전체 실재를 향한 우리의 깊은 염원을 드러냅니다.

옴 라트나삼바바 트람 (3번 or 9번)

3. 오 헤라클레스여, 당신과 하나 되어, 나는 공동창조하는 노력의 결과를 평가함으로써 자기-초월을 하겠다는 욕구가 있음을 인정합니다.

오 헤라클레스 블루여, 이제 내 삶에 맹세하나니,
이 행성이 인간의 투쟁을 초월하도록 돕겠습니다.
당신의 빛은 이원성의 거짓말을 관통하며,
나의 내적인 시력을 온전히 회복시킵니다.

오 헤라클레스 블루여, 내가 당신의 의지와 하나 되니,
내 존재의 공간이 당신의 푸른 화염으로 충만합니다.
당신의 권능이 나를 연마하니,
나는 모든 베일을 뚫고 모든 언덕에 오릅니다.

옴 라트나삼바바 트람 (3번 or 9번)

4. 오 헤라클레스여, 당신과 하나 되어, 나는 스스로 창조한 결과를 보고 자신에 대해 배울 의지가 있음을 인정합니다.

오 헤라클레스 블루여, 당신 빛의 사원은,
우리 내면의 눈에 모든 것을 드러내 주며,
타오르는 불꽃이 지구에 빛을 방사하니,
우리 행성은 새롭게 다시 태어납니다.

오 헤라클레스 블루여, 당신은 모든 생명을 보호하며,
우리에게 항상 초월하는 힘을 부어 줍니다.
당신 안에서 자아는 끝없이 확장되며,
나는 신의 무한한 나선 안에서 상승합니다.

옴 라트나삼바바 트람 (3번 or 9번)

5. 오 헤라클레스여, 당신과 하나 되어, 나는 실험으로 자신을 평가하지는 않겠지만, 지속적인 자기-초월을 하면서 생명의 강과 함께 계속 흐르겠습니다.

창조력으로 가속하소서. I AM은 실재하며,
창조력으로 가속하소서. 모든 생명은 치유됩니다.

창조력으로 가속하소서. I AM은 무한한 초월이며,
창조력으로 가속하소서. 모든 의지는 비상합니다.

창조력으로 가속하소서! (3X)
사랑하는 헤라클레스와 아마조니아.
창조력으로 가속하소서! (3X)
사랑하는 미카엘과 페이쓰(Faith).
창조력으로 가속하소서! (3X)
사랑하는 마스터 모어.
창조력으로 가속하소서! (3X)
사랑하는 I AM.

섹션 3

1. 오 헤라클레스여, 당신과 하나 되어, 나는 모든 생명을 고양하는 변화를 일으키기 위해서 창조력을 사용하고 싶어 한다는 것을 인정합니다.

오 헤라클레스 블루여, 당신은 모든 공간을,
무한한 권능과 은혜로 채워줍니다.
당신은 창조력의 열쇠이며,
무한 속으로 초월하는 의지를 구현합니다.

오 헤라클레스 블루여, 당신과 하나 되어,
당신의 실재에 내 가슴을 엽니다.
당신의 불꽃 안에서 이제 명료하게,
자기 초월이 진정한 연금술임을 깨닫습니다.

옴 아미타바 흐리 (3번 or 9번)

2. 오 헤라클레스여, 당신과 하나 되어, 나는 실험을 좋아하며 즐거운 천진함으로 충만합니다.

오 헤라클레스 블루여, 나는 사랑으로,
소리를 높여 신께 무한한 찬양을 바칩니다.
무한히 정묘한 신의 활동 안에서,
각자의 역할을 하는 것에 감사합니다.

**오 헤라클레스 블루여, 당신은 모든 생명을 치유하고,
푸른 불꽃의 봉인으로 감싸줍니다.
당신의 빛나는 푸른 불꽃은,
전체 실재를 향한 우리의 깊은 염원을 드러냅니다.**

옴 아미타바 흐리 (3번 or 9번)

3. 오 헤라클레스여, 당신과 하나 되어, 나는 현재 의식의 상태를 초월하는 과정을 사랑합니다.

오 헤라클레스 블루여, 이제 내 삶에 맹세하나니,
이 행성이 인간의 투쟁을 초월하도록 돕겠습니다.
당신의 빛은 이원성의 거짓말을 관통하며,
나의 내적인 시력을 온전히 회복시킵니다.

오 헤라클레스 블루여, 내가 당신의 의지와 하나 되니,
내 존재의 공간이 당신의 푸른 화염으로 충만합니다.
당신의 권능이 나를 연마하니,
나는 모든 베일을 뚫고 모든 언덕에 오릅니다.

옴 아미타바 흐리 (3번 or 9번)

4. 오 헤라클레스여, 당신과 하나 되어, 나는 물질을 넘어선 마음에 대한 통달을 중요하게 생각하고 있습니다.

오 헤라클레스 블루여, 당신 빛의 사원은,
우리 내면의 눈에 모든 것을 드러내 주며,
타오르는 불꽃이 지구에 빛을 방사하니,
우리 행성은 새롭게 다시 태어납니다.

오 헤라클레스 블루여, 당신은 모든 생명을 보호하며,
우리에게 항상 초월하는 힘을 부어 줍니다.
당신 안에서 자아는 끝없이 확장되며,
나는 신의 무한한 나선 안에서 상승합니다.

옴 아미타바 흐리 (3번 or 9번)

5. 오 헤라클레스여, 당신과 하나 되어, 나는 모든 생명을 높이는 내 창조력의 표현을 균형 잡기 위해 노력하고 있습니다.

창조력으로 가속하소서. I AM은 실재하며,
창조력으로 가속하소서. 모든 생명은 치유됩니다.
창조력으로 가속하소서. I AM은 무한한 초월이며,
창조력으로 가속하소서. 모든 의지는 비상합니다.

창조력으로 가속하소서! (3X)
사랑하는 헤라클레스와 아마조니아.
창조력으로 가속하소서! (3X)
사랑하는 미카엘과 페이쓰(Faith).

창조력으로 가속하소서! (3X)
사랑하는 마스터 모어.
창조력으로 가속하소서! (3X)
사랑하는 I AM.

섹션 4

1. 오 헤라클레스여, 당신과 하나 되어, 나는 완전한 정직의 불꽃 속으로 가속합니다.

오 헤라클레스 블루여, 당신은 모든 공간을,
무한한 권능과 은혜로 채워줍니다.
당신은 창조력의 열쇠이며,
무한 속으로 초월하는 의지를 구현합니다.

오 헤라클레스 블루여, 당신과 하나 되어,
당신의 실재에 내 가슴을 엽니다.
당신의 불꽃 안에서 이제 명료하게,
자기 초월이 진정한 연금술임을 깨닫습니다.

옴 바즈라사트바 훔 (3번 or 9번)

2. 오 헤라클레스여, 당신과 하나 되어, 나는 자신의 의식 상태에 대해 완전하게 책임질 의지가 있습니다.

오 헤라클레스 블루여, 나는 사랑으로,
소리를 높여 신께 무한한 찬양을 바칩니다.
무한히 정묘한 신의 활동 안에서,
각자의 역할을 하는 것에 감사합니다.

오 헤라클레스 블루여, 당신은 모든 생명을 치유하고,
푸른 불꽃의 봉인으로 감싸줍니다.
당신의 빛나는 푸른 불꽃은,
전체 실재를 향한 우리의 깊은 염원을 드러냅니다.

옴 바즈라사트바 훔 (3번 or 9번)

3. 오 헤라클레스여, 당신과 하나 되어, 나는 자신의 자유의지와 타인들의 자유의지에 대한 완전한 존중심으로 충만합니다.

오 헤라클레스 블루여, 이제 내 삶에 맹세하나니,
이 행성이 인간의 투쟁을 초월하도록 돕겠습니다.
당신의 빛은 이원성의 거짓말을 관통하며,
나의 내적인 시력을 온전히 회복시킵니다.

오 헤라클레스 블루여, 내가 당신의 의지와 하나 되니,
내 존재의 공간이 당신의 푸른 화염으로 충만합니다.
당신의 권능이 나를 연마하니,
나는 모든 베일을 뚫고 모든 언덕에 오릅니다.

옴 바즈라사트바 훔 (3번 or 9번)

4. 오 헤라클레스여, 당신과 하나 되어, 나는 자유로운 선택으로 자기-초월을 하도록 다른 사람들에게 영감을 주려고 합니다.

오 헤라클레스 블루여, 당신 빛의 사원은,
우리 내면의 눈에 모든 것을 드러내 주며,
타오르는 불꽃이 지구에 빛을 방사하니,

우리 행성은 새롭게 다시 태어납니다.

오 헤라클레스 블루여, 당신은 모든 생명을 보호하며,
우리에게 항상 초월하는 힘을 부어 줍니다.
당신 안에서 자아는 끝없이 확장되며,
나는 신의 무한한 나선 안에서 상승합니다.

옴 바즈라사트바 훔 (3번 or 9번)

5. 오 헤라클레스여, 당신과 하나 되어, 나는 사람들과 사회가 초월하도록 도울 수 있는 새로운 아이디어를 제시하기 위해 노력하고 있습니다.

창조력으로 가속하소서. I AM은 실재하며,
창조력으로 가속하소서. 모든 생명은 치유됩니다.
창조력으로 가속하소서. I AM은 무한한 초월이며,
창조력으로 가속하소서. 모든 의지는 비상합니다.

창조력으로 가속하소서! (3X)
사랑하는 헤라클레스와 아마조니아.
창조력으로 가속하소서! (3X)
사랑하는 미카엘과 페이쓰(Faith).
창조력으로 가속하소서! (3X)
사랑하는 마스터 모어.
창조력으로 가속하소서! (3X)
사랑하는 I AM.

섹션 5

1. 오 헤라클레스여, 당신과 하나 되어, 나는 언제나 상위 아이디어, 상위 비전, 더 높은 이해, 더 높은 표현에 개방되어 있습니다.

오 헤라클레스 블루여, 당신은 모든 공간을,
무한한 권능과 은혜로 채워줍니다.
당신은 창조력의 열쇠이며,
무한 속으로 초월하는 의지를 구현합니다.

오 헤라클레스 블루여, 당신과 하나 되어,
당신의 실재에 내 가슴을 엽니다.
당신의 불꽃 안에서 이제 명료하게,
자기 초월이 진정한 연금술임을 깨닫습니다.

옴 아모가싯디 아 (3번 or 9번)

2. 오 헤라클레스여, 당신과 하나 되어, 나는 모든 표현을 균형 잡고서, 극단으로 가는 대신 중도를 추구하고 있습니다.

오 헤라클레스 블루여, 나는 사랑으로,
소리를 높여 신께 무한한 찬양을 바칩니다.
무한히 정묘한 신의 활동 안에서,
각자의 역할을 하는 것에 감사합니다.

오 헤라클레스 블루여, 당신은 모든 생명을 치유하고,
푸른 불꽃의 봉인으로 감싸줍니다.
당신의 빛나는 푸른 불꽃은,
전체 실재를 향한 우리의 깊은 염원을 드러냅니다.

옴 아모가싯디 아 (3번 or 9번)

3. 오 헤라클레스여, 당신과 하나 되어, 나는 결코 다른 사람들과 투쟁하지 않으며, 언제나 긍정적이고, 공격적이지 않은 방식으로 일하고 있습니다.

오 헤라클레스 블루여, 이제 내 삶에 맹세하나니,
이 행성이 인간의 투쟁을 초월하도록 돕겠습니다.
당신의 빛은 이원성의 거짓말을 관통하며,
나의 내적인 시력을 온전히 회복시킵니다.

오 헤라클레스 블루여, 내가 당신의 의지와 하나 되니,
내 존재의 공간이 당신의 푸른 화염으로 충만합니다.
당신의 권능이 나를 연마하니,
나는 모든 베일을 뚫고 모든 언덕에 오릅니다.

옴 아모가싯디 아 (3번 or 9번)

4. 오 헤라클레스여, 당신과 하나 되어, 나는 변화를 일으키고 긍정적인 영향을 주려는 바람으로 충만합니다.

오 헤라클레스 블루여, 당신 빛의 사원은,
우리 내면의 눈에 모든 것을 드러내 주며,
타오르는 불꽃이 지구에 빛을 방사하니,
우리 행성은 새롭게 다시 태어납니다.

오 헤라클레스 블루여, 당신은 모든 생명을 보호하며,
우리에게 항상 초월하는 힘을 부어 줍니다.
당신 안에서 자아는 끝없이 확장되며,
나는 신의 무한한 나선 안에서 상승합니다.

옴 아모가싯디 아 (3번 or 9번)

5. 오 헤라클레스여, 당신과 하나 되어, 나는 권력의 오용을 드러내고 공개적으로 견해를 밝히려는 의지로 충만합니다.

창조력으로 가속하소서. I AM은 실재하며,
창조력으로 가속하소서. 모든 생명은 치유됩니다.
창조력으로 가속하소서. I AM은 무한한 초월이며,
창조력으로 가속하소서. 모든 의지는 비상합니다.

창조력으로 가속하소서! (3X)
사랑하는 헤라클레스와 아마조니아.
창조력으로 가속하소서! (3X)
사랑하는 미카엘과 페이쓰(Faith).
창조력으로 가속하소서! (3X)
사랑하는 마스터 모어.
창조력으로 가속하소서! (3X)
사랑하는 I AM.

섹션 6

1. 오 헤라클레스여, 당신과 하나 되어, 나는 행위의 결과에 집착하지 않는 올바른 행위를 하고 있습니다.

오 헤라클레스 블루여, 당신은 모든 공간을,
무한한 권능과 은혜로 채워줍니다.
당신은 창조력의 열쇠이며,
무한 속으로 초월하는 의지를 구현합니다.

오 헤라클레스 블루여, 당신과 하나 되어,
당신의 실재에 내 가슴을 엽니다.
당신의 불꽃 안에서 이제 명료하게,
자기 초월이 진정한 연금술임을 깨닫습니다.

옴 악쇼비아 훔 (3번 or 9번)

2. 오 헤라클레스여, 당신과 하나 되어, 나는 특정한 결과를 만드는 데 집착하지 않고 모든 생명을 높이려고 합니다.

오 헤라클레스 블루여, 나는 사랑으로,
소리를 높여 신께 무한한 찬양을 바칩니다.
무한히 정묘한 신의 활동 안에서,
각자의 역할을 하는 것에 감사합니다.

**오 헤라클레스 블루여, 당신은 모든 생명을 치유하고,
푸른 불꽃의 봉인으로 감싸줍니다.
당신의 빛나는 푸른 불꽃은,
전체 실재를 향한 우리의 깊은 염원을 드러냅니다.**

옴 악쇼비아 훔 (3번 or 9번)

3. 오 헤라클레스여, 당신과 하나 되어, 나는 물질적인 결과를 만드는 대신 사람들의 인식을 높이려고 합니다.

오 헤라클레스 블루여, 이제 내 삶에 맹세하나니,
이 행성이 인간의 투쟁을 초월하도록 돕겠습니다.
당신의 빛은 이원성의 거짓말을 관통하며,

나의 내적인 시력을 온전히 회복시킵니다.

오 헤라클레스 블루여, 내가 당신의 의지와 하나 되니,
내 존재의 공간이 당신의 푸른 화염으로 충만합니다.
당신의 권능이 나를 연마하니,
나는 모든 베일을 뚫고 모든 언덕에 오릅니다.

옴 악쇼비아 훔 (3번 or 9번)

4. 오 헤라클레스여, 당신과 하나 되어, 나는 힘 기반의 사고방식이 아니라 신의 무한한 창조력에 기반을 두고 해법을 찾고 있습니다.

오 헤라클레스 블루여, 당신 빛의 사원은,
우리 내면의 눈에 모든 것을 드러내 주며,
타오르는 불꽃이 지구에 빛을 방사하니,
우리 행성은 새롭게 다시 태어납니다.

오 헤라클레스 블루여, 당신은 모든 생명을 보호하며,
우리에게 항상 초월하는 힘을 부어 줍니다.
당신 안에서 자아는 끝없이 확장되며,
나는 신의 무한한 나선 안에서 상승합니다.

옴 악쇼비아 훔 (3번 or 9번)

5. 오 헤라클레스여, 당신과 하나 되어, 나는 어떤 면에서는 평화를 만들기 위해서 권능을 행사하는 도구입니다.

창조력으로 가속하소서. I AM은 실재하며,
창조력으로 가속하소서. 모든 생명은 치유됩니다.

창조력으로 가속하소서. I AM은 무한한 초월이며,
창조력으로 가속하소서. 모든 의지는 비상합니다.

창조력으로 가속하소서! (3X)
사랑하는 헤라클레스와 아마조니아.
창조력으로 가속하소서! (3X)
사랑하는 미카엘과 페이쓰(Faith).
창조력으로 가속하소서! (3X)
사랑하는 마스터 모어.
창조력으로 가속하소서! (3X)
사랑하는 I AM.

섹션 7

1. 오 헤라클레스여, 당신과 하나 되어, 지금 내가 볼 수 없는 아이디어에 열린 문이 되기 위해서 나는 언제나 현재 의식 상태를 초월할 의지가 있습니다.

오 헤라클레스 블루여, 당신은 모든 공간을,
무한한 권능과 은혜로 채워줍니다.
당신은 창조력의 열쇠이며,
무한 속으로 초월하는 의지를 구현합니다.

오 헤라클레스 블루여, 당신과 하나 되어,
당신의 실재에 내 가슴을 엽니다.
당신의 불꽃 안에서 이제 명료하게,
자기 초월이 진정한 연금술임을 깨닫습니다.

옴 훔 트람 흐리 아 훔 옴 (3번 or 9번)

2. 오 헤라클레스여, 당신과 하나 되어, 나는 내 창조력을 자유롭게 표현함으로써, 무언가를 하고 행동하려는 당신의 추진력과 하나입니다.

오 헤라클레스 블루여, 나는 사랑으로,
소리를 높여 신께 무한한 찬양을 바칩니다.
무한히 정묘한 신의 활동 안에서,
각자의 역할을 하는 것에 감사합니다.

오 헤라클레스 블루여, 당신은 모든 생명을 치유하고,
푸른 불꽃의 봉인으로 감싸줍니다.
당신의 빛나는 푸른 불꽃은,
전체 실재를 향한 우리의 깊은 염원을 드러냅니다.

옴 훔 트람 흐리 아 훔 옴 (3번 or 9번)

3. 오 헤라클레스여, 당신과 하나 되어, 나는 신의 권능을 위한 열린 문이며 힘을 쓰지 않고도 자유롭게 행동할 수 있지만, 이원성 힘을 초월한 중도를 찾고 있습니다.

오 헤라클레스 블루여, 이제 내 삶에 맹세하나니,
이 행성이 인간의 투쟁을 초월하도록 돕겠습니다.
당신의 빛은 이원성의 거짓말을 관통하며,
나의 내적인 시력을 온전히 회복시킵니다.

오 헤라클레스 블루여, 내가 당신의 의지와 하나 되니,
내 존재의 공간이 당신의 푸른 화염으로 충만합니다.
당신의 권능이 나를 연마하니,

나는 모든 베일을 뚫고 모든 언덕에 오릅니다.

옴 훔 트람 흐리 아 훔 옴 (3번 or 9번)

4. 오 헤라클레스여, 당신과 하나 되어, 나는 진정으로 이 세상에서 자신을 자유롭게 표현하려는 내 아이앰 현존의 힘과 의지를 위한 열린 문입니다.

오 헤라클레스 블루여, 당신 빛의 사원은,
우리 내면의 눈에 모든 것을 드러내 주며,
타오르는 불꽃이 지구에 빛을 방사하니,
우리 행성은 새롭게 다시 태어납니다.

오 헤라클레스 블루여, 당신은 모든 생명을 보호하며,
우리에게 항상 초월하는 힘을 부어 줍니다.
당신 안에서 자아는 끝없이 확장되며,
나는 신의 무한한 나선 안에서 상승합니다.

옴 훔 트람 흐리 아 훔 옴 (3번 or 9번)

5. 오 헤라클레스여, 당신과 하나 되어, 나는 열린 문이 되는데 완전한 자유로움을 느끼고 있으며, 열린 문 이상의 아무것도 아닙니다.

창조력으로 가속하소서. I AM은 실재하며,
창조력으로 가속하소서. 모든 생명은 치유됩니다.
창조력으로 가속하소서. I AM은 무한한 초월이며,
창조력으로 가속하소서. 모든 의지는 비상합니다.

창조력으로 가속하소서! (3X)
사랑하는 헤라클레스와 아마조니아.
창조력으로 가속하소서! (3X)
사랑하는 미카엘과 페이쓰(Faith).
창조력으로 가속하소서! (3X)
사랑하는 마스터 모어.
창조력으로 가속하소서! (3X)
사랑하는 I AM.

I AM은 모든 일곱 광선에서 그 이상입니다

1. 신의 의지는 내가 그 이상이 되는 것이며,
내 미래는 다가올 최상의 것이고,
신의 왕국을 탐험하는 것으로,
내 삶은 이전보다 더 부유해집니다.

나의 눈이 투사하는 이미지들을
우주 거울은 반사하고,
내 비전을 완벽하게 함으로써,
황금빛 미래를 기다립니다.

**보라색 화염은 낮은 비전에서
나를 자유롭게 할 것이며,
그리스도의 눈을 통해 봄으로써,
나는 신의 완벽함 안에 있겠습니다.**

2. 신의 지혜는 투명한 크리스털로 만들며,
미래는 내가 결코 두려워할 필요가 없고,
신의 법칙을 내가 굳게 지켜,

영원히 그의 신성한 구체 안에 있습니다.

나의 눈이 투사하는 이미지들을
우주 거울은 반사하고,
내 비전을 완벽하게 함으로써,
황금빛 미래를 기다립니다.

**보라색 화염은 낮은 비전에서
나를 자유롭게 할 것이며,
그리스도의 눈을 통해 봄으로써,
나는 신의 완벽함 안에 있겠습니다.**

3. 신의 사랑이 완벽함을 내가 알고,
나는 그의 영원한 흐름 속에 있습니다.
나의 가슴은 타오르는 램프와 같고,
모든 것을 수여하는 내 사랑과 같습니다.

나의 눈이 투사하는 이미지들을
우주 거울은 반사하고,
내 비전을 완벽하게 함으로써,
황금빛 미래를 기다립니다.

**보라색 화염은 낮은 비전에서
나를 자유롭게 할 것이며,
그리스도의 눈을 통해 봄으로써,
나는 신의 완벽함 안에 있겠습니다.**

4. 신의 순수함은 불꽃과 같으며
모든 거짓 소망들을 태워버립니다.

내가 갈망하는 사심 없는 봉사로,
사람들을 언제나 높게 들어올립니다.

나의 눈이 투사하는 이미지들을
우주 거울은 반사하고,
내 비전을 완벽하게 함으로써,
황금빛 미래를 기다립니다.

**보라색 화염은 낮은 비전에서
나를 자유롭게 할 것이며,
그리스도의 눈을 통해 봄으로써,
나는 신의 완벽함 안에 있겠습니다.**

5. 신의 치유하는 진리는 모든 영혼을 들어올려,
모든 지친 가슴들은 위로받게 됩니다.
그것은 모두에게 더 높은 목표를 주고,
모든 사람을 완전하게 만듭니다.

나의 눈이 투사하는 이미지들을
우주 거울은 반사하고,
내 비전을 완벽하게 함으로써,
황금빛 미래를 기다립니다.

**보라색 화염은 낮은 비전에서
나를 자유롭게 할 것이며,
그리스도의 눈을 통해 봄으로써,
나는 신의 완벽함 안에 있겠습니다.**

6. 신의 평화는 우리 모두에게 전해져,

폭포처럼 상쾌하게 씻어버리고,
우리를 모든 작은 것에서 자유롭게 해서,
자유의 부름을 따를 수 있습니다.

나의 눈이 투사하는 이미지들을
우주 거울은 반사하고,
내 비전을 완벽하게 함으로써,
황금빛 미래를 기다립니다.

**보라색 화염은 낮은 비전에서
나를 자유롭게 할 것이며,
그리스도의 눈을 통해 봄으로써,
나는 신의 완벽함 안에 있겠습니다.**

7. 신의 자유는 모든 것을 바르게 두어,
모든 그림자는 빛으로 바뀝니다.
우리는 새로운 높이로 들어올려져,
내면의 시야를 새롭게 봅니다.

나의 눈이 투사하는 이미지들을
우주 거울은 반사하고,
내 비전을 완벽하게 함으로써,
황금빛 미래를 기다립니다.

**보라색 화염은 낮은 비전에서
나를 자유롭게 할 것이며,
그리스도의 눈을 통해 봄으로써,
나는 신의 완벽함 안에 있겠습니다.**

8. 모든 광선에 통달함으로써,
내 미래는 찬란한 새날이며,
중도를 발견했기 때문에,
나는 가슴에서 뛰어노는 아이입니다.

나의 눈이 투사하는 이미지들을
우주 거울은 반사하고,
내 비전을 완벽하게 함으로써,
황금빛 미래를 기다립니다.

**보라색 화염은 낮은 비전에서
나를 자유롭게 할 것이며,
그리스도의 눈을 통해 봄으로써,
나는 신의 완벽함 안에 있겠습니다.**

9. 내 고유한 가치를 깨달으며,
나는 신성한 환희를 새롭게 발견하고,
영(Spirit) 안에서 나는 다시 태어나,
신의 왕국을 이제 지상에서 봅니다.

나의 눈이 투사하는 이미지들을
우주 거울은 반사하고,
내 비전을 완벽하게 함으로써,
황금빛 미래를 기다립니다.

보라색 화염은 낮은 비전에서
나를 자유롭게 할 것이며,
그리스도의 눈을 통해 봄으로써,
나는 신의 완벽함 안에 있겠습니다.

종결:
보라색 화염이 흐르게 하소서.
지상의 모든 생명을 적셔 주소서.
항상 흐르고 영원히 확장되면서
우리에게 모든 은혜를 부어 주소서.

보라색 불꽃이여, 관통하소서.
보라색 불꽃이여, 적셔 주소서.
보라색 불꽃이여, 정화하소서.
보라색 불꽃이여, 성스럽게 하소서.

우리는 순수해지고 우리는 치유됩니다.
우리는 당신의 빛 안에 봉인되어,
신 안에서 영원한 자유를 누립니다.

안내: 이 디크리를 1X, 3X, 9X 또는 당신이 내면에서 자극을 느낄 때까지 많이 낭송하세요.

봉인하기

헤라클레스와 아마조니아와 다른 엘로힘의 이름으로, 나는 첫 번째 광선의 창조적인 흐름을 위한 열린 문이며, 완벽히 균형 잡힌 현현 속에 내 존재를 통해서 그 자신을 표현합니다. 나는 이 세상의 어떤 것에도 집착하지 않고 그 이상이 됨으로써 오늘 그리고 영원히 균형 속에서 머무르겠습니다. 따라서 영속적인 자기-초월로, 나는 생명의 강의 창조적인 흐름 안에 봉인되었습니다. 아멘.

11
대천사 미카엘의 변형하는 힘

안내: 대천사 미카엘과 첫 번째 광선의 변형하는 힘을 요청하는 기원문입니다. 전체 행성을 포함하여 여러분 의식의 전체 구체에서 첫 번째 광선의 왜곡을 소멸하도록 대천사 미카엘께 요청합니다.

I AM THAT I AM, 예수 그리스도의 이름으로 나의 아이앰 현존이, 무한히 초월해 가는 내 미래의 현존을 통해 흐르며, 완전한 권능으로 이 기원을 해 주시기를 요청합니다. 나는 당신의 진동과 하나가 되어 완전하고 조건 없는 의지를 선언하기 위해 대천사 미카엘과 페이쓰(Faith)와 다른 대천사들께 요청합니다. 나는 당신께 내 안에서 첫 번째 광선의 모든 불균형한 구현을 소멸해 달라고 요청합니다…
(여기에 개인적인 요청을 추가하세요)

신은 아버지이자 어머니입니다
신은 아버지이자 어머니시며,
다른 한편이 없이는 완전한 하나가 아닙니다.

균형을 이룬 당신의 통일성은 우리의 근원이며,
당신의 사랑은 우리의 여정을 인도합니다.
당신은 우리에게 풍요로운 삶을 주시며,
모든 투쟁의 감각에서 해방합니다.
우리는 생명의 흐름 안으로 들어가,
이 나쁜 꿈에서 깨어납니다.
우리는 진실로 생명이 하나임을 깨달으며,
승리를 얻습니다.
우리는 성인들이 밟았던 길을 따라
신에게 되돌아왔습니다.
우리는 지상에서 신의 몸을 이루며,
하늘에서 오는 충만한 축복과 함께,
우리 행성을 사랑의 황금시대 안에서,
다시 태어나게 합니다.
우리는 모든 사람을 해방하여
하나됨이야말로 실재임을 깨닫게 하고,
그 하나됨 안에서
영원토록 완전한 전체가 됩니다.
이제 지구는 진실로 치유되었고,
모든 생명이 신의 완전함 안에 봉인되었습니다.

신은 아버지이자 어머니시며,
우리는 서로 안에서 신을 봅니다.

섹션 1

1. 대천사 미카엘이여, 내 의식의 구체 내면에서, 통제하려는 모든 욕망을 소멸해주세요

대천사 미카엘이여, 당신의 빛나는 푸른 화염 안에서,
어두운 밤은 사라지고 오직 당신만이 존재합니다.
당신과 하나 되어 당신의 빛으로 채워지니,
눈앞에 영광스러운 경이가 펼쳐집니다.

대천사 미카엘이여, 당신의 페이쓰(Faith)는 너무나 강렬하여,
대천사 미카엘이여, 나를 단숨에 정화합니다.
대천사 미카엘이여, 나는 당신의 노래를 부르며,
대천사 미카엘이여, 당신과 하나가 됩니다.

옴 아 훔, 미카엘 바즈라구루 싣디 훔 (1X, 3X 또는 그 이상)

2. 대천사 미카엘이여, 내 의식의 구체 내면에서, 보유하고 통제하고 소유하려는 모든 욕망을 소멸해주세요

대천사 미카엘이여, 당신은 보호자시니,
나는 늘 당신의 푸른 방패 안에 거합니다.
어둠 속을 떠도는 모든 존재로부터 봉인되어,
나는 푸른 광휘로 빛나는 당신의 구체 안에 머뭅니다.

대천사 미카엘이여, 당신의 페이쓰(Faith)는 너무나 강렬하여,
대천사 미카엘이여, 나를 단숨에 정화합니다.
대천사 미카엘이여, 나는 당신의 노래를 부르며,
대천사 미카엘이여, 당신과 하나가 됩니다.

옴 아 훔, 미카엘 바즈라구루 싣디 훔 (1X, 3X 또는 그 이상)

3. 대천사 미카엘이여, 내 의식의 구체 내면에서, 생명의 강을 얼게 함으로써 자기-초월을 멈추게 하는, 실험하지 않으려는 무의지를

소멸해주세요

대천사 미카엘이여, 수백만의 천사가,
당신의 권능을 찬양합니다.
의심과 두려움의 데몬들을 태워버리는,
당신의 현존은 언제나 가까이 있습니다.

대천사 미카엘이여, 당신의 페이쓰(Faith)는 너무나 강렬하여,
대천사 미카엘이여, 나를 단숨에 정화합니다.
대천사 미카엘이여, 나는 당신의 노래를 부르며,
대천사 미카엘이여, 당신과 하나가 됩니다.

옴 아 훔, 미카엘 바즈라구루 싣디 훔 (1X, 3X 또는 그 이상)

4. 대천사 미카엘이여, 내 의식의 구체 내면에서, 창조력의 어떤 결과가 바르거나 잘못이라고 말하는 이원성 가치 판단을 소멸해주세요

대천사 미카엘이여, 신의 의지는 당신의 사랑이며,
당신은 하늘에서 신의 빛을 모두에게 가져옵니다.
신의 의지는 모든 생명이 비상(飛上)하는 것이며,
자아의 초월은 우리의 가장 신성한 권리입니다.

대천사 미카엘이여, 당신의 페이쓰(Faith)는 너무나 강렬하여,
대천사 미카엘이여, 나를 단숨에 정화합니다.
대천사 미카엘이여, 나는 당신의 노래를 부르며,
대천사 미카엘이여, 당신과 하나가 됩니다.

옴 아 훔, 미카엘 바즈라구루 싣디 훔 (1X, 3X 또는 그 이상)

5. 대천사 미카엘이여, 내 의식의 구체 내면에서, 실패에 대한 두려움과 어떤 서사적인 방식으로 잘못될 수 있다는 두려움을 소멸해주세요

천사들과 함께 날아오르며,
나는 스스로를 초월합니다.
천사들은 진실로 존재하며,
그들의 사랑은 모든 것을 치유합니다.

천사들이 평화를 가져오면,
모든 갈등은 그칩니다.
빛의 천사들과 함께,
우리는 새로운 높이로 비상합니다.

천사 날개의 바스락거리는 소리,
물질조차 노래하는 기쁨이여,
모든 원자를 울리는 기쁨이여,
천사들의 날갯짓과 조화 속에서.

섹션 2

1. 대천사 미카엘이여, 내 의식의 구체 내면에서, 결과가 바르게 된다는 보장이 없다면 실험하지 않으려는 무의지를 소멸해주세요

대천사 미카엘이여, 당신의 빛나는 푸른 화염 안에서,
어두운 밤은 사라지고 오직 당신만이 존재합니다.
당신과 하나 되어 당신의 빛으로 채워지니,
눈앞에 영광스러운 경이가 펼쳐집니다.

대천사 미카엘이여, 당신의 페이쓰(Faith)는 너무나 강렬하여,
대천사 미카엘이여, 나를 단숨에 정화합니다.
대천사 미카엘이여, 나는 당신의 노래를 부르며,
대천사 미카엘이여, 당신과 하나가 됩니다.

옴 아 훔, 미카엘 바즈라구루 싣디 훔 (1X, 3X 또는 그 이상)

2. 대천사 미카엘이여, 내 의식의 구체 내면에서, 현재의 자아감을 붙잡고서 초월하지 않으려는 무의지를 소멸해주세요

대천사 미카엘이여, 당신은 보호자시니,
나는 늘 당신의 푸른 방패 안에 거합니다.
어둠 속을 떠도는 모든 존재로부터 봉인되어,
나는 푸른 광휘로 빛나는 당신의 구체 안에 머뭅니다.

대천사 미카엘이여, 당신의 페이쓰(Faith)는 너무나 강렬하여,
대천사 미카엘이여, 나를 단숨에 정화합니다.
대천사 미카엘이여, 나는 당신의 노래를 부르며,
대천사 미카엘이여, 당신과 하나가 됩니다.

옴 아 훔, 미카엘 바즈라구루 싣디 훔 (1X, 3X 또는 그 이상)

3. 대천사 미카엘이여, 내 의식의 구체 내면에서, 물질을 넘어선 마음의 통달을 거부하는 의식 상태를 소멸해주세요

대천사 미카엘이여, 수백만의 천사가,
당신의 권능을 찬양합니다.
의심과 두려움의 데몬들을 태워버리는,

당신의 현존은 언제나 가까이 있습니다.

대천사 미카엘이여, 당신의 페이쓰(Faith)는 너무나 강렬하여,
대천사 미카엘이여, 나를 단숨에 정화합니다.
대천사 미카엘이여, 나는 당신의 노래를 부르며,
대천사 미카엘이여, 당신과 하나가 됩니다.

옴 아 훔, 미카엘 바즈라구루 싣디 훔 (1X, 3X 또는 그 이상)

4. 대천사 미카엘이여, 내 의식의 구체 내면에서, 영적인 권위에 대항하는 혼란과 반란을 소멸해주세요

대천사 미카엘이여, 신의 의지는 당신의 사랑이며,
당신은 하늘에서 신의 빛을 모두에게 가져옵니다.
신의 의지는 모든 생명이 비상(飛上)하는 것이며,
자아의 초월은 우리의 가장 신성한 권리입니다.

대천사 미카엘이여, 당신의 페이쓰(Faith)는 너무나 강렬하여,
대천사 미카엘이여, 나를 단숨에 정화합니다.
대천사 미카엘이여, 나는 당신의 노래를 부르며,
대천사 미카엘이여, 당신과 하나가 됩니다.

옴 아 훔, 미카엘 바즈라구루 싣디 훔 (1X, 3X 또는 그 이상)

5. 대천사 미카엘이여, 내 의식의 구체 내면에서, 모든 것을 날려버리고 통제 불능의 폭발을 일으키는 욕망을 소멸해주세요

천사들과 함께 날아오르며,
나는 스스로를 초월합니다.

천사들은 진실로 존재하며,
그들의 사랑은 모든 것을 치유합니다.

천사들이 평화를 가져오면,
모든 갈등은 그칩니다.
빛의 천사들과 함께,
우리는 새로운 높이로 비상합니다.

천사 날개의 바스락거리는 소리,
물질조차 노래하는 기쁨이여,
모든 원자를 울리는 기쁨이여,
천사들의 날갯짓과 조화 속에서.

섹션 3

1. 대천사 미카엘이여, 내 의식의 구체 내면에서, 파괴하려는 힘에 대한 모든 욕망을 소멸해주세요

대천사 미카엘이여, 당신의 빛나는 푸른 화염 안에서,
어두운 밤은 사라지고 오직 당신만이 존재합니다.
당신과 하나 되어 당신의 빛으로 채워지니,
눈앞에 영광스러운 경이가 펼쳐집니다.

대천사 미카엘이여, 당신의 페이쓰(Faith)는 너무나 강렬하여,
대천사 미카엘이여, 나를 단숨에 정화합니다.
대천사 미카엘이여, 나는 당신의 노래를 부르며,
대천사 미카엘이여, 당신과 하나가 됩니다.

옴 아 훔, 미카엘 바즈라구루 싣디 훔 (1X, 3X 또는 그 이상)

2. 대천사 미카엘이여, 내 의식의 구체 내면에서, 자신이 창조한 것에 대한 책임을 부인하는 정직하지 않은 마음을 소멸해주세요

대천사 미카엘이여, 당신은 보호자시니,
나는 늘 당신의 푸른 방패 안에 거합니다.
어둠 속을 떠도는 모든 존재로부터 봉인되어,
나는 푸른 광휘로 빛나는 당신의 구체 안에 머뭅니다.

대천사 미카엘이여, 당신의 페이쓰(Faith)는 너무나 강렬하여,
대천사 미카엘이여, 나를 단숨에 정화합니다.
대천사 미카엘이여, 나는 당신의 노래를 부르며,
대천사 미카엘이여, 당신과 하나가 됩니다.

옴 아 훔, 미카엘 바즈라구루 싣디 훔 (1X, 3X 또는 그 이상)

3. 대천사 미카엘이여, 내 의식의 구체 내면에서, 신이 우리 상황에 대한 책임이 있다거나, 신이 불공정한 벌로써 그런 상황을 만들었다는 환영을 소멸해주세요

대천사 미카엘이여, 수백만의 천사가,
당신의 권능을 찬양합니다.
의심과 두려움의 데몬들을 태워버리는,
당신의 현존은 언제나 가까이 있습니다.

대천사 미카엘이여, 당신의 페이쓰(Faith)는 너무나 강렬하여,
대천사 미카엘이여, 나를 단숨에 정화합니다.
대천사 미카엘이여, 나는 당신의 노래를 부르며,
대천사 미카엘이여, 당신과 하나가 됩니다.

옴 아 훔, 미카엘 바즈라구루 싣디 훔 (1X, 3X 또는 그 이상)

4. 대천사 미카엘이여, 내 의식의 구체 내면에서, 피해 의식의 형태로 나타나는 자신의 자유의지에 대한 부인을 소멸해주세요.

대천사 미카엘이여, 신의 의지는 당신의 사랑이며,
당신은 하늘에서 신의 빛을 모두에게 가져옵니다.
신의 의지는 모든 생명이 비상(飛上)하는 것이며,
자아의 초월은 우리의 가장 신성한 권리입니다.

대천사 미카엘이여, 당신의 페이쓰(Faith)는 너무나 강렬하여,
대천사 미카엘이여, 나를 단숨에 정화합니다.
대천사 미카엘이여, 나는 당신의 노래를 부르며,
대천사 미카엘이여, 당신과 하나가 됩니다.

옴 아 훔, 미카엘 바즈라구루 싣디 훔 (1X, 3X 또는 그 이상)

5. 대천사 미카엘이여, 내 의식의 구체 내면에서, 다른 사람들의 자유의지를 통제하거나 빼앗으려는 욕망을 소멸해주세요.

천사들과 함께 날아오르며,
나는 스스로를 초월합니다.
천사들은 진실로 존재하며,
그들의 사랑은 모든 것을 치유합니다.

천사들이 평화를 가져오면,
모든 갈등은 그칩니다.
빛의 천사들과 함께,

우리는 새로운 높이로 비상합니다.

천사 날개의 바스락거리는 소리,
물질조차 노래하는 기쁨이여,
모든 원자를 울리는 기쁨이여,
천사들의 날갯짓과 조화 속에서.

섹션 4

1. 대천사 미카엘이여, 내 의식의 구체 내면에서, 분리된 자아를 높이려는 욕망에서 생겨났으며, 다른 생명의 일부를 높이지 않으려는 무의지를 소멸해주세요

대천사 미카엘이여, 당신의 빛나는 푸른 화염 안에서,
어두운 밤은 사라지고 오직 당신만이 존재합니다.
당신과 하나 되어 당신의 빛으로 채워지니,
눈앞에 영광스러운 경이가 펼쳐집니다.

**대천사 미카엘이여, 당신의 페이쓰(Faith)는 너무나 강렬하여,
대천사 미카엘이여, 나를 단숨에 정화합니다.
대천사 미카엘이여, 나는 당신의 노래를 부르며,
대천사 미카엘이여, 당신과 하나가 됩니다.**

옴 아 훔, 미카엘 바즈라구루 싣디 훔 (1X, 3X 또는 그 이상)

2. 대천사 미카엘이여, 내 의식의 구체 내면에서, 타인들과 비교해서 스스로 높아지려는 욕망을 소멸해주세요

대천사 미카엘이여, 당신은 보호자시니,

나는 늘 당신의 푸른 방패 안에 거합니다.
어둠 속을 떠도는 모든 존재로부터 봉인되어,
나는 푸른 광휘로 빛나는 당신의 구체 안에 머뭅니다.

대천사 미카엘이여, 당신의 페이쓰(Faith)는 너무나 강렬하여,
대천사 미카엘이여, 나를 단숨에 정화합니다.
대천사 미카엘이여, 나는 당신의 노래를 부르며,
대천사 미카엘이여, 당신과 하나가 됩니다.

옴 아 훔, 미카엘 바즈라구루 싣디 훔 (1X, 3X 또는 그 이상)

3. 대천사 미카엘이여, 내 의식의 구체 내면에서, 희생양을 정의하고 처벌하려는 욕망을 소멸해주세요.

대천사 미카엘이여, 수백만의 천사가,
당신의 권능을 찬양합니다.
의심과 두려움의 데몬들을 태워버리는,
당신의 현존은 언제나 가까이 있습니다.

대천사 미카엘이여, 당신의 페이쓰(Faith)는 너무나 강렬하여,
대천사 미카엘이여, 나를 단숨에 정화합니다.
대천사 미카엘이여, 나는 당신의 노래를 부르며,
대천사 미카엘이여, 당신과 하나가 됩니다.

옴 아 훔, 미카엘 바즈라구루 싣디 훔 (1X, 3X 또는 그 이상)

4. 대천사 미카엘이여, 내 의식의 구체 내면에서, 더 큰 선을 위해 일하려고 하며, 타인들의 의지를 강하게 통제해야 하는 것처럼 표현되는 모든 선의의 욕망을 소멸해주세요.

대천사 미카엘이여, 신의 의지는 당신의 사랑이며,
당신은 하늘에서 신의 빛을 모두에게 가져옵니다.
신의 의지는 모든 생명이 비상(飛上)하는 것이며,
자아의 초월은 우리의 가장 신성한 권리입니다.

대천사 미카엘이여, 당신의 페이쓰(Faith)는 너무나 강렬하여,
대천사 미카엘이여, 나를 단숨에 정화합니다.
대천사 미카엘이여, 나는 당신의 노래를 부르며,
대천사 미카엘이여, 당신과 하나가 됩니다.

옴 아 훔, 미카엘 바즈라구루 싣디 훔 (1X, 3X 또는 그 이상)

5. 대천사 미카엘이여, 내 의식의 구체 내면에서, 한 가지 생각이 궁극적인 진리라는 환영을 소멸해주세요

천사들과 함께 날아오르며,
나는 스스로를 초월합니다.
천사들은 진실로 존재하며,
그들의 사랑은 모든 것을 치유합니다.

천사들이 평화를 가져오면,
모든 갈등은 그칩니다.
빛의 천사들과 함께,
우리는 새로운 높이로 비상합니다.

천사 날개의 바스락거리는 소리,
물질조차 노래하는 기쁨이여,
모든 원자를 울리는 기쁨이여,

천사들의 날갯짓과 조화 속에서.

섹션 5

1. 대천사 미카엘이여, 내 의식의 구체 내면에서, 절대적인 진리로 정의한 것과 다른 모든 사상과 맞서 싸우려는 힘을 소멸해주세요.

대천사 미카엘이여, 당신의 빛나는 푸른 화염 안에서,
어두운 밤은 사라지고 오직 당신만이 존재합니다.
당신과 하나 되어 당신의 빛으로 채워지니,
눈앞에 영광스러운 경이가 펼쳐집니다.

대천사 미카엘이여, 당신의 페이쓰(Faith)는 너무나 강렬하여,
대천사 미카엘이여, 나를 단숨에 정화합니다.
대천사 미카엘이여, 나는 당신의 노래를 부르며,
대천사 미카엘이여, 당신과 하나가 됩니다.

옴 아 훔, 미카엘 바즈라구루 싣디 훔 (1X, 3X 또는 그 이상)

2. 대천사 미카엘이여, 내 의식의 구체 내면에서, 다른 사람들이 하나의 진정한 신념 체계를 따르도록 강요하지 않으면 어떤 엄청난 재앙이 일어난다는, 서사적 시나리오를 만드는 환영을 소멸해주세요.

대천사 미카엘이여, 당신은 보호자시니,
나는 늘 당신의 푸른 방패 안에 거합니다.
어둠 속을 떠도는 모든 존재로부터 봉인되어,
나는 푸른 광휘로 빛나는 당신의 구체 안에 머뭅니다.

대천사 미카엘이여, 당신의 페이쓰(Faith)는 너무나 강렬하여,
대천사 미카엘이여, 나를 단숨에 정화합니다.
대천사 미카엘이여, 나는 당신의 노래를 부르며,
대천사 미카엘이여, 당신과 하나가 됩니다.

옴 아 훔, 미카엘 바즈라구루 싣디 훔 (1X, 3X 또는 그 이상)

3. 대천사 미카엘이여, 내 의식의 구체 내면에서, 목적이 수단을 정당화할 수 있다는 생각과 극단적인 조치를 취하려는 모든 경향을 소멸해주세요

대천사 미카엘이여, 수백만의 천사가,
당신의 권능을 찬양합니다.
의심과 두려움의 데몬들을 태워버리는,
당신의 현존은 언제나 가까이 있습니다.

대천사 미카엘이여, 당신의 페이쓰(Faith)는 너무나 강렬하여,
대천사 미카엘이여, 나를 단숨에 정화합니다.
대천사 미카엘이여, 나는 당신의 노래를 부르며,
대천사 미카엘이여, 당신과 하나가 됩니다.

옴 아 훔, 미카엘 바즈라구루 싣디 훔 (1X, 3X 또는 그 이상)

4. 대천사 미카엘이여, 내 의식의 구체 내면에서, 다른 사람들에게 지속적인 권력 투쟁을 강요하려는 모든 욕망을 소멸해주세요

대천사 미카엘이여, 신의 의지는 당신의 사랑이며,
당신은 하늘에서 신의 빛을 모두에게 가져옵니다.
신의 의지는 모든 생명이 비상(飛上)하는 것이며,

자아의 초월은 우리의 가장 신성한 권리입니다.

대천사 미카엘이여, 당신의 페이쓰(Faith)는 너무나 강렬하여,
대천사 미카엘이여, 나를 단숨에 정화합니다.
대천사 미카엘이여, 나는 당신의 노래를 부르며,
대천사 미카엘이여, 당신과 하나가 됩니다.

옴 아 훔, 미카엘 바즈라구루 싣디 훔 (1X, 3X 또는 그 이상)

5. 대천사 미카엘이여, 내 의식의 구체 내면에서, 지금 우리가 사물을 보는 방식이 궁극적인 방식이라고 생각하고 더 높은 비전에 우리 마음을 닫게 하는 경향을 소멸해주세요

천사들과 함께 날아오르며,
나는 스스로를 초월합니다.
천사들은 진실로 존재하며,
그들의 사랑은 모든 것을 치유합니다.

천사들이 평화를 가져오면,
모든 갈등은 그칩니다.
빛의 천사들과 함께,
우리는 새로운 높이로 비상합니다.

천사 날개의 바스락거리는 소리,
물질조차 노래하는 기쁨이여,
모든 원자를 울리는 기쁨이여,
천사들의 날갯짓과 조화 속에서.

섹션 6

1. 대천사 미카엘이여, 내 의식의 구체 내면에서, 어떤 단순한 원인 때문에 타인들을 죽이려는 모든 의지를 소멸해주세요

대천사 미카엘이여, 당신의 빛나는 푸른 화염 안에서,
어두운 밤은 사라지고 오직 당신만이 존재합니다.
당신과 하나 되어 당신의 빛으로 채워지니,
눈앞에 영광스러운 경이가 펼쳐집니다.

대천사 미카엘이여, 당신의 페이쓰(Faith)는 너무나 강렬하여,
대천사 미카엘이여, 나를 단숨에 정화합니다.
대천사 미카엘이여, 나는 당신의 노래를 부르며,
대천사 미카엘이여, 당신과 하나가 됩니다.

옴 아 훔, 미카엘 바즈라구루 싣디 훔 (1X, 3X 또는 그 이상)

2. 대천사 미카엘이여, 내 의식의 구체 내면에서, 전쟁이 어떤 더 큰 선을 위해서 필요하다는 총체적인 의식을 소멸해주세요

대천사 미카엘이여, 당신은 보호자시니,
나는 늘 당신의 푸른 방패 안에 거합니다.
어둠 속을 떠도는 모든 존재로부터 봉인되어,
나는 푸른 광휘로 빛나는 당신의 구체 안에 머뭅니다.

대천사 미카엘이여, 당신의 페이쓰(Faith)는 너무나 강렬하여,
대천사 미카엘이여, 나를 단숨에 정화합니다.
대천사 미카엘이여, 나는 당신의 노래를 부르며,
대천사 미카엘이여, 당신과 하나가 됩니다.

옴 아 훔, 미카엘 바즈라구루 싣디 훔 (1X, 3X 또는 그 이상)

3. 대천사 미카엘이여, 내 의식의 구체 내면에서, 분열된 비전에 기반을 둔 반-의지를 소멸해주세요

대천사 미카엘이여, 수백만의 천사가,
당신의 권능을 찬양합니다.
의심과 두려움의 데몬들을 태워버리는,
당신의 현존은 언제나 가까이 있습니다.

대천사 미카엘이여, 당신의 페이쓰(Faith)는 너무나 강렬하여,
대천사 미카엘이여, 나를 단숨에 정화합니다.
대천사 미카엘이여, 나는 당신의 노래를 부르며,
대천사 미카엘이여, 당신과 하나가 됩니다.

옴 아 훔, 미카엘 바즈라구루 싣디 훔 (1X, 3X 또는 그 이상)

4. 대천사 미카엘이여, 내 의식의 구체 내면에서, 신의 통합하는 의지에 반대하며 신의 의지가 내 자유를 제한한다고 생각하는 반-의지를 소멸해주세요

대천사 미카엘이여, 신의 의지는 당신의 사랑이며,
당신은 하늘에서 신의 빛을 모두에게 가져옵니다.
신의 의지는 모든 생명이 비상(飛上)하는 것이며,
자아의 초월은 우리의 가장 신성한 권리입니다.

대천사 미카엘이여, 당신의 페이쓰(Faith)는 너무나 강렬하여,
대천사 미카엘이여, 나를 단숨에 정화합니다.
대천사 미카엘이여, 나는 당신의 노래를 부르며,

대천사 미카엘이여, 당신과 하나가 됩니다.

옴 아 훔, 미카엘 바즈라구루 싣디 훔 (1X, 3X 또는 그 이상)

5. 대천사 미카엘이여, 내 의식의 구체 내면에서, 옳은 것과 잘못된 것으로 나누고, 잘못된 것으로 꼬리표 붙인 것을 파괴하거나 끌어 내리려는 반-의지를 소멸해주세요

천사들과 함께 날아오르며,
나는 스스로를 초월합니다.
천사들은 진실로 존재하며,
그들의 사랑은 모든 것을 치유합니다.

천사들이 평화를 가져오면,
모든 갈등은 그칩니다.
빛의 천사들과 함께,
우리는 새로운 높이로 비상합니다.

천사 날개의 바스락거리는 소리,
물질조차 노래하는 기쁨이여,
모든 원자를 울리는 기쁨이여,
천사들의 날갯짓과 조화 속에서.

섹션 7

1. 대천사 미카엘이여, 내 의식의 구체 내면에서, 잘못되었다고 보는 쪽과 싸우는 옳은 쪽을 정의하면서, 반드시 항상 반대쪽이 있어야 한다는 환영을 소멸해주세요

대천사 미카엘이여, 당신의 빛나는 푸른 화염 안에서,
어두운 밤은 사라지고 오직 당신만이 존재합니다.
당신과 하나 되어 당신의 빛으로 채워지니,
눈앞에 영광스러운 경이가 펼쳐집니다.

**대천사 미카엘이여, 당신의 페이쓰(Faith)는 너무나 강렬하여,
대천사 미카엘이여, 나를 단숨에 정화합니다.
대천사 미카엘이여, 나는 당신의 노래를 부르며,
대천사 미카엘이여, 당신과 하나가 됩니다.**

옴 아 훔, 미카엘 바즈라구루 싣디 훔 (1X, 3X 또는 그 이상)

2. 대천사 미카엘이여, 내 의식의 구체 내면에서, 현재의 문제를 해결하지도 못하고 작동하지도 않는다는 증명이 되었다고 하더라도, 자신이 아는 것에 집착하는 경향을 소멸해주세요

대천사 미카엘이여, 당신은 보호자시니,
나는 늘 당신의 푸른 방패 안에 거합니다.
어둠 속을 떠도는 모든 존재로부터 봉인되어,
나는 푸른 광휘로 빛나는 당신의 구체 안에 머뭅니다.

**대천사 미카엘이여, 당신의 페이쓰(Faith)는 너무나 강렬하여,
대천사 미카엘이여, 나를 단숨에 정화합니다.
대천사 미카엘이여, 나는 당신의 노래를 부르며,
대천사 미카엘이여, 당신과 하나가 됩니다.**

옴 아 훔, 미카엘 바즈라구루 싣디 훔 (1X, 3X 또는 그 이상)

3. 대천사 미카엘이여, 내 의식의 구체 내면에서, 아무것도 하지 않

거나 어떤 새로운 것을 시도하지도 않으려는 모든 무의지를 소멸해 주세요.

대천사 미카엘이여, 수백만의 천사가,
당신의 권능을 찬양합니다.
의심과 두려움의 데몬들을 태워버리는,
당신의 현존은 언제나 가까이 있습니다.

대천사 미카엘이여, 당신의 페이쓰(Faith)는 너무나 강렬하여,
대천사 미카엘이여, 나를 단숨에 정화합니다.
대천사 미카엘이여, 나는 당신의 노래를 부르며,
대천사 미카엘이여, 당신과 하나가 됩니다.

옴 아 훔, 미카엘 바즈라구루 싣디 훔 (1X, 3X 또는 그 이상)

4. 대천사 미카엘이여, 자신의 창조력으로 자유롭게 실험하려는 신성한 천진함으로 돌아가게 해 주세요.

대천사 미카엘이여, 신의 의지는 당신의 사랑이며,
당신은 하늘에서 신의 빛을 모두에게 가져옵니다.
신의 의지는 모든 생명이 비상(飛上)하는 것이며,
자아의 초월은 우리의 가장 신성한 권리입니다.

대천사 미카엘이여, 당신의 페이쓰(Faith)는 너무나 강렬하여,
대천사 미카엘이여, 나를 단숨에 정화합니다.
대천사 미카엘이여, 나는 당신의 노래를 부르며,
대천사 미카엘이여, 당신과 하나가 됩니다.

옴 아 훔, 미카엘 바즈라구루 싣디 훔 (1X, 3X 또는 그 이상)

5. 대천사 미카엘이여, 첫 번째 광선의 창조적인 자유 안에서 당신의 무한한 기쁨으로 나를 채워 주세요.

천사들과 함께 날아오르며,
나는 스스로를 초월합니다.
천사들은 진실로 존재하며,
그들의 사랑은 모든 것을 치유합니다.

천사들이 평화를 가져오면,
모든 갈등은 그칩니다.
빛의 천사들과 함께,
우리는 새로운 높이로 비상합니다.

천사 날개의 바스락거리는 소리,
물질조차 노래하는 기쁨이여,
모든 원자를 울리는 기쁨이여,
천사들의 날갯짓과 조화 속에서.

하나됨의 디크리

1. 수리야, 완전한 균형을 이룬 존재시여,
찬란한 태양처럼 빛나는 당신의 광휘는,
신의 별에서 지구로 거침없이 방사되며
새로운 탄생을 가져옵니다.

대중앙태양의 알파와 오메가시여,
이제 하나이신 존재의 무한한 권능을 방출하소서.
이원성 거짓말의 베일을 산산조각내시어,

모든 사람을 이 결박에서 해방하소서.

사랑하는 수리야, 균형을 잡아주는 당신의 힘은,
빛의 소나기처럼 쏟아져 지구에 흘러 넘칩니다.
하나됨 안에 계신 아버지-어머니 신을 보며,
우리는 영원히 무한한 지복에 잠깁니다.

2. 남성과 여성 안의 여성성을 부활시키고,
신의 완전한 계획이 담긴 매트릭스를 드러내며,
완고하고 낡은 심상들을 모두 태워버리고,
지상의 틀 위로 종교를 들어올립니다.

대중앙태양의 알파와 오메가시여,
이제 하나이신 존재의 무한한 권능을 방출하소서.
이원성 거짓말의 베일을 산산조각내시어,
모든 사람을 이 결박에서 해방하소서.

사랑하는 수리야, 균형을 잡아주는 당신의 힘은,
빛의 소나기처럼 쏟아져 지구에 흘러 넘칩니다.
하나됨 안에 계신 아버지-어머니 신을 보며,
우리는 영원히 무한한 지복에 잠깁니다.

3. 성 저메인의 황금시대는 마침내 현실이 되고,
이원성의 거짓말은 과거가 됩니다.
신성한 어머니가 모두의 내면에서 높여지고,
그들은 내면에 귀를 기울이며 부름에 따릅니다.

대중앙태양의 알파와 오메가시여,
이제 하나이신 존재의 무한한 권능을 방출하소서.

이원성 거짓말의 베일을 산산조각내시어,
모든 사람을 이 결박에서 해방하소서.

**사랑하는 수리야, 균형을 잡아주는 당신의 힘은,
빛의 소나기처럼 쏟아져 지구에 흘러 넘칩니다.
하나됨 안에 계신 아버지-어머니 신을 보며,
우리는 영원히 무한한 지복에 잠깁니다.**

4. 마레이타이는 신성한 어머니의 이름이며,
모든 자녀를 불러 그들의 빛을 발하게 합니다.
이제 우리 안에서 신의 왕국이 실현됨을,
예수님과 함께 최종적으로 확언합니다.

대중앙태양의 알파와 오메가시여,
이제 하나이신 존재의 무한한 권능을 방출하소서.
이원성 거짓말의 베일을 산산조각내시어,
모든 사람을 이 결박에서 해방하소서.

**사랑하는 수리야, 균형을 잡아주는 당신의 힘은,
빛의 소나기처럼 쏟아져 지구에 흘러 넘칩니다.
하나됨 안에 계신 아버지-어머니 신을 보며,
우리는 영원히 무한한 지복에 잠깁니다.**

5. 성모 마리아는 여성적인 광선을 통해서,
모든 사람을 내면의 왕국으로 안내합니다.
우리가 모든 형상 안에서 신을 볼 때,
진실로 풍요가 삶의 표준임을 압니다.

대중앙태양의 알파와 오메가시여,

이제 하나이신 존재의 무한한 권능을 방출하소서.
이원성 거짓말의 베일을 산산조각내시어,
모든 사람을 이 결박에서 해방하소서.

**사랑하는 수리야, 균형을 잡아주는 당신의 힘은,
빛의 소나기처럼 쏟아져 지구에 흘러 넘칩니다.
하나됨 안에 계신 아버지-어머니 신을 보며,
우리는 영원히 무한한 지복에 잠깁니다.**

6. 이제 우리는 마스터 모어의 인도를 받으며,
광대한 바다를 건너 안락한 해안에 다다릅니다.
그곳에서는 모든 이원성의 목소리가 그치며,
주 붓다와 함께 우리는 평화 안에 정착합니다.

대중앙태양의 알파와 오메가시여,
이제 하나이신 존재의 무한한 권능을 방출하소서.
이원성 거짓말의 베일을 산산조각내시어,
모든 사람을 이 결박에서 해방하소서.

**사랑하는 수리야, 균형을 잡아주는 당신의 힘은,
빛의 소나기처럼 쏟아져 지구에 흘러 넘칩니다.
하나됨 안에 계신 아버지-어머니 신을 보며,
우리는 영원히 무한한 지복에 잠깁니다.**

7. 알파와 오메가, 그들의 하나됨이 드러날 때,
분리란 실재하지 않음을 알게 되며,
우리는 대중앙태양 안으로 들어가,
하나됨의 궁극적인 승리를 얻습니다.

대중앙태양의 알파와 오메가시여,
이제 하나이신 존재의 무한한 권능을 방출하소서.
이원성 거짓말의 베일을 산산조각내시어,
모든 사람을 이 결박에서 해방하소서.

사랑하는 수리야, 균형을 잡아주는 당신의 힘은,
빛의 소나기처럼 쏟아져 지구에 흘러 넘칩니다.
하나됨 안에 계신 아버지-어머니 신을 보며,
우리는 영원히 무한한 지복에 잠깁니다.

8. 이제 우리는 위대한 계획을 선포하러 나아가,
신과 인간 사이의 분리에 다리를 놓으며.
공동창조자가 되라는 소명을 받아들여,
지구를 신성한 승리로 들어올립니다.

대중앙태양의 알파와 오메가시여,
이제 하나이신 존재의 무한한 권능을 방출하소서.
이원성 거짓말의 베일을 산산조각내시어,
모든 사람을 이 결박에서 해방하소서.

사랑하는 수리야, 균형을 잡아주는 당신의 힘은,
빛의 소나기처럼 쏟아져 지구에 흘러 넘칩니다.
하나됨 안에 계신 아버지-어머니 신을 보며,
우리는 영원히 무한한 지복에 잠깁니다.

옴 아 훔, 바즈라구루 파드마 싣디 훔 (3X, 9X 또는 그 이상)

봉인하기
신성한 어머니의 이름으로, 나는 대천사 미카엘과 페이쓰(Faith)와 다른 대천사들께 일곱 광선의 진동 속에 나 자신과 내 영향력 범위 안의 모든 사람의 봉인과 보호를 요청합니다. 나는 상승 마스터 전체 영(Spirit)에 의해 내 요청이 증폭되도록 기원합니다. 이로써 우리는 "위에서 그러하듯이 아래에서도 이루어지는" 완전한 무한 8자 형상의 흐름을 형성합니다. 따라서 나는 내 안의 그리스도, 주님께서 말씀하셨으므로, 이것이 완전히 실현되었음을 받아들입니다. 아멘.

12
마스터 모어의 형언할 수 없는 기쁨

안내: 여러분의 삶에서 마스터 모어의 현존을 요청하는 기원문입니다. 이 기원문의 목적은 마스터 모어가 여러분을 위해 뭔가를 하도록 하려는 것이 아니라, 그의 현존에 대한 경험을 여러분에게 주며, 이것은 독특한 참조틀이 됩니다. 이 기원문은 마스터 모어의 유머러스하고 즐거운 측면을 요청하는 데 초점을 두며, 이것은 특히 여러분이 심각한 상황에 빠졌을 때 도움이 됩니다. 이 기원문을 낭송하면 어떤 것도 그리 나쁘게 보이지 않게 됩니다. 마스터 모어는 여러분이 이 기원문을 낭송하지 않거나 이 기원문을 즐겁게 낭송하지 않으면 여러분은 그와 자신을 너무 심각하게 여긴다는 점을 알기를 바랍니다. 마스터 모어는 여러분이 그를 너무 심각하게 대하지 않는 상황을 선호합니다.

I AM THAT I AM, 예수 그리스도의 이름으로 나의 아이앰 현존이, 무한히 초월해 가는 내 미래의 현존을 통해 흐르며, 완전한 권능으로 이 기원을 해 주시기를 요청합니다. 나는 마스터 모어와 다른 초한들과 마하 초한께 내 차크라를 통해서 흐르는 첫 번째 광선의 형언할 수 없는 창조적인 흐름을 위해 열린 문이 되려는 내 존재를 가로막는, 모든 불균형을 드러내고 치유해 달라고 요청합니다...

(여기에 개인적인 요청을 추가하세요)

신은 아버지이자 어머니입니다
신은 아버지이자 어머니시며,
다른 한편이 없이는 완전한 하나가 아닙니다.

균형을 이룬 당신의 통일성은 우리의 근원이며,
당신의 사랑은 우리의 여정을 인도합니다.
당신은 우리에게 풍요로운 삶을 주시며,
모든 투쟁의 감각에서 해방합니다.
우리는 생명의 흐름 안으로 들어가,
이 나쁜 꿈에서 깨어납니다.
우리는 진실로 생명이 하나임을 깨달으며,
승리를 얻습니다.
우리는 성인들이 밟았던 길을 따라
신에게 되돌아왔습니다.
우리는 지상에서 신의 몸을 이루며,
하늘에서 오는 충만한 축복과 함께,
우리 행성을 사랑의 황금시대 안에서,
다시 태어나게 합니다.
우리는 모든 사람을 해방하여
하나됨이야말로 실재임을 깨닫게 하고,
그 하나됨 안에서
영원토록 완전한 전체가 됩니다.
이제 지구는 진실로 치유되었고,
모든 생명이 신의 완전함 안에 봉인되었습니다.

신은 아버지이자 어머니시며,
우리는 서로 안에서 신을 봅니다.

섹션 1

1. 생명을 주는 모어의 권능으로
나는 깨끗이 샤워를 하고 있습니다.

마스터 모어여, 우리 앞에 나타나소서.
초월로 가속하는 당신의 불꽃을 받아들이겠습니다.
마스터 모어여, 내 의지는 강렬하고,
내 에너지 센터는 노래로 정화됩니다.

**오 성령이시여, 나를 통해 흐르소서.
나는 당신을 위해 열린 문입니다.
세차게 흘러오는 전능한 빛의 강이여,
초월은 나의 신성한 권리입니다.**

2. 나는 결코 멈추지 않는
의지에 잠겨 있습니다.

마스터 모어여, 당신의 지혜가 흘러오니,
당신과의 조율이 점점 증가합니다.
마스터 모어여, 우리가 서로 연결되니,
나는 뱀의 거짓말을 꿰뚫어 봅니다.

**오 성령이시여, 나를 통해 흐르소서.
나는 당신을 위해 열린 문입니다.
세차게 흘러오는 전능한 빛의 강이여,
초월은 나의 신성한 권리입니다.**

3. 나는 이전과 전혀 달리
새롭게 마스터 모어를 느낍니다.

마스터 모어여, 당신의 핑크빛 사랑보다,
더 순수한 사랑은 없습니다.
마스터 모어여, 당신이 나를 자유롭게 하시니,
모든 조건에서 해방해 줍니다.

오 성령이시여, 나를 통해 흐르소서.
나는 당신을 위해 열린 문입니다.
세차게 흘러오는 전능한 빛의 강이여,
초월은 나의 신성한 권리입니다.

4. 마스터의 사랑 안에는
어떤 재앙도 있을 수 없습니다.

마스터 모어여, 나를 순수하게 만드는,
당신의 단련법을 견뎌내겠습니다.
마스터 모어여, 우리의 의도는 진실하고,
나는 언제나 당신과 하나입니다.

오 성령이시여, 나를 통해 흐르소서.
나는 당신을 위해 열린 문입니다.
세차게 흘러오는 전능한 빛의 강이여,
초월은 나의 신성한 권리입니다.

5. 형언할 수 없는 모어의 기쁨 안에서
삶은 놀라운 장난감입니다.

마스터 모어여, 내 비전은 고양되고,
신의 의지는 늘 찬양을 받습니다.
마스터 모어여, 창조적인 의지는,
모든 생명을 더욱더 높이 올립니다.

오 성령이시여, 나를 통해 흐르소서.
나는 당신을 위해 열린 문입니다.
세차게 흘러오는 전능한 빛의 강이여,
초월은 나의 신성한 권리입니다.

6. 나는 인간의 투쟁을 넘어서
생명과 함께 흐릅니다.

마스터 모어여, 당신의 평화는 권능이며,
전쟁의 데몬들을 삼켜버립니다.
마스터 모어여, 우리는 모든 생명에 봉사하며,
우리의 화염은 전쟁과 투쟁을 소멸합니다.

오 성령이시여, 나를 통해 흐르소서.
나는 당신을 위해 열린 문입니다.
세차게 흘러오는 전능한 빛의 강이여,
초월은 나의 신성한 권리입니다.

7. 나는 모어의 찬란한 햇살을 쬐면서
즐거움을 만끽할 수 있습니다.

마스터 모어여, 크나큰 자유 안에서,
당신과 나는 영원히 결속됩니다.
마스터 모어여, 당신의 영원한 환희의 강에서,

우리는 새로운 탄생을 맞이합니다.

오 성령이시여, 나를 통해 흐르소서.
나는 당신을 위해 열린 문입니다.
세차게 흘러오는 전능한 빛의 강이여,
초월은 나의 신성한 권리입니다.

8. 모어의 푸른-화염의 가슴에서
나는 새로운 출발을 다짐합니다.

마스터 모어여, 우리의 요청으로,
당신은 일곱 광선 모두를 균형 잡습니다.
마스터 모어여, 영원히 스스로를 초월하며,
나는 영(Spirit)을 위해 열린 문입니다.

오 성령이시여, 나를 통해 흐르소서.
나는 당신을 위해 열린 문입니다.
세차게 흘러오는 전능한 빛의 강이여,
초월은 나의 신성한 권리입니다.

섹션 2

1. 모어와 함께 있는 순간에는
오직 기쁨만이 충만할 수 있습니다.

마스터 모어여, 우리 앞에 나타나소서.
초월로 가속하는 당신의 불꽃을 받아들이겠습니다.
마스터 모어여, 내 의지는 강렬하고,
내 에너지 센터는 노래로 정화됩니다.

오 성령이시여, 나를 통해 흐르소서.
나는 당신을 위해 열린 문입니다.
세차게 흘러오는 전능한 빛의 강이여,
초월은 나의 신성한 권리입니다.

2. 그의 눈빛을 반짝이기만 해도
모든 가슴은 솟구쳐 오릅니다.

마스터 모어여, 당신의 지혜가 흘러오니,
당신과의 조율이 점점 증가합니다.
마스터 모어여, 우리가 서로 연결되니,
나는 뱀의 거짓말을 꿰뚫어 봅니다.

오 성령이시여, 나를 통해 흐르소서.
나는 당신을 위해 열린 문입니다.
세차게 흘러오는 전능한 빛의 강이여,
초월은 나의 신성한 권리입니다.

3. 언제나 준비된 위트와 유머로
더 커다란 즐거움을 이끌어냅니다.

마스터 모어여, 당신의 핑크빛 사랑보다,
더 순수한 사랑은 없습니다.
마스터 모어여, 당신이 나를 자유롭게 하시니,
모든 조건에서 해방해 줍니다.

오 성령이시여, 나를 통해 흐르소서.
나는 당신을 위해 열린 문입니다.

**세차게 흘러오는 전능한 빛의 강이여,
초월은 나의 신성한 권리입니다.**

4. 나는 이제 의지를 소환하여
모든 근심이 사라지게 합니다.

마스터 모어여, 나를 순수하게 만드는,
당신의 단련법을 견뎌내겠습니다.
마스터 모어여, 우리의 의도는 진실하고,
나는 언제나 당신과 하나입니다.

**오 성령이시여, 나를 통해 흐르소서.
나는 당신을 위해 열린 문입니다.
세차게 흘러오는 전능한 빛의 강이여,
초월은 나의 신성한 권리입니다.**

5. 나는 마스터 모어께 내 기쁨의
화염을 복원하도록 허락합니다.

마스터 모어여, 내 비전은 고양되고,
신의 의지는 늘 찬양을 받습니다.
마스터 모어여, 창조적인 의지는,
모든 생명을 더욱더 높이 올립니다.

**오 성령이시여, 나를 통해 흐르소서.
나는 당신을 위해 열린 문입니다.
세차게 흘러오는 전능한 빛의 강이여,
초월은 나의 신성한 권리입니다.**

6. 내가 모어의 날카로운 눈으로 보니
악마는 오래된 거짓말쟁이입니다.

마스터 모어여, 당신의 평화는 권능이며,
전쟁의 데몬들을 삼켜버립니다.
마스터 모어여, 우리는 모든 생명에 봉사하며,
우리의 화염은 전쟁과 투쟁을 소멸합니다.

오 성령이시여, 나를 통해 흐르소서.
나는 당신을 위해 열린 문입니다.
세차게 흘러오는 전능한 빛의 강이여,
초월은 나의 신성한 권리입니다.

7. 나는 모어와 함께 악마가
실재하지 않음을 느낄 수 있습니다.

마스터 모어여, 크나큰 자유 안에서,
당신과 나는 영원히 결속됩니다.
마스터 모어여, 당신의 영원한 환희의 강에서,
우리는 새로운 탄생을 맞이합니다.

오 성령이시여, 나를 통해 흐르소서.
나는 당신을 위해 열린 문입니다.
세차게 흘러오는 전능한 빛의 강이여,
초월은 나의 신성한 권리입니다.

8. 악마는 오래된 거짓말쟁이이고
오직 허풍만 떨고 있습니다.

마스터 모어여, 우리의 요청으로,
당신은 일곱 광선 모두를 균형 잡습니다.
마스터 모어여, 영원히 스스로를 초월하며,
나는 영(Spirit)을 위해 열린 문입니다.

오 성령이시여, 나를 통해 흐르소서.
나는 당신을 위해 열린 문입니다.
세차게 흘러오는 전능한 빛의 강이여,
초월은 나의 신성한 권리입니다.

섹션 3

1. 모어와 함께 나는 지혜로우니
뱀의 오래된 거짓말보다 현명해집니다.

마스터 모어여, 우리 앞에 나타나소서.
초월로 가속하는 당신의 불꽃을 받아들이겠습니다.
마스터 모어여, 내 의지는 강렬하고,
내 에너지 센터는 노래로 정화됩니다.

오 성령이시여, 나를 통해 흐르소서.
나는 당신을 위해 열린 문입니다.
세차게 흘러오는 전능한 빛의 강이여,
초월은 나의 신성한 권리입니다.

2. 내가 거짓을 멈추는 순간
삶에 의미가 살아나기 때문입니다.

마스터 모어여, 당신의 지혜가 흘러오니,

당신과의 조율이 점점 증가합니다.
마스터 모어여, 우리가 서로 연결되니,
나는 뱀의 거짓말을 꿰뚫어 봅니다.

오 성령이시여, 나를 통해 흐르소서.
나는 당신을 위해 열린 문입니다.
세차게 흘러오는 전능한 빛의 강이여,
초월은 나의 신성한 권리입니다.

3. 내가 모든 것을 알 필요가 없으니
모어의 부름을 따르기 때문입니다.

마스터 모어여, 당신의 핑크빛 사랑보다,
더 순수한 사랑은 없습니다.
마스터 모어여, 당신이 나를 자유롭게 하시니,
모든 조건에서 해방해 줍니다.

오 성령이시여, 나를 통해 흐르소서.
나는 당신을 위해 열린 문입니다.
세차게 흘러오는 전능한 빛의 강이여,
초월은 나의 신성한 권리입니다.

4. 악마는 빼어난 거짓말쟁이지만
모어는 훨씬 더 나은 비행사입니다.

마스터 모어여, 나를 순수하게 만드는,
당신의 단련법을 견뎌내겠습니다.
마스터 모어여, 우리의 의도는 진실하고,
나는 언제나 당신과 하나입니다.

오 성령이시여, 나를 통해 흐르소서.
나는 당신을 위해 열린 문입니다.
세차게 흘러오는 전능한 빛의 강이여,
초월은 나의 신성한 권리입니다.

5. 나는 모어와 함께 이제
높은 하늘 너머로 솟아오릅니다.

마스터 모어여, 내 비전은 고양되고,
신의 의지는 늘 찬양을 받습니다.
마스터 모어여, 창조적인 의지는,
모든 생명을 더욱더 높이 올립니다.

오 성령이시여, 나를 통해 흐르소서.
나는 당신을 위해 열린 문입니다.
세차게 흘러오는 전능한 빛의 강이여,
초월은 나의 신성한 권리입니다.

6. 내가 큰 소리로 포효하니
모어와 함께 솟아오르기 때문입니다.

마스터 모어여, 당신의 평화는 권능이며,
전쟁의 데몬들을 삼켜버립니다.
마스터 모어여, 우리는 모든 생명에 봉사하며,
우리의 화염은 전쟁과 투쟁을 소멸합니다.

오 성령이시여, 나를 통해 흐르소서.
나는 당신을 위해 열린 문입니다.

세차게 흘러오는 전능한 빛의 강이여,
초월은 나의 신성한 권리입니다.

7. 모든 것을 위에서 보니
모어의 사랑이 나를 충만하게 합니다.

마스터 모어여, 크나큰 자유 안에서,
당신과 나는 영원히 결속됩니다.
마스터 모어여, 당신의 영원한 환희의 강에서,
우리는 새로운 탄생을 맞이합니다.

오 성령이시여, 나를 통해 흐르소서.
나는 당신을 위해 열린 문입니다.
세차게 흘러오는 전능한 빛의 강이여,
초월은 나의 신성한 권리입니다.

8. 우리가 다르질링에 도착해 보니
찬란하게 아름다운 광경이 펼쳐집니다.

마스터 모어여, 우리의 요청으로,
당신은 일곱 광선 모두를 균형 잡습니다.
마스터 모어여, 영원히 스스로를 초월하며,
나는 영(Spirit)을 위해 열린 문입니다.

오 성령이시여, 나를 통해 흐르소서.
나는 당신을 위해 열린 문입니다.
세차게 흘러오는 전능한 빛의 강이여,
초월은 나의 신성한 권리입니다.

섹션 4

1. 모어의 아름답고 거룩한 은거처로
들어가는 선물이 나에게 주어졌습니다.

마스터 모어여, 우리 앞에 나타나소서.
초월로 가속하는 당신의 불꽃을 받아들이겠습니다.
마스터 모어여, 내 의지는 강렬하고,
내 에너지 센터는 노래로 정화됩니다.

오 성령이시여, 나를 통해 흐르소서.
나는 당신을 위해 열린 문입니다.
세차게 흘러오는 전능한 빛의 강이여,
초월은 나의 신성한 권리입니다.

2. 우리가 함께 화롯가에 앉으니
새로운 놀라움이 여기저기 피어납니다.

마스터 모어여, 당신의 지혜가 흘러오니,
당신과의 조율이 점점 증가합니다.
마스터 모어여, 우리가 서로 연결되니,
나는 뱀의 거짓말을 꿰뚫어 봅니다.

오 성령이시여, 나를 통해 흐르소서.
나는 당신을 위해 열린 문입니다.
세차게 흘러오는 전능한 빛의 강이여,
초월은 나의 신성한 권리입니다.

3. 모어가 사랑스러운 눈길을 보내자

내 마음에서 안개가 걷힙니다.

마스터 모어여, 당신의 핑크빛 사랑보다,
더 순수한 사랑은 없습니다.
마스터 모어여, 당신이 나를 자유롭게 하시니,
모든 조건에서 해방해 줍니다.

**오 성령이시여, 나를 통해 흐르소서.
나는 당신을 위해 열린 문입니다.
세차게 흘러오는 전능한 빛의 강이여,
초월은 나의 신성한 권리입니다.**

4. 바로 곁에 모어가 있으니
모든 것이 명료하게 드러납니다.

마스터 모어여, 나를 순수하게 만드는,
당신의 단련법을 견뎌내겠습니다.
마스터 모어여, 우리의 의도는 진실하고,
나는 언제나 당신과 하나입니다.

**오 성령이시여, 나를 통해 흐르소서.
나는 당신을 위해 열린 문입니다.
세차게 흘러오는 전능한 빛의 강이여,
초월은 나의 신성한 권리입니다.**

5. 단지 노력만 하면 된다는 것을
나는 이제 분명히 봅니다.

마스터 모어여, 내 비전은 고양되고,

신의 의지는 늘 찬양을 받습니다.
마스터 모어여, 창조적인 의지는,
모든 생명을 더욱더 높이 올립니다.

오 성령이시여, 나를 통해 흐르소서.
나는 당신을 위해 열린 문입니다.
세차게 흘러오는 전능한 빛의 강이여,
초월은 나의 신성한 권리입니다.

6. 불행을 초월하는 마법의 열쇠가
노력 안에 들어 있기 때문입니다.

마스터 모어여, 당신의 평화는 권능이며,
전쟁의 데몬들을 삼켜버립니다.
마스터 모어여, 우리는 모든 생명에 봉사하며,
우리의 화염은 전쟁과 투쟁을 소멸합니다.

오 성령이시여, 나를 통해 흐르소서.
나는 당신을 위해 열린 문입니다.
세차게 흘러오는 전능한 빛의 강이여,
초월은 나의 신성한 권리입니다.

7. 내가 노력을 두려워할 때
악마가 슬며시 모습을 드러냅니다.

마스터 모어여, 크나큰 자유 안에서,
당신과 나는 영원히 결속됩니다.
마스터 모어여, 당신의 영원한 환희의 강에서,
우리는 새로운 탄생을 맞이합니다.

오 성령이시여, 나를 통해 흐르소서.
나는 당신을 위해 열린 문입니다.
세차게 흘러오는 전능한 빛의 강이여,
초월은 나의 신성한 권리입니다.

8. 너무 많은 것이 걸려 있으니
더 이상 실수를 범해서는 안 됩니다.

마스터 모어여, 우리의 요청으로,
당신은 일곱 광선 모두를 균형 잡습니다.
마스터 모어여, 영원히 스스로를 초월하며,
나는 영(Spirit)을 위해 열린 문입니다.

오 성령이시여, 나를 통해 흐르소서.
나는 당신을 위해 열린 문입니다.
세차게 흘러오는 전능한 빛의 강이여,
초월은 나의 신성한 권리입니다.

섹션 5

1. 모어의 인도하는 빛을 따라서
나는 영혼의 어두운 밤을 초월합니다.

마스터 모어여, 우리 앞에 나타나소서.
초월로 가속하는 당신의 불꽃을 받아들이겠습니다.
마스터 모어여, 내 의지는 강렬하고,
내 에너지 센터는 노래로 정화됩니다.

오 성령이시여, 나를 통해 흐르소서.
나는 당신을 위해 열린 문입니다.
세차게 흘러오는 전능한 빛의 강이여,
초월은 나의 신성한 권리입니다.

2. 모든 행위에서 내가 배울 때
나는 그리스도 신성을 획득합니다.

마스터 모어여, 당신의 지혜가 흘러오니,
당신과의 조율이 점점 증가합니다.
마스터 모어여, 우리가 서로 연결되니,
나는 뱀의 거짓말을 꿰뚫어 봅니다.

오 성령이시여, 나를 통해 흐르소서.
나는 당신을 위해 열린 문입니다.
세차게 흘러오는 전능한 빛의 강이여,
초월은 나의 신성한 권리입니다.

3. 따라서 바른 행위의 열쇠는
내 반응을 제어하는 일입니다.

마스터 모어여, 당신의 핑크빛 사랑보다,
더 순수한 사랑은 없습니다.
마스터 모어여, 당신이 나를 자유롭게 하시니,
모든 조건에서 해방해 줍니다.

오 성령이시여, 나를 통해 흐르소서.
나는 당신을 위해 열린 문입니다.
세차게 흘러오는 전능한 빛의 강이여,

초월은 나의 신성한 권리입니다.

4. 내가 행한 모든 행위를
모어와 함께 바라볼 수 있습니다.

마스터 모어여, 나를 순수하게 만드는,
당신의 단련법을 견뎌내겠습니다.
마스터 모어여, 우리의 의도는 진실하고,
나는 언제나 당신과 하나입니다.

오 성령이시여, 나를 통해 흐르소서.
나는 당신을 위해 열린 문입니다.
세차게 흘러오는 전능한 빛의 강이여,
초월은 나의 신성한 권리입니다.

5. 모어의 사랑 안에서 나는
모든 부정성을 벗어나게 됩니다.

마스터 모어여, 내 비전은 고양되고,
신의 의지는 늘 찬양을 받습니다.
마스터 모어여, 창조적인 의지는,
모든 생명을 더욱더 높이 올립니다.

오 성령이시여, 나를 통해 흐르소서.
나는 당신을 위해 열린 문입니다.
세차게 흘러오는 전능한 빛의 강이여,
초월은 나의 신성한 권리입니다.

6. 내가 모어의 눈을 통해서 보니

이제 모든 노력에서 배웁니다.

마스터 모어여, 당신의 평화는 권능이며,
전쟁의 데몬들을 삼켜버립니다.
마스터 모어여, 우리는 모든 생명에 봉사하며,
우리의 화염은 전쟁과 투쟁을 소멸합니다.

**오 성령이시여, 나를 통해 흐르소서.
나는 당신을 위해 열린 문입니다.
세차게 흘러오는 전능한 빛의 강이여,
초월은 나의 신성한 권리입니다.**

7. 나 자신을 초월한 상태이니
더 이상 방어할 필요가 없습니다.

마스터 모어여, 크나큰 자유 안에서,
당신과 나는 영원히 결속됩니다.
마스터 모어여, 당신의 영원한 환희의 강에서,
우리는 새로운 탄생을 맞이합니다.

**오 성령이시여, 나를 통해 흐르소서.
나는 당신을 위해 열린 문입니다.
세차게 흘러오는 전능한 빛의 강이여,
초월은 나의 신성한 권리입니다.**

8. 이제 나는 모어와 함께
이전보다 더 높이 솟아오릅니다.

마스터 모어여, 우리의 요청으로,

당신은 일곱 광선 모두를 균형 잡습니다.
마스터 모어여, 영원히 스스로를 초월하며,
나는 영(Spirit)을 위해 열린 문입니다.

오 성령이시여, 나를 통해 흐르소서.
나는 당신을 위해 열린 문입니다.
세차게 흘러오는 전능한 빛의 강이여,
초월은 나의 신성한 권리입니다.

섹션 6

1. 내 곁에 모어가 있으니
나의 비상(飛上)이 독수리와 같습니다.

마스터 모어여, 우리 앞에 나타나소서.
초월로 가속하는 당신의 불꽃을 받아들이겠습니다.
마스터 모어여, 내 의지는 강렬하고,
내 에너지 센터는 노래로 정화됩니다.

오 성령이시여, 나를 통해 흐르소서.
나는 당신을 위해 열린 문입니다.
세차게 흘러오는 전능한 빛의 강이여,
초월은 나의 신성한 권리입니다.

2. 높이 더 높이 오르건만
불어오는 산들바람은 부드럽기만 합니다.

마스터 모어여, 당신의 지혜가 흘러오니,
당신과의 조율이 점점 증가합니다.

마스터 모어여, 우리가 서로 연결되니,
나는 뱀의 거짓말을 꿰뚫어 봅니다.

**오 성령이시여, 나를 통해 흐르소서.
나는 당신을 위해 열린 문입니다.
세차게 흘러오는 전능한 빛의 강이여,
초월은 나의 신성한 권리입니다.**

3. 내가 마침내 진실을 보니
내 의지가 진정으로 자유롭습니다.

마스터 모어여, 당신의 핑크빛 사랑보다,
더 순수한 사랑은 없습니다.
마스터 모어여, 당신이 나를 자유롭게 하시니,
모든 조건에서 해방해 줍니다.

**오 성령이시여, 나를 통해 흐르소서.
나는 당신을 위해 열린 문입니다.
세차게 흘러오는 전능한 빛의 강이여,
초월은 나의 신성한 권리입니다.**

4. 비록 잘못이 곳곳에 넘치지만
나는 절대로 속박되지 않습니다.

마스터 모어여, 나를 순수하게 만드는,
당신의 단련법을 견뎌내겠습니다.
마스터 모어여, 우리의 의도는 진실하고,
나는 언제나 당신과 하나입니다.

오 성령이시여, 나를 통해 흐르소서.
나는 당신을 위해 열린 문입니다.
세차게 흘러오는 전능한 빛의 강이여,
초월은 나의 신성한 권리입니다.

5. 내가 교훈을 배우기 위해서
해야 할 일은 단지 분별력뿐입니다.

마스터 모어여, 내 비전은 고양되고,
신의 의지는 늘 찬양을 받습니다.
마스터 모어여, 창조적인 의지는,
모든 생명을 더욱더 높이 올립니다.

오 성령이시여, 나를 통해 흐르소서.
나는 당신을 위해 열린 문입니다.
세차게 흘러오는 전능한 빛의 강이여,
초월은 나의 신성한 권리입니다.

6. 그러면 나는 창조력을 통해서
진정으로 자유롭게 됩니다.

마스터 모어여, 당신의 평화는 권능이며,
전쟁의 데몬들을 삼켜버립니다.
마스터 모어여, 우리는 모든 생명에 봉사하며,
우리의 화염은 전쟁과 투쟁을 소멸합니다.

오 성령이시여, 나를 통해 흐르소서.
나는 당신을 위해 열린 문입니다.
세차게 흘러오는 전능한 빛의 강이여,

초월은 나의 신성한 권리입니다.

7. 마침내 내가 선택을 초월하면
마스터 모어는 그저 기뻐합니다.

마스터 모어여, 크나큰 자유 안에서,
당신과 나는 영원히 결속됩니다.
마스터 모어여, 당신의 영원한 환희의 강에서,
우리는 새로운 탄생을 맞이합니다.

**오 성령이시여, 나를 통해 흐르소서.
나는 당신을 위해 열린 문입니다.
세차게 흘러오는 전능한 빛의 강이여,
초월은 나의 신성한 권리입니다.**

8. 삶의 창고 안에는 여전히
더 많은 보화가 들어 있습니다.

마스터 모어여, 우리의 요청으로,
당신은 일곱 광선 모두를 균형 잡습니다.
마스터 모어여, 영원히 스스로를 초월하며,
나는 영(Spirit)을 위해 열린 문입니다.

**오 성령이시여, 나를 통해 흐르소서.
나는 당신을 위해 열린 문입니다.
세차게 흘러오는 전능한 빛의 강이여,
초월은 나의 신성한 권리입니다.**

섹션 7

1. 나의 스승 모어와 함께
나는 언제나 더 빠르게 올라갑니다.

마스터 모어여, 우리 앞에 나타나소서.
초월로 가속하는 당신의 불꽃을 받아들이겠습니다.
마스터 모어여, 내 의지는 강렬하고,
내 에너지 센터는 노래로 정화됩니다.

오 성령이시여, 나를 통해 흐르소서.
나는 당신을 위해 열린 문입니다.
세차게 흘러오는 전능한 빛의 강이여,
초월은 나의 신성한 권리입니다.

2. 신의 권능이 내게 있으니
나는 새로운 여정을 걸어갑니다.

마스터 모어여, 당신의 지혜가 흘러오니,
당신과의 조율이 점점 증가합니다.
마스터 모어여, 우리가 서로 연결되니,
나는 뱀의 거짓말을 꿰뚫어 봅니다.

오 성령이시여, 나를 통해 흐르소서.
나는 당신을 위해 열린 문입니다.
세차게 흘러오는 전능한 빛의 강이여,
초월은 나의 신성한 권리입니다.

3. 나는 모어와 함께 자유로우니
하나의 참나가 되기 때문입니다.

마스터 모어여, 당신의 핑크빛 사랑보다,
더 순수한 사랑은 없습니다.
마스터 모어여, 당신이 나를 자유롭게 하시니,
모든 조건에서 해방해 줍니다.

오 성령이시여, 나를 통해 흐르소서.
나는 당신을 위해 열린 문입니다.
세차게 흘러오는 전능한 빛의 강이여,
초월은 나의 신성한 권리입니다.

4. 나는 결코 더 작을 수 없으니
내가 표현하고자 하기 때문입니다.

마스터 모어여, 나를 순수하게 만드는,
당신의 단련법을 견뎌내겠습니다.
마스터 모어여, 우리의 의도는 진실하고,
나는 언제나 당신과 하나입니다.

오 성령이시여, 나를 통해 흐르소서.
나는 당신을 위해 열린 문입니다.
세차게 흘러오는 전능한 빛의 강이여,
초월은 나의 신성한 권리입니다.

5. 모어의 빛나는 태양과 함께
내 삶은 순수한 즐거움입니다.

마스터 모어여, 내 비전은 고양되고,
신의 의지는 늘 찬양을 받습니다.

마스터 모어여, 창조적인 의지는,
모든 생명을 더욱더 높이 올립니다.

오 성령이시여, 나를 통해 흐르소서.
나는 당신을 위해 열린 문입니다.
세차게 흘러오는 전능한 빛의 강이여,
초월은 나의 신성한 권리입니다.

6. 내가 웃으며 에고를 떠나보내니
에고는 내게 머물 수 없습니다.

마스터 모어여, 당신의 평화는 권능이며,
전쟁의 데몬들을 삼켜버립니다.
마스터 모어여, 우리는 모든 생명에 봉사하며,
우리의 화염은 전쟁과 투쟁을 소멸합니다.

오 성령이시여, 나를 통해 흐르소서.
나는 당신을 위해 열린 문입니다.
세차게 흘러오는 전능한 빛의 강이여,
초월은 나의 신성한 권리입니다.

7. 에고가 나 살려라, 도망가 버리니
나는 이제 온전히 자유롭습니다.

마스터 모어여, 크나큰 자유 안에서,
당신과 나는 영원히 결속됩니다.
마스터 모어여, 당신의 영원한 환희의 강에서,
우리는 새로운 탄생을 맞이합니다.

오 성령이시여, 나를 통해 흐르소서.
나는 당신을 위해 열린 문입니다.
세차게 흘러오는 전능한 빛의 강이여,
초월은 나의 신성한 권리입니다.

8. 모어와 함께 지향하는 나는
삶의 창조력 안에 머물겠습니다.

마스터 모어여, 우리의 요청으로,
당신은 일곱 광선 모두를 균형 잡습니다.
마스터 모어여, 영원히 스스로를 초월하며,
나는 영(Spirit)을 위해 열린 문입니다.

오 성령이시여, 나를 통해 흐르소서.
나는 당신을 위해 열린 문입니다.
세차게 흘러오는 전능한 빛의 강이여,
초월은 나의 신성한 권리입니다.

마하 초한 디크리

1. 마하 초한이여, 당신 권능의 흐름을 느끼며,
나는 성장하겠습니다.
마하 초한이여, (마야의) 베일은 벗겨지고,
하늘에서 창조의 의지가 보내집니다.

오 성령이시여, 나를 통해 흐르소서.
나는 당신을 위해 열린 문입니다.
세차게 흘러오는 전능한 빛의 강이여,
초월은 나의 신성한 권리입니다.

2. 마하 초한이여, 당신 지혜의 흐름은,
물질의 꿈에서 모두를 깨어나게 합니다.
마하 초한이여, 당신은 균형을 가져오고,
통합의 벨을 울리게 합니다.

**오 성령이시여, 나를 통해 흐르소서.
나는 당신을 위해 열린 문입니다.
세차게 흘러오는 전능한 빛의 강이여,
초월은 나의 신성한 권리입니다.**

3. 마하 초한이여, 사랑의 강력한 부름에,
감옥의 벽은 모두 산산조각이 납니다.
마하 초한이여, 모든 생명을
조건 없이 자유롭게 하소서.

**오 성령이시여, 나를 통해 흐르소서.
나는 당신을 위해 열린 문입니다.
세차게 흘러오는 전능한 빛의 강이여,
초월은 나의 신성한 권리입니다.**

4. 마하 초한이여, 내 의도는 순수하고,
모든 생명은 하나임을 나는 확실히 압니다.
마하 초한이여, 나는 깨어났고,
하나됨을 위하여 모든 것을 내맡깁니다.

**오 성령이시여, 나를 통해 흐르소서.
나는 당신을 위해 열린 문입니다.
세차게 흘러오는 전능한 빛의 강이여,**

초월은 나의 신성한 권리입니다.

5. 마하 초한이여, 모든 사람이,
비실재의 베일을 꿰뚫어 보도록 도와주소서.
마하 초한이여, 온전한 (제3의) 눈으로,
나는 자신이 더 위대한 "나"임을 압니다.

오 성령이시여, 나를 통해 흐르소서.
나는 당신을 위해 열린 문입니다.
세차게 흘러오는 전능한 빛의 강이여,
초월은 나의 신성한 권리입니다.

6. 마하 초한이여, 내가 찾은 당신의 평화여,
마이트레야께서 내게 온유함을 보여줍니다.
마하 초한이여, 이제 모든 전쟁은 멈추고,
신성한 평화가 모든 것에 넘쳐흐릅니다.

오 성령이시여, 나를 통해 흐르소서.
나는 당신을 위해 열린 문입니다.
세차게 흘러오는 전능한 빛의 강이여,
초월은 나의 신성한 권리입니다.

7. 마하 초한이여, 우리의 요청으로,
당신은 일곱 광선 모두를 균형 잡습니다.
마하 초한이여, 모든 생명은 자유로우며,
영원한 초월을 향해 나아갑니다.

오 성령이시여, 나를 통해 흐르소서.
나는 당신을 위해 열린 문입니다.

세차게 흘러오는 전능한 빛의 강이여,
초월은 나의 신성한 권리입니다.

8. 마하 초한이여, 당신의 신성한 불꽃은,
당신의 축복받은 이름 안에서 너무나 아름답습니다.
마하 초한이여, 힘차게 흐르는 영(Spirit)은,
아래의 생명과 하나가 됩니다.

오 성령이시여, 나를 통해 흐르소서.
나는 당신을 위해 열린 문입니다.
세차게 흘러오는 전능한 빛의 강이여,
초월은 나의 신성한 권리입니다.

안내: 이 디크리를 1X, 3X, 9X 또는 당신이 내면에서 인도를 느낄 만큼 많이 낭송하세요.

옴 마니 파드메 훔 (9번, 33번, 또는 그 이상)

봉인하기

신성한 어머니의 이름으로, 나는 마스터 모어와 다른 초한들과 마하 초한께 나 자신과 내 영향력 범위 안의 모든 사람을 일곱 광선의 창조적인 흐름에 봉인해 달라고 요청합니다. 나는 상승 마스터 전체 영(Spirit)에 의해 내 요청이 증폭되도록 기원합니다. 이로써 우리는 "위에서 그러하듯이 아래에서도 이루어지는" 완전한 무한 8자 형상의 흐름을 형성합니다. 따라서 나는 내 안의 그리스도, 주님께서 말씀하셨으므로, 이것이 완전히 실현되었음을 받아들입니다. 아멘.

13
엘로힘 헤라클레스와 아마조니아 디크리

I AM THAT I AM, 예수 그리스도의 이름으로 나의 아이앰 현존이,
무한히 초월해 가는 내 미래의 현존을 통해 흐르며, 완전한
권능으로 이 디크리를 해 주시기를 요청합니다. 나는 사랑하는
전능의 헤라클레스와 아마조니아를 부르며, 빛나는 푸른빛의
거대한 물결을 방출하시어 모든 불완전한 에너지와 어둠의
세력들로부터 나를 보호해 주시기를 요청합니다...
(여기에 개인적인 요청을 추가하세요)

1. 오 헤라클레스 블루여, 당신은 모든 공간을
무한한 권능과 은혜로 채워줍니다.
당신은 창조력의 열쇠이며
무한 속으로 초월하는 의지를 구현합니다.

오 헤라클레스 블루여, 당신과 하나 되어
당신의 실재에 내 가슴을 엽니다.
당신의 불꽃 안에서 이제 명료하게
자기 초월이 진정한 연금술임을 깨닫습니다.

2. 오 헤라클레스 블루여, 나는 사랑으로

소리를 높여 신께 무한한 찬양을 바칩니다.
무한히 정묘한 신의 활동 안에서,
각자의 역할을 하는 것에 감사합니다.

오 헤라클레스 블루여, 당신은 모든 생명을 치유하고
푸른 불꽃의 봉인으로 감싸줍니다.
당신의 빛나는 푸른 불꽃은,
전체 실재를 향한 우리의 깊은 염원을 드러냅니다.

3. 오 헤라클레스 블루여, 이제 내 삶에 맹세하나니.
이 행성이 인간의 투쟁을 초월하도록 돕겠습니다.
당신의 빛은 이원성의 거짓말을 관통하며
나의 내적인 시력을 온전히 회복시킵니다.

오 헤라클레스 블루여, 내가 당신의 의지와 하나 되니,
내 존재의 공간이 당신의 푸른 화염으로 충만합니다.
당신의 권능이 나를 연마하니,
나는 모든 베일을 뚫고 모든 언덕에 오릅니다.

4. 오 헤라클레스 블루여, 당신 빛의 사원은
우리 내면의 눈에 모든 것을 드러내 주며,
타오르는 불꽃이 지구에 빛을 방사하니
우리 행성은 새롭게 다시 태어납니다.

오 헤라클레스 블루여, 당신은 모든 생명을 보호하며
우리에게 항상 초월하는 힘을 부어 줍니다.
당신 안에서 자아는 끝없이 확장되며,
나는 신의 무한한 나선 안에서 상승합니다.

종결:
창조력으로 가속하소서. I AM 은 실재하며,

창조력으로 가속하소서. 모든 생명은 치유됩니다.
창조력으로 가속하소서. I AM 은 무한한 초월이며,
창조력으로 가속하소서. 모든 의지는 비상합니다.

창조력으로 가속하소서! (3X)
사랑하는 헤라클레스와 아마조니아.

창조력으로 가속하소서! (3X)
사랑하는 미카엘과 페이쓰(Faith).

창조력으로 가속하소서! (3X)
사랑하는 마스터 모어.

창조력으로 가속하소서! (3X)
사랑하는 I AM.

봉인하기
신성한 어머니의 이름으로, 나는 이 요청의 힘이 마터 빛을
자유롭게 함으로써, 나 자신의 삶과 모든 사람과 행성을 위한
그리스도의 완전한 비전을 구현할 수 있음을 전적으로
받아들입니다. I AM THAT I AM 의 이름으로, 이것이 이루어졌습니다!
아멘.

14
대천사 미카엘 디크리

I AM THAT I AM, 예수 그리스도의 이름으로 나의 아이앰 현존이, 무한히 초월해 가는 내 미래의 현존을 통해 흐르며, 완전한 권능으로 이 디크리를 해 주시기를 요청합니다. 나는 사랑하는 대천사 미카엘과 페이쓰(Faith)를 부르며, 당신의 빛나는 푸른빛 날개 안에 나를 보호해 주시고 모든 불완전한 에너지와 어둠의 힘을 산산조각 내며 소멸해 달라고 요청합니다…
(여기에 개인적인 요청을 추가하세요)

1. 대천사 미카엘이여, 당신의 빛나는 푸른 화염 안에서,
어두운 밤은 사라지고 오직 당신만이 존재합니다.
당신과 하나 되어 당신의 빛으로 채워지니,
눈앞에 영광스러운 경이가 펼쳐집니다.

**대천사 미카엘이여, 당신의 페이쓰(Faith)는 너무나 강렬하여,
대천사 미카엘이여, 나를 단숨에 정화합니다.
대천사 미카엘이여, 나는 당신의 노래를 부르며,
대천사 미카엘이여, 당신과 하나가 됩니다.**

2. 대천사 미카엘이여, 당신은 보호자시니,
나는 늘 당신의 푸른 방패 안에 거합니다.
어둠 속을 떠도는 모든 존재로부터 봉인되어,
나는 푸른 광휘로 빛나는 당신의 구체 안에 머뭅니다.

대천사 미카엘이여, 당신의 페이쓰(Faith)는 너무나 강렬하여,
대천사 미카엘이여, 나를 단숨에 정화합니다.
대천사 미카엘이여, 나는 당신의 노래를 부르며,
대천사 미카엘이여, 당신과 하나가 됩니다.

3. 대천사 미카엘이여, 수백만의 천사가,
당신의 권능을 찬양합니다.
의심과 두려움의 데몬들을 태워버리는,
당신의 현존은 언제나 가까이 있습니다.

대천사 미카엘이여, 당신의 페이쓰(Faith)는 너무나 강렬하여,
대천사 미카엘이여, 나를 단숨에 정화합니다.
대천사 미카엘이여, 나는 당신의 노래를 부르며,
대천사 미카엘이여, 당신과 하나가 됩니다.

4. 대천사 미카엘이여, 신의 의지는 당신의 사랑이며,
당신은 하늘에서 신의 빛을 모두에게 가져옵니다.
신의 의지는 모든 생명이 비상(飛上)하는 것이며,
자아의 초월은 우리의 가장 신성한 권리입니다.

대천사 미카엘이여, 당신의 페이쓰(Faith)는 너무나 강렬하여,
대천사 미카엘이여, 나를 단숨에 정화합니다.
대천사 미카엘이여, 나는 당신의 노래를 부르며,
대천사 미카엘이여, 당신과 하나가 됩니다.

종결:
천사들과 함께 날아오르며,
나는 스스로를 초월합니다.
천사들은 진실로 존재하며,
그들의 사랑은 모든 것을 치유합니다.

천사들이 평화를 가져오면,
모든 갈등은 그칩니다.
빛의 천사들과 함께,
우리는 새로운 높이로 비상합니다.

천사 날개의 바스락거리는 소리,
물질조차 노래하는 기쁨이여,
모든 원자를 울리는 기쁨이여,
천사들의 날갯짓과 조화 속에서.

봉인하기
신성한 어머니의 이름으로, 나는 이 요청의 힘이 마터 빛을 자유롭게 함으로써, 나 자신의 삶과 모든 사람과 행성을 위한 그리스도의 완전한 비전을 구현할 수 있음을 전적으로 받아들입니다. I AM THAT I AM의 이름으로, 이것이 이루어졌습니다! 아멘.

15
마스터 모어 디크리

I AM THAT I AM, 예수 그리스도의 이름으로 나의 아이앰 현존이, 무한히 초월해 가는 내 미래의 현존을 통해 흐르며, 완전한 권능으로 이 디크리를 해 주시기를 요청합니다. 나는 사랑하는 마스터 모어와 다른 초한들과 마하 초한을 부르며, 거대한 빛의 파도를 방출해 주시기를 요청합니다. 그리하여 첫 번째 광선의 창조적 의지와 언제나 초월하는 힘의 영원한 흐름과 내가 하나 되지 못하게 막는 나의 모든 집착과 장애물을 소멸해 주소서…
(여기에 개인적인 요청을 추가하세요)

1. 마스터 모어여, 우리 앞에 나타나소서.
초월로 가속하는 당신의 불꽃을 받아들이겠습니다.
마스터 모어여, 내 의지는 강렬하고,
내 에너지 센터는 노래로 정화됩니다.

오 성령이시여, 나를 통해 흐르소서.
나는 당신을 위해 열린 문입니다.
세차게 흘러오는 전능한 빛의 강이여,

초월은 나의 신성한 권리입니다.

2. 마스터 모어여, 당신의 지혜가 흘러오니
당신과의 조율이 점점 증가합니다.
마스터 모어여, 우리가 서로 연결되니
나는 뱀의 거짓말을 꿰뚫어 봅니다.

오 성령이시여, 나를 통해 흐르소서.
나는 당신을 위해 열린 문입니다.
세차게 흘러오는 전능한 빛의 강이여,
초월은 나의 신성한 권리입니다.

3. 마스터 모어여, 당신의 핑크빛 사랑보다
더 순수한 사랑은 없습니다.
마스터 모어여, 당신이 나를 자유롭게 하시니
모든 조건에서 해방해 줍니다.

오 성령이시여, 나를 통해 흐르소서.
나는 당신을 위해 열린 문입니다.
세차게 흘러오는 전능한 빛의 강이여,
초월은 나의 신성한 권리입니다.

4. 마스터 모어여, 나를 순수하게 만드는
당신의 단련법을 견뎌내겠습니다.
마스터 모어여, 우리의 의도는 진실하고
나는 언제나 당신과 하나입니다.

오 성령이시여, 나를 통해 흐르소서.
나는 당신을 위해 열린 문입니다.

세차게 흘러오는 전능한 빛의 강이여,
초월은 나의 신성한 권리입니다.

5. 마스터 모어여, 내 비전은 고양되고,
신의 의지는 늘 찬양을 받습니다.
마스터 모어여, 창조적인 의지는
모든 생명을 더욱더 높이 올립니다.

오 성령이시여, 나를 통해 흐르소서.
나는 당신을 위해 열린 문입니다.
세차게 흘러오는 전능한 빛의 강이여,
초월은 나의 신성한 권리입니다.

6. 마스터 모어여, 당신의 평화는 권능이며,
전쟁의 데몬들을 삼켜버립니다.
마스터 모어여, 우리는 모든 생명에 봉사하며,
우리의 화염은 전쟁과 투쟁을 소멸합니다.

오 성령이시여, 나를 통해 흐르소서.
나는 당신을 위해 열린 문입니다.
세차게 흘러오는 전능한 빛의 강이여,
초월은 나의 신성한 권리입니다.

7. 마스터 모어여, 크나큰 자유 안에서,
당신과 나는 영원히 결속됩니다.
마스터 모어여, 당신의 영원한 환희의 강에서
우리는 새로운 탄생을 맞이합니다.

오 성령이시여, 나를 통해 흐르소서.

나는 당신을 위해 열린 문입니다.
세차게 흘러오는 전능한 빛의 강이여,
초월은 나의 신성한 권리입니다.

8. 마스터 모어여, 우리의 요청으로,
당신은 일곱 광선 모두를 균형 잡습니다.
마스터 모어여, 영원히 스스로를 초월하며,
나는 영(Spirit)을 위해 열린 문입니다.

오 성령이시여, 나를 통해 흐르소서.
나는 당신을 위해 열린 문입니다.
세차게 흘러오는 전능한 빛의 강이여,
초월은 나의 신성한 권리입니다.

봉인하기

신성한 어머니의 이름으로, 나는 이 요청의 힘이 마터 빛을 자유롭게 함으로써, 나 자신의 삶과 모든 사람과 행성을 위한 그리스도의 완전한 비전을 구현할 수 있음을 전적으로 받아들입니다. I AM THAT I AM의 이름으로, 이것이 이루어졌습니다! 아멘.

주요 용어집

감정체(Emotional Body)
우리의 감정적인 에너지를 저장하고 있는 우리의 오라/마음의 한 측면.

그리스도(Christ)
넓은 의미에서, 그리스도라는 기본 의식으로부터 형태의 세계의 모든 것이 창조되었다고 말할 수 있습니다. 그리스도의 목적은 창조주와 창조물 사이의 하나됨을 유지하는 것입니다. 특히 그리스도는 자유의지를 통해 분리의 환영 속으로 자발적으로 내려오는 선택을 하는 존재들과 관련이 있습니다. 이 분리의 환영으로 인해 사람들은 자신들이 근원으로부터 분리되었다고 믿게 되지만 그리스도 의식은, 분리 안으로 아무리 깊이 내려가더라도 언제든 창조주와의 하나됨으로 돌아갈 수 있는 선택권을 보장해 줍니다. 창조된 모든 것 안에 그리스도 의식이 있으므로, 우리가 그리스도 의식에 도달할 수 없는 곳이란 없습니다.
보다 구체적인 의미에서, 그리스도란 분리의 환영을 극복하고 그리스도 의식을 성취한 존재를 의미합니다. 그리스도 의식의 성취에는 여러 수준이 있습니다.

그리스도 분별력(Christ Discernment)
그리스도 분별력은 분리와 이원성의 의식을 통해 형성된 수많은 환영을 꿰뚫어 볼 수 있는 능력입니다. 또한, 눈에 보이는 모든 현상 배후에 있는 근본적인 하나됨을 볼 수 있는 능력이기도 합니다.

그리스도 신성(Christhood)
한 존재가 그리스도 의식을 성취하면, 그 존재는 그리스도 신성에 이르렀다고 말합니다.

그리스도 자아(Christ Self)
분리와 이원성에 갇힌 존재들을 돕기 위해 상승 마스터들이 보내 주는 중개자. 대부분의 사람은 직관으로서, 또는 내면의 고요하고 작은 목소리를 가진 그리스도 자아를 알고 있습니다. 그리스도 자아가 실제로 우리에게 어떤 선택을 해야 한다고 말해 주는 것은 아닙니다. 단지 우리에게 더 나은 선택들을 위한 참조틀을 제시해 줍니다. 그리스도 자아가 우리에게 반드시 궁극적이고 절대적인 진리를 가져다주지는 않습니다. 대신 현재 우리의 의식 상태보다는 한 단계 높은 통찰력을 제공할 것입니다.

네 하위체, 마음의 네 층(Four Lower Bodies, Four Levels Of The Mind)
마스터들은, 우리 인간들이 물질우주의 네 층에 대응하여 정체성체, 멘탈체, 감정체, 육체란 네 하위체를 가지고 있다고 말합니다.
마스터들은 또한, 마음의 네 층에 대해서 설명합니다. 정체성 마음에는 우리의 가장 깊은 정체성이 저장되어 있습니다(우리는 누구인가, 우리는 무엇을 할 수 있는가), 멘탈 마음에는 우리의 사념들이 저장되어 있습니다(우리는 어떤 방식으로 일하는가), 감정 마음에는 우리의 감정들이 저장되어 있습니다(왜 우리가 그것을 하기를 원하고 해야만 하는가), 그리고 물질적 마음은 육체의 요구와 연관되어 있습니다.

다르마(Dharma)
불교 전통에서 다르마란, 우리가 이곳에 와서 수행해야 하는 신성한 일을 의미합니다. 또한, 다르마는 우리의 신성한 계획을 의미하며, 우리가 지구에 육화하기 전에 여기 가져오고자 결정했던 긍정적인 특성들입니다.

대천사(Archangel), 여성 대천사(Archeia)

천사들은 집단으로 구성되며, 각 집단은 대천사에 의해 주도됩니다. 각 대천사는 여성 대천사로 불리는 여성성의 짝을 가지고 있습니다. 각각의 일곱 광선마다 한 쌍의 대천사들이 존재하며, 다른 집단의 천사들에도 마찬가지입니다.

디크리(Decree)

영적인 영역으로부터 높은 진동수의 에너지를 불러내어 개인 또는 행성적 수준의 특정한 조건 속으로 향하도록 만드는 영적인 기법. 디크리는 일반적으로 운율이 실린 문구들로 구성되어 있으며, 큰 권능과 권한을 가지고 소리 내어 낭송합니다.

마야의 베일(The Veil Of Maya)

불교 전통에서 마야의 베일이란 육화 중인 존재들이 실재를 있는 그대로 보지 못하게 가리고 있는 어떤 것입니다. 모든 것이 불성이며, 모든 생명의 하나됨이 바로 실재입니다. 이 베일은, 물질우주가 특정한 밀도를 가진 에너지로부터 만들어졌기 때문에 형성된 것입니다. 이 베일로 인해, 우리의 감각은 물질조차도 다 영적인 빛으로 만들어져 있다는 것을 인지하지 못하게 됩니다. 따라서 이러한 에너지 베일을 간단히, 악이라고 합니다.

마터 빛(Ma-ter Light)

형상을 가진 만물이 창조되어 나오는, 우주의 바탕 에너지. 마터 빛 자체는 어떤 형상도 띠고 있지 않지만, 어떤 형상이든지 취할 수 있는 능력이 있습니다. 또한, 그것은 어떤 기본적 형태의 의식을 가지고 있으며, 이 의식은 자신의 근원인 창조주를 향한 고유한 추동력을 가지고 있습니다.

마터 빛은 단계적으로 진동수를 낮추면서, 연속적으로 구체(spheres)들을 창조하고 있습니다. 우리는 창조된 구체 중에서 일곱 번째 구체에 살고 있으며, 이전의 여섯 구체는 모두 상승하여 영적인 영역의 일부가 되었습니다.

물병자리 시대(Aquarian Age)

물병자리 시대는 점성학적 주기 상의 세차 운동으로, 약 2150년간 지속됩니다. 이전 시대는 물고기자리 시대였으며, 예수님이 그 영적인 마스터였습니다. 물병자리 시대의 마스터는 상승 마스터 성 저메인입니다. 성 저메인에 따르면, 물병자리 시대는 공식적으로 2010년 3월 22일에 시작되었습니다.

물질 영역의 네 층(Four Levels Of The Material Realm)

모든 것은 에너지로 만들어지며, 따라서 전체 형태의 세계는 다양한 진동수의 에너지로 이루어졌습니다. 창조주의 수준인 최상층부터 최하층에까지 이르는 진동들의 연속체가 있습니다. 연속체는 몇 개의 구획으로 나누거나, 진동수의 수준으로 구분하여 정의할 수 있습니다. 예를 들어, 하나의 주요한 구분은 영적인 세계와 물질계 사이에 있습니다.

영적인 세계 안에도 여러 구분이 있고, 물질 영역은 네 층으로 구분합니다. 높은 진동에서 낮은 진동 순입니다.

에테르층 또는 정체성층 / 멘탈층 / 감정층 / 물질층

멘탈체(Mental Body)

우리의 사념과 정신적 에너지를 저장하고 있는 우리 오라/마음의 한 측면.

보라색 화염(Violet Flame)

카르마 또는 왜곡된 에너지를 변형하는데 특별히 효과적인 영적 에너지입니다. 성 저메인은 1930년대에 보라색 화염을 드러내라는 우주적인 시혜를 받았습니다. 그 이후로 상승 마스터 학생들은 디크리와 기원문과 확언들을 통해 보라색 화염을 기원하고 있습니다.

그러나 이 보라색 화염이 오용될 수 있다는 사실을 깨닫는 것이 중요합니다. 제한된 신념은 왜곡된 에너지로 변질시킵니다. 이 에너지는 점차 우리의 오라에 축적되어 부담을 느끼게 만듭니다. 우리는 제한된 신념을 바꾸지 않은 채로 보라색 불꽃을 기원할 수 있는데, 이것이 단기적으로는 더 기분 좋게 느껴질 수도 있습니다. 그러나 우리가 신념을 바꾸지 않는다면, 계속해서 에너지는 오용되고 변질될 것입니다. 그리고 우리가 그 에너지를

변형하기 위해 보라색 불꽃을 계속 사용한다면 장기적으로 영적 성장을 이루지 못하게 되며, 이는 성 저메인의 시혜를 오용하는 것입니다.

붓다의 8정도(正道)(Eightfold path of the Buddha)

불교 전통에서는 모든 고(苦)를 극복한 고타마 붓다에 의해 정의된, 8가지 올바른 수행의 방법을 전하고 있습니다. 그러나 더 깊은 신비주의적 이해에서 8정도란, 처음의 일곱 영적인 광선과 통합의 여덟 번째 광선을 통달하는 방법을 나타냅니다.

사나트 쿠마라(Sanat Kumara)

고도의 성취를 이룬 상승 마스터 (불교 전통에서는 과거불로, 석가모니의 전생에 수기를 주신 붓다이신 연등불로도 알려져 있습니다). 이전 시대에, 지구에서는 수많은 사람이 이원성 의식 속으로 깊이 추락해 버렸습니다. 그러자 카르마 위원회와 우주 영단은, 더 이상 성장을 위한 무대로서 존속할 수 없게 된 지구가 자멸의 길을 가도록 허용하기로 결정했습니다. 그때 지구의 영적인 균형을 잡기 위해 금성에서 사나트 쿠마라가 144,000 생명흐름과 함께 지구로 왔습니다. 지구에서 충분한 수의 사람의 의식을 높여 줌으로써, 그들이 행성의 균형을 유지하도록 해 주기 위해서였습니다.

사나트 쿠마라와 함께 온 144,000 생명흐름 중 다수가 여전히 육화 중이며, 그들은 세상을 개선하고 인류를 도우려는 큰 열망을 가진, 매우 영적인 사람들입니다. 그러나 그들이 타인들을 변화시키고 돕고자 하는 욕구를 내려놓지 않는다면, 자신의 상승이 저지되어 버리는 그런 시점이 올 것입니다.

상승 마스터(Ascended Master)

일반적으로 인간으로서 지구상에 육화하여, 종종 많은 육화 후에 상승의 과정에 대한 자격을 갖추게 되었던 존재를 가리킵니다. 또한, 이 단어는 (네 층의 물질계를 초월한) 영적인 세계에 있는 모든 존재를 가리키는 것으로 더 광범위하게 사용될 수 있으며, 여기에는 물리적 세계에 육화하지 않은 존재도 포함됩니다.

상승(Ascension)

한 존재가 그리스도 의식으로 충만한 자기-의식(self-awareness)에 도달하는 과정을 말합니다. 이 의식 상태에서는, 분리와 이원성의 환영에 의해 만들어진 모든 거짓을 꿰뚫어 볼 수 있습니다. 따라서 그는 아무것도 창조주로부터 분리될 수 없으며, 자기-의식을 가진 존재는 모두 창조주의 확장이라는 배후의 진실을 봅니다. 그런 까닭에 그는 분리된 존재로서의 자신을 높이려고 하는 대신, 모든 생명을 높이고자 추구합니다. 상승하고 난 후에 그 존재는 영적인 세계에 영구적으로 거주하게 되며, 다시 육화할 필요가 없습니다.

생명흐름(Lifestream)

자기-의식을 지닌 개별 존재를 지칭하는 용어. 종종 "영혼(soul)"으로 표현되기도 합니다. 그러나 생명흐름은 영혼을 넘어서는 우리 존재의 부분들을 가리키며, 여기에는 아이엠 현존과, 창조주에 이르는 모든 영적 존재들의 계보가 포함되어 있습니다.

성 저메인(Saint Germain)

물병자리 시대의 지도자인 상승 마스터입니다. 또한, 성 저메인은 일곱 번째 영적 광선인 자유의 광선을 대표합니다. 따라서 그는 때때로 "지구를 위한 자유의 신"이라 불립니다. 성 저메인은 지구에서 황금시대를 구현하기 위한 계획이 있으며, 오는 2000년 동안 중요한 역할을 담당할 것입니다.

성모 마리아(Mother Mary)

예수의 어머니로 육화했던 상승 마스터입니다. 그녀는 지구를 위한 신성한 어머니라는 영적인 직위와 사무국을 유지하고 있습니다.

쉬바(Shiva)

전통적으로 힌두교의 삼위 일체 신성 중의 하나. 그러나 더 깊은 의미에서 쉬바는 우리를 어둠의 세력과 아스트랄계로부터 단절하여 자유롭게 해 주는 데 특별히 도움이 되는 우주적 존재입니다. 우리는 쉬바란 이름을 9번,

33번, 144번 반복해서 낭송함으로써 대단히 효과적인 요청을 할 수 있습니다.

신비 학교(Mystery School)
자기-의식을 가진 존재들에게 의식을 높이기 위한 입문들을 제공해주기 위해 설계된 환경을 의미합니다. 일반적으로 신비 학교는 높은 성취를 이룬 상승 마스터에 의해 감독됩니다.

신성한 계획(Divine Plan)
이번 육화 중에 우리가 수행하고자 세웠던 계획을 말합니다. 이것은, 우리가 지구에 가져오려는 영적인 선물과, 하고자 원하는 경험과, 우리가 배우고자 하는 교훈과 균형 잡아야 할 카르마를 포함합니다. 흔히 이것은, 우리가 만나고 싶은 어떤 사람이 있고, 그들과 다양한 유형의 관계 속으로 들어가기를 원한다는 의미입니다.

신성한 안내(Divine Direction)
더 높은 근원으로부터 오는 안내이며, 우리는 그리스도 자아를 통해 신성한 인도를 받게 됩니다. 그 인도는 당신의 아이앰 현존이나, 우주적 존재이자 상승 마스터인 위대한 신성 안내자(Great Divine Director)로부터 올 수 있습니다. 그는 신성한 안내를 대표하는 존재입니다.

신성한 어머니(Divine Mother)
지구 행성에서 신의 여성적인 측면을 대표하는 영적인 직위이자 사무국을 의미합니다. 현재 지구에서 이 직위는 상승 마스터 성모 마리아께서 맡고 있습니다.

아스트랄계(Astral Plane)
모든 것은 에너지로 이루어졌고, 에너지는 진동의 연속체입니다. 이 에너지 연속체에는 어떤 구획이 있는데, 예를 들면 물질우주는 일정 스펙트럼 안에서의 진동수로 만들어졌습니다. 물질우주는 네 구획으로 나눠집니다: 정체성(에테르)층, 멘탈층, 감정층, 물질층.

감정층 안에는 더 많은 구획이 있으며, 가장 낮은 곳은 사람들의 부정적 감정으로 창조되었는데, 말하자면 두려움, 분노, 증오와 같은 것들입니다. 아스트랄계는 감정층 안의 한 부분이며, 여러 시대에 걸쳐 사람들이 가졌던 지옥의 이미지와 유사한 곳입니다.

아이앰 현존(I AM Presence)

우리의 더 높은 상위자아, 또는 영적 자아, 진아(眞我). 의식하는 자아는 아이앰 현존의 확장이며, 우리의 가장 높은 잠재력은 그 현존과 완전한 하나 됨을 성취하고, 물질계 안에서 진아인 현존을 표현하는 열린 문으로 봉사하는 일입니다. 우리의 영적인 정체성과 영적인 개성은, 아이앰 현존에 뿌리내리고 있으며, 따라서 지상에서 일어나는 그 어떤 일에 의해서도 결코 파괴되지 않습니다.

어둠의 세력들(Dark Forces)

분리와 이원성의 환영에 갇혀 있는 존재들로서, 아스트랄계에는 이러한 존재가 많이 있습니다. 물질우주의 모든 것은 더 높은 영역에서 흘러오는 에너지에 의해 유지됩니다. 그러나 어떤 존재가 의도적으로 자기-의식을 가진 존재들을 해치기 시작한다면, 그 존재는 상위 영역에서 오는 에너지를 받지 못하도록 차단됩니다. 따라서 그는 물질계의 존재들에게서 에너지를 훔쳐야만 자기 존재를 유지할 수 있습니다. 이것은, 어둠의 세력들이 인간으로부터 에너지를 훔쳐야만 계속 존재할 수 있다는 의미입니다. 그들은, 인간들이 저열한 감정과 이기적인 행동을 통해 오용된 에너지를 방출하게 만들어서 이 에너지를 취합니다.

어둠의 세력들은 (인간들이 허락한다면) 인간의 마음을 지배할 수 있으며, 지구에서 보는 전쟁과 범죄의 대부분은 어둠의 세력들에 의해 발생합니다. 그들은 사람들을 선동하여 다른 사람에게 폭력을 가하도록 만들며, 고통으로 인해 에너지가 방출되면 어둠의 세력들은 이 에너지를 자신들을 유지하는 데 사용합니다.

어머니 신(God The Mother)

신성한 어머니를 의미하는 또 다른 용어입니다. 그러나 신의 여성적 측면,

즉 전체 형태의 세계를 지칭할 수도 있습니다. 우리는 어머니 신의 일부입니다.

영적인 광선들(Spiritual Rays)

모든 것은 에너지로 만들어집니다. 아인슈타인의 유명한 방정식인 $E = mc^2$에도, 물질이 매우 높은 형태의 에너지에서 창조되었으며 그것이 빛의 속도의 제곱이라는 인자에 의해 진동이 감소된다는 의미가 담겨 있습니다. 마스터들은, 아인슈타인의 이론이 기본적으로는 옳지만, 거기에는 일곱 가지의 감소 인자들이 있다고 가르칩니다. 다시 말해서, 물질우주는 7가지의 영적인 에너지로 이루어지며, 이 에너지가 결합하여 물질계의 모든 현상을 만들어냅니다. 이러한 유형의 에너지를 광선 또는 영적인 광선이라고 부릅니다. 전체 형태의 세계를 창조하는 데 모두 15광선이 사용되었습니다. 각 광선의 주요 특질은 다음과 같습니다:

1광선: 창조성, 창조적인 추진력, 의지와 힘으로 표현됩니다
2광선: 지혜, 신비적 직관, 이원적 의식의 환영을 꿰뚫어 보는 능력
3광선: 사랑, 단 모든 조건을 초월한 사랑의 형태입니다
4광선: 순수, 단련법과 가속력
5광선: 진리, 순수한 비전, 치유
6광선: 평화와 봉사, 특히 모든 생명을 높이기 위한 봉사
7광선: 자유, 창조적인 결정을 하려는 자발성
8광선: 이전 일곱 광선의 통합

에테르체(Etheric Body)

우리의 정체성을 저장하고 있는 우리 오라/마음의 한 측면.

엘로힘(Elohim)

대단히 높은 의식 수준을 가지고 있고 물질의 창조에 대해 완전한 통달의 경지에 올라 있는, 상승한 존재들입니다. 일곱 광선 각각에 남성/여성 극성을 지닌 엘로힘이 존재합니다.

엘리멘탈, 자연의 정령(Elementals)

형태의 세계는 창조주로부터 확장되어 나온 존재들의 위계 구조를 통해서 창조되었습니다. 예를 들어, 지구 행성은 엘로힘이라 불리는 영적인 세계의 일곱 존재에 의해 창조되었습니다. 그들은 지구에 대한 청사진(blueprint)의 비전을 형성한 후, 물질계의 네 층으로 그 비전을 투사했습니다.

그리고 네 그룹의 엘리멘탈들이 그 청사진을 담은 비전을 물리적으로 구현해 냈습니다. 그들은 인간보다 낮은 정도의 자기-의식을 가진 존재이지만, 물질세계를 구축하는 것을 돕는 봉사를 통해 성장할 수 있습니다. 네 영역의 엘리멘탈들의 명칭은 다음과 같습니다:

에테르 영역: 불의 엘리멘탈 또는 살라맨더
멘탈층: 공기의 엘리멘탈 또는 실프
감정층: 물의 엘리멘탈 또는 언딘
물질 영역: 땅의 엘리멘탈 또는 노움

예수(Jesus)

상승 마스터 예수님은 물고기자리 시대를 담당한 지도자였습니다. 그는 행성적 그리스도라는 영적인 사무국과 권한(the office of planetary Christ)을 유지하고 있으며, 우리는 이를 통하지 않고서는 상승할 수 없습니다. 이것은, 사람들이 상승하기 위해서는 반드시 지상에 형성되어 있는 왜곡된 그리스도 이미지들을 초월하고 진정한 예수님과 평화를 이루어야 한다는 의미입니다.

오라(Aura)

인체를 둘러싸고 있는 에너지장. 오라는 물질 영역의 각 수준에 대응하는 수준들을 가지고 있습니다. 우리는 육체 위로 감정체와 멘탈체 그리고 정체성체를 가지고 있습니다.

우주적 존재(Cosmic Being)

특정한 영적인 공직을 담당하는 영적인 존재로, 일반적으로 특정한 신적 특성에 대한 초점이 됩니다. 우주적 존재들은 상위 구체에서 상승한 존재들이므로 지상에는 육화한 적이 없습니다.

이원성(Duality), 이원성 의식(Duality Consciousness)

의식하는 자아가 순수한 인식 능력을 갖추고 볼 때면, 모든 생명이 하나이고 같은 근원에서 왔다는 근원적인 실상을 인식할 수 있습니다. 이원성 의식은 이러한 하나됨을 보지 못하게 가립니다. 이원성 의식은 물질과 영이 분리되어 있고, 인간과 신이 분리되어 있으며, 사람들이 서로 분리된 것처럼 보이도록 만듭니다.

또한, 이원성은 상반되게 작용하는 부정적인 양극성을 포함하며, 한쪽이 다른 한쪽을 소멸하려고 합니다. 따라서 이원성은 언제나 대립하는 양 측면을 수반하면서, 통상적으로 한 쪽은 선이고 다른 쪽은 악이라는 가치 판단을 부여합니다.

이원성은 항상 환영입니다. 왜냐하면, 그 어느 것도 모든 생명의 하나됨을 파괴하거나 변화시킬 수 없기 때문입니다. 따라서 이원성은 단지 자각하는 존재들의 마음속에서 환영으로만 존재할 수 있습니다. 이원성으로 눈이 멀어 있는 한 우리는 그리스도 의식을 성취할 수 없고, 따라서 상승할 수도 없습니다.

인간 에고(Human Ego)

의식하는 자아가 분리와 이원성의 환영 속으로 하강했을 때 인간 정신 안에서 형성된 요소입니다. 의식하는 자아는 순수의식이므로, 원래 분리된 존재로서 활동할 수 없습니다. 그런데도 의식하는 자아는 분리된 자아의 감각 안으로 들어갈 수 있으며, 그 자아의 인식 필터를 통해 세상을 인식할 때는 자신이 정말 분리된 존재라고 믿을 수 있습니다. 이 왜곡된 인식을 실제로 여기도록 만드는 것이 바로 에고입니다.

입문(Initiation)

그리스도 의식을 향해서 의식을 높여가는 점진적인 과정을 의미합니다. 이것은 각 개인이 내면에서 안내를 받는 개별적인 과정이 될 수 있지만, 일반적으로는 외부의 가르침이나 구루, 또는 단체를 따르는 것을 포함하고 있습니다.

의식하는 자아(Conscious You)

의식하는 자아는 우리의 하위 존재의 핵심입니다. 의식하는 자아는 바로 아이앰 현존의 확장으로서, 영적인 세계에서 하강한 것입니다. 우리의 자유의지가 자리한 곳은 바로 의식하는 자아입니다.

그러나 우리는 자신의 인식에 근거해서 선택을 합니다. 만약 의식하는 자아가 순수한 인지능력이 있다면 아이앰 현존을 위한 열린 문으로 활동할 수 있습니다. 그러나 한 존재가 분리 의식으로 들어가버리면, 그의 의식하는 자아는 자신을 외면의 자아나 역할과 동일시하게 되고, 그 분리된 자아의 필터를 통해서 모든 것을 인식합니다. 이로 인해 마치 자신이 실제로 분리된 존재인 것처럼 종종 선택을 하게 됩니다.

중요한 점은, 의식하는 자아가 언제나, 그리고 영원히 순수의식으로 남는다는 사실입니다. 이것은, 의식하는 자아가 스스로 선택하는 어떤 역할로도 자신을 투사할 수 있지만, 그 역할로부터 다시 벗어날 수 있는 능력을 결코 잃어버리지 않는다는 의미입니다. 따라서 그리스도 의식에 도달하여 그 안에서 예수님처럼 "나와 내 아버지(아이앰 현존)는 하나입니다."라고 말할 수 있는 주체가 의식하는 자아입니다.

은거처들(Retreats)

많은 상승 마스터들은 에테르층 또는 정체성층에 존재하는 영적인 은거처를 가지고 있습니다. 육체가 밤에 잠든 동안, 우리는 정묘체(finer bodies)로 그러한 은거처를 방문하게 해달라고 요청을 할 수 있습니다. 은거처는 보통 지상의 물리적인 장소 위에 위치하고 있으나 에테르 층에 있으므로, 물리적인 수단으로는 감지될 수 없습니다. 각 은거처는 지구로 내보내는 특정한 영적 에너지에 초점을 맞추고 있습니다. 또한, 준비가 된 사람들에게 특정한 가르침을 주는 집중점이 될 수 있습니다.

자유의지(Free Will)

마스터들은 특히 이원성 의식과 관련해서 자유의지를 이해하는 것이 대단히 중요하다고 가르칩니다. 자유의지는 물질 영역이 어떻게 작동하는지에 대해 안내하는 기본 법칙입니다. 예를 들어, 지구는 엘로힘에 의해서 오늘날 우리가 볼 수 있는 것보다 훨씬 높은 상태로 창조되었습니다. 원래는 자원의 부족도 없었고, 자연의 불균형도 없었으며, 질병도 없었습니다. 대부분의 인간이 자유의지를 사용해서 이원성 안으로 하강했기 때문에 이러한 제한적인 조건들이 생겨났습니다. 자연의 정령들, 즉 엘리멘탈들은 대부분의 사람의 의식 안에 있었던 것을 물질적 조건으로 구현해 낼 수밖에 없었습니다. 인간들은 지구에 지배권을 가지도록 창조되었고, 엘리멘탈들은 오직 인간들이 정체성, 멘탈, 감정적, 물질적 마음속에 품고 있는 이미지들을 취할 수 있을 뿐입니다.

그러나 자유의지에서 중요한 점은, 우리가 언제든 이전에 했던 선택을 초월할 권리를 가지고 있다는 것입니다. 신과 상승 마스터들은 우리가 이전의 선택들을 초월하는 것을 결코 저지하지 않습니다. 우리가 과거의 선택에 속박되어 있다고 믿게 만드는 것은 단지 에고와 어둠의 세력들뿐입니다.

정체성체(Identity Body)
우리의 정체성을 저장하고 있는 우리 오라/마음의 한 측면.

차크라(Chakra)
오라의 집중점. 일곱 영적인 광선 각각에 대응하는 일곱 개의 주요한 차크라들이 있습니다. 차크라들이 순수한 경우, 우리의 아이앰 현존으로부터 나오는 높은 진동수의 에너지가 차크라를 통해 흐르고, 이것은 우리에게 최대한의 창조적인 능력을 줍니다. 차크라가 오염된 경우 높은 에너지의 흐름은 감소되고, 그 대신 차크라는 우리의 오라로 들어오는 낮은 에너지를 받아들이는 통로가 될 수 있습니다. 심하게 오염된 차크라는 아스트랄계의 낮은 에너지에 개방될 수 있습니다.

초한(Chohan)
각 일곱 영적 광선마다 지도자 또는 주된 교사로 봉사하는 상승 마스터들이 존재합니다. 이 영적인 공직 또는 사무국(spiritual office)을 초한이라고 부릅니다.

카르마(Karma)

모든 것은 에너지이고, 따라서 우리가 무엇을 하든지, 심지어 생각하고 느끼는 것도 에너지를 사용해서 이루어집니다. 우리는 이 에너지를 아이앰 현존으로부터 선물로 받습니다. 우리가 받는 에너지는 순수하지만, 우리 마음의 네 층에 담겨 있는 내용에 따라서 에너지의 질이 변화됩니다. 우리는 자신의 에너지 사용에 대한 책임이 있으며, 오용된 에너지는 우리의 오라와 아카식 레코드 양쪽에 카르마로서 저장됩니다. 우리가 상승하기 위해서는 모든 에너지를 원래의 진동수로 높임으로써 균형을 잡아야 합니다.

또한, 마스터들은 카르마에 대해 더 깊은 이해를 제공하는데, 카르마는 우리 마음의 네 층에 보유하고 있는 이미지들입니다. 우리는 모든 것을 이 에너지의 필터를 통해서 보고 있으므로, 끊임없이 에너지의 질을 변화시키고 있습니다. 그러나 우리에게는 자신이 가진 정신적인 이미지들을 관찰하면서 언제든지 제한된 이미지들을 초월할 수 있는 선택권이 있습니다. 그리고 진정 이러한 초월을 통해서 그리스도 신성으로 가게 되며, 자신의 신성한 정체성을 받아들이게 됩니다.

카르마의 균형을 잡는 데에는 두 가지 방법이 있습니다. 우리는 디크리와 기원문들을 통해서 영적인 에너지를 불러일으키고 에너지를 다시 순수하게 하여, 우리의 현재 의식 수준을 벗어날 수 있습니다. 이것은 가능하지만, 느린 과정입니다. 왜냐하면, 우리는 계속 더 많은 카르마를 만들어 가고 있기 때문입니다. 더 빠른 방법은 정신적인 이미지들을 초월하는 작업을 하는 것이고, 그럼으로써 우리는 새로운 카르마의 생성을 멈추게 됩니다. 우리가 여기에 이르면, 남아 있는 모든 카르마의 균형을 훨씬 더 빨리 잡을 수 있는데, 높은 의식 상태에서는 더 많은 에너지를 불러일으킬 수 있기 때문입니다.

타락(Fall)

가장 넓은 의미에 있어서, 자기-의식을 가진 존재가 분리 의식 속으로 내려오는 과정을 가리킵니다. 타락 이전에 우리는 자신을 고립된 존재가 아니라 자신보다 더 큰 어떤 존재에게 연결되어 있는 존재로 봅니다. 타락 이후에 우리는 자신이 신에 의해 버림받고 처벌 받은, 분리된 존재라고 확신하게 됩니다.

중요한 차이점은, 타락 이후부터는 우리가 자신의 성장에 대한 책임감을 가지기가 어렵다는 것입니다. 타락은 우리 자신의 선택에 의해 일어난 것이므로, 오직 자신의 선택에 의해서만 되돌릴 수 있습니다. 우리가 자신을 분리된 존재로 여길 때, 다른 사람에 미칠 영향을 고려하지 않고 자신이 원하는 무엇이든 할 수 있다고 생각하게 됩니다. 이로 인해 우리는 지속적으로 타인과의 투쟁에 빠져들게 되며, 더 나아가 타인과 물질우주와 심지어는 신과 맞서서 싸워야 한다고 생각하는 마음 상태로 이어질 수 있습니다.

이런 마음 상태는 딜레마에 봉착하는데, 자신의 상황이 스스로의 선택이 창조한 것임을 인정하지 않는 한, 그 선택을 바꿀 수 없기 때문입니다. 그 대신 타인과 물질세계를 강압적으로 통제하고 심지어 신까지도 통제하여 자신의 상황을 변화시키고자 합니다. 자기 눈에 있는 들보는 무시하면서 타인의 눈에 있는 작은 티를 변화시키려고 모색하는 것입니다.

타락한 존재들(Fallen Beings) 또는 타락한 천사들(Fallen Angels)

넓은 의미에서, 이원성 의식에 의해 눈이 멀어 있는 모든 존재를 의미합니다. 그러나 흔히 마스터들은 좀 더 구체적으로, 이전 구체에서 타락했던 존재들의 그룹을 지칭할 때 이 용어를 사용합니다. 이들의 중요한 특징은, 그들이 타락 이전에 이미 상당한 수준의 성취에 이르러 있었다는 것입니다. 따라서 그들은 대개, 이 행성에서 삶을 시작한 존재들보다 더 월등한 능력을 갖추고 있습니다.

역사를 통해 타락한 존재들은 종종 강력하지만, 잔학한 지도자들이 되었는데, 분명한 예들은 히틀러, 스탈린, 마오쩌둥입니다. 그러나 많은 타락한 존재들은 눈에 띄는 권력의 남용 없이 중요한 위치를 차지하고 있으면서 사회에 지대한 영향을 미치고 있습니다. 그들의 주된 특성은, 대부분의 지구 사람에 대해 우월감을 느끼면서 자신들이 옳다고 절대적으로 확신하는 것입니다. 또한, 물리층으로 육화하지 않고, 아스트랄층이나 멘탈층에 머무는 타락한 존재들도 있습니다.

황금시대(Golden Age)

현재, 지구는 원래 엘로힘이 의도했던 것보다 더 낮은 상태로 존재합니다.

이런 상태는 대부분의 사람이 이원성 의식에 의해 현혹됨으로 인해 생겨났으며, 필연적으로 다양한 갈등과 한계에 봉착하게 됩니다. 그러나 상승 마스터들, 특히 다가오는 2000년 주기의 지도자인 성 저메인의 목표는, 임계 수치의 사람이 개별적인 그리스도 신성에 이를 수 있도록 영감을 주는 것입니다. 충분한 수의 사람의 의식이 높아지게 되면 오늘날보다 훨씬 높은 상태의 사회가 구현될 수 있으며, 이것을 일반적으로 황금시대라 부릅니다.

▶ 아이앰 출판사 연락처
- 이 책의 오류 및 아래 내용과 관련된 문의 사항은 메일로 해 주세요.
- biosoft@naver.com (리얼셀프)

▶ 전체 용어집

cafe.naver.com/christhood/2411 (그리스도 의식을 추구하며 카페)
이 책에 나오지 않는 용어는 카페의 용어집을 참조하거나 카페에서 검색 및 질문을 할 수 있습니다.

▶ 온라인, 오프라인 모임 및 행사 안내
- **공부 모임**: 서울, 대전, 대구, 부산 지역별 매달 1~2회 주말 모임
 (공부를 하기 위한 진지한 목적으로는 누구나 참여 가능함)
- **온라인 기원문 낭송**: 카페에서 매주 1~2회 저녁에 공동 기원문 낭송
- **성모 마리아 500 세계 기원**: 매월 마지막 일요일 개최
 (오후 3시~7시 또는 8시~12시. 전 세계적으로 같은 시간에 진행)
- **상승 마스터 국제 컨퍼런스**: 한국에서 매년 또는 정기적으로 개최
 (한국, 유럽, 러시아, 미국 등에서 개최함)
- 더 상세한 내용은 네이버 카페 공지사항을 참조하시기 바랍니다.
 (cafe.naver.com/christhood)

▶ 번역/교정 봉사자 모집

킴 마이클즈가 출판한 많은 책을 한국어로 번역하고 교정을 봐줄 사람이 필요합니다. 전문적인 출판 지식이 없더라도 같이 일을 할 수 있습니다. 편집팀에서 다음과 같은 분야에서 봉사하실 분은 아이앰 출판사로 연락 바랍니다.

- 상승 마스터 가르침이 나온 영어책을 한국어로 번역하는 작업
- 번역된 내용에 대해서 영-한 대조를 하면서 교정하는 작업
- 번역된 한글 문장을 읽으면서 다듬는 작업 (교정/교열)

▶ 자아 통달 과정 모집 (일곱 광선의 여정)

　상승 마스터들은 2012년부터 매년 한 광선에 해당하는 자아 통달 시리즈의 책을 킴 마이클즈를 통해서 전해주고 있습니다. 이 과정은 책만 구매하면 별도의 비용이 들지 않고 개인적으로 누구나 수행할 수 있습니다. 처음 수행하는 분은 비영리 단체인 '그리스도 의식을 추구하며' 카페에서 진행과 관련하여 도움을 받을 수 있습니다.

・단계별로 아래의 책을 구매 후 개인적으로 수행을 해도 됩니다.
　(카페에서 번역서 구매 가능. 일부 책은 www.yes24.com에서 구매 가능)
・초기에는 오프라인 모임, '자아 통달' 메뉴에서 도움을 받을 수 있습니다.
・책을 읽고 기원문을 낭송하는 방식으로 진행됩니다.
・수행 시간은 매일 약 20분~40분 내외입니다.

자아 통달 시리즈 책 (킴 마이클즈 저)
(카페에서 한글판 서적 구입 가능)

한글 서적 명	시리즈
'영원한 나'를 찾아가는 여정	1
내면의 창조적인 권능 (1광선)	3
지혜 광선의 신비 입문 (2광선)	4
사랑 광선의 신비 입문 (3광선)	5
순수 광선의 신비 입문 (4광선)	6
비전 광선의 신비 입문 (5광선)	7
평화 광선의 신비 입문 (6광선)	8
자유 광선의 신비 입문 (7광선)	9
생명의 강과 함께 흐르기 (8광선) 생명의 강과 함께 흐르기-실습교재	2

　주의 사항: 상승 마스터 가르침을 처음 접하면, 몇 권의 책을 읽고, 기원문을 일정 기간 낭송하면서 자신에게 적합한지 살펴본 후에 이 과정을 시작하세요. 전체 과정은 약 1년 반 소요됩니다.

▶그리스도 신성의 마스터 키 과정 모집

이 과정은 그리스도 신성의 마스터키(Master Keys to Personal Christhood) 책으로 진행하며, 2008년도에 킴 마이클즈가 예수님께서 준 메시지를 책으로 출판했습니다. (카페에서 구입 가능)

이 과정은 예수님과 스승-제자 관계가 되어 그리스도 의식으로 올라가는 과정입니다. 2,000년 전에 예수님께서 제자들에게 모든 것을 말해 주셨다는 얘기들 읽었으리라 봅니다. 이 시대에 다시 예수님께서 직접 그리스도가 되는 길을 갈 제자를 모집하고 있습니다.

예수님께서도 육화 중에 이 과정을 동일하게 밟았다고 합니다. 특히 다른 메시지에 언급되듯이, 예수님께서 이 과정을 시작할 당시에 이미 높은 의식 수준을 달성해 있었지만, 처음부터 단계를 밟아서 올라갔다고 합니다. 마찬가지로, 여기 온 모든 분들도 자신의 의식 수준을 내세우지 말고 바닥부터 차근차근 올라가시기 바랍니다.

모두 17개의 열쇠가 있으며 열쇠마다 기원문을 낭송하고 메시지의 일부를 읽는 과정을 33일간 실천하라고 제안하고 있습니다. 각 열쇠에 메시지가 있습니다. 메시지를 전체 읽고 나서 기원문을 하시면 됩니다. 그리고 33일간 기원문을 하기 전에 메시지 중 일부를 읽고 생활하면서 숙고하는 과정으로 진행됩니다. 예수님께서 마음속으로 어떤 아이디어와 가르침을 주십니다.

• 책을 보면서 카페의 '그리스도 과정' 메뉴 또는 오프라인 모임에서 도움을 받을 수 있습니다.
• 단계별로 책의 내용을 일부 읽고, 로자리 또는 기원문을 매일 약 40분 내외 낭송합니다. 단계별 33일간 매일 계속합니다.
• 총 17단계이며, 책에 나오는 예수님의 가르침에 따라서 진행합니다.

주의 사항: 상승 마스터 가르침을 처음 접하면, 몇 권의 책을 읽고, 기원문을 일정 기간 낭송하면서 자신에게 적합한지 살펴본 후에 이 과정을 시작하세요. 전체 과정은 약 1년 반 소요됩니다.

▶ 힐링 과정 모집 (아바타 시리즈)

'예수와 함께했던 나의 생애들' 책은 지구에 육화한 어느 존재의 수많은 전생 이야기를 통해 지구 문명과 예수 그리스도의 사명과 악의 기원에 대해 깊은 통찰을 제시하는 자서전적 소설입니다.

'힐링 트라우마' 책은 소설 '예수와 함께했던 나의 생애들'과 짝을 이루는 실습용 책(workbook)입니다. 그 소설은 많은 영적인 사람이 자원자나 "아바타"로 지구에 오게 되었다는 개념을 소개합니다. 우리는 그때 지구에서 겪은 경험의 결과로 깊은 영적인 트라우마를 받았습니다.

아래의 책들은 이러한 개념에 대한 더 많은 가르침을 포함하고 있습니다. 또한, 여러분이 그 트라우마들을 치유하고, 이 행성에서의 삶의 태도에서 모든 부정성을 극복할 수 있도록 도울 수 있는, 실제적인 도구들을 포함하고 있습니다. 이 책을 활용하기 전에 우선 '예수와 함께했던 나의 생애들' 소설을 읽어볼 것을 권합니다. 그 소설이 여러분이 치유 과정을 시작하도록 도울 수 있는 중요한 가르침을 많이 포함하고 있기 때문입니다.

· 단계별로 아래의 책을 구매 후 개인적으로 수행을 해도 됩니다.
 (카페에서 번역서 구매 가능. 일부 책은 www.yes24.com에서 구매 가능)
· 초기에는 오프라인 모임, '힐링 과정' 메뉴에서 도움을 받을 수 있습니다.
· 책을 읽고 기원문을 낭송하는 방식으로 진행됩니다.

아바타 시리즈 책 (킴 마이클즈 저)
(카페에서 한글판 서적 구입 가능)

한글 서적 명	시리즈
예수와 함께했던 나의 생애들	1
힐링 트라우마	2
신성한 계획 완성하기	3
최상의 영적인 잠재력 완성하기	4
지구에서 평화롭게 존재하기	5